专业人员培训试用教材

观赏石价格评估

陈 孟　张士中　主编

广西人民出版社

图书在版编目（CIP）数据

观赏石价格评估 / 陈孟，张士中主编. — 南宁：广西
人民出版社，2013.12

ISBN 978-7-219-08728-2

Ⅰ. ①观… Ⅱ. ①陈… ②张… Ⅲ. ①观赏型—石—
价格评估 Ⅳ. ①F768.7

中国版本图书馆 CIP 数据核字（2013）第 304186 号

策　　划　农向东

责任编辑　张聘梅　韦　筱

出　版　广西人民出版社
社　址　广西南宁市桂春路 6 号
邮　编　530028
发　行　全国新华书店
印　刷　广西美源印务有限责任公司
开　本　787mm × 1092mm　　1/16
印　张　15.5
字　数　352 千字
版　次　2013 年 12 月　第 1 版
印　次　2013 年 12 月　第 1 次印刷

ISBN 978-7-219-08728-2 / F·1088
定　价：80.00 元

《观赏石价格评估》编写人员

主　　编：陈　孟　　张士中

副 主 编：毕馨予　　李图强　　甘越帆

编写人员：陈　孟　　张士中　　毕馨予　　莫雨翼　　刘文雯　　桂振华

前　言

中华赏石文化源远流长,博大精深,光辉灿烂。它的形成与发展贯穿于中华民族经济社会发展的全过程,渗透在浩瀚的诗歌、书画、园林、建筑、文玩等众多文化艺术中,又脱颖而出,形成了既有传承性又具时代特征的中国传统文化中的一朵奇葩——中华赏石文化。

当前,观赏石文化事业和文化产业的发展处在我国赏石文化发展史上最好的时期,2011年10月18日中国共产党第十七届中央委员会第六次全体会议通过《中共中央关于深化文化体制改革推动社会主义文化大发展大繁荣若干重大问题的决定》后,文化事业将面临强劲发展机遇,作为政府价格主管部门,有责任、有能力、有条件在文化大发展、大繁荣进程中做出自己的贡献,广西区价格认证中心主任主动与广西观赏石协会会长就观赏石市场价格问题进行多次沟通并达成共识,认为面对当前我国观赏石文化事业和文化产业发展的强劲势头,以及快速发展中存在的一些问题,有必要在我国先行先试建立观赏石价格评估制度,以促进和规范观赏石市场快速、健康、全面、协调发展。

当前社会上有一种错误的观念,认为观赏石是不能进行价格评估的,事实上,一切流通的观赏石均有价格,观赏石没有价格如何能进行流通?有价格就要纳入《中华人民共和国价格法》调整,有价格就能依法按国际惯例进行估计、判断和推测,就能建立观赏石价格评估制度。为此,广西区价格认证中心主办,广西观赏石协会、河池市物价局、大化瑶族自治县物价局协办,于2011年11月11日克服重重困难和阻力,率先在"中国观赏石之乡"广西大化瑶族自治县举办了我国首届观赏石价格评估师培训班,开创了我国观赏石价格评估制度的先河,引起了国内社会各界的广泛关注和业内人士的普遍称赞和认可。2012年7月广西区价格认证中心主办、广西观赏石协会承办,在"中华石都"广西柳州市举办第二届观赏石价格评估师培训班。两期培训班共培训了价格评估学员270多人,省级政府价格主管部门根据行政许可法批准了数个观赏石价格评估机构,这些专业观赏石价格评估机构正在根据社会需要依法开展观赏石价格评估业务。

广西在国内率先建立观赏石价格评估制度也引起了国家相关部门领导的高度重视,2013年5月,国家发改委价格认证中心和中国观赏石协会专门成立了观赏石价格评估调研组,赴内蒙古、安徽和广西等地进行观赏石价格评估调研考察,准备从国家层面建立观赏石价格评估制度。

观赏石价格评估涉及的知识面较广,有经济学、价格学、市场学、评估学、法学、宝石学、地质学、岩石学、矿物学、古生物学、历史学、社会学、心理学、艺术学,以及观赏石的文化、美学、鉴评、收藏等多方面知识,本书是汇集了各方面的专家,合多家之力集众家所长精心编写而成:第一、二、六、七、八、九、十、十一、十二、十三章由陈孟编写;第三章由莫雨翼编写;第四章及部分案例由毕馨予编写;第五章及部分案例由张士中编写;刘文雯参与全书所有章节的编写;桂振华参与部分案例的编写。全书由陈孟、张士中总撰审定,资深观赏石收藏家冯望均审阅了第六章至第十章。

　　本书作为观赏石价格评估专业书籍,填补了国内空白,在立足创新性、权威性、专业性的同时,将实用性和可读性融为一体,全面深入介绍了观赏石和价格评估两方面的理论与实务,介绍经政府价格主管部门批准建立的观赏石价格评估机构依法进行价格评估的典型案例。依法按照国际惯例对观赏石进行价格评估在我国是一件新生事物,仍属探索阶段,但已迈开实质性步伐,正在逐步得到社会各界的认可,正朝着正确的方向前进,相信本书能为广大观赏石藏家、经营者、研究者和观赏石价格评估人员提供理论与实务的参考。

　　在此,感谢参与本书编写的所有工作人员。由于编者水平和经验有限,对于书中的不妥之处,恳请广大读者批评指正!

编　者

2013 年 10 月 8 日

目　录

第一章　价格评估概述

第一节　观赏石价格评估定义及其特点

当前，我国的观赏石文化事业和文化产业的发展处在赏石文化发展史上最好的时期，面对当前我国观赏石文化事业和文化产业发展的强劲势头，以及快速发展中存在的一些问题，我们有必要探索、创新、建立一套完善的观赏石价格评估制度，以促进和规范观赏石市场快速、健康、全面、协调发展。观赏石价格评估工作的开展不仅是观赏石市场发展的需要，更是社会主义市场经济发展的客观要求。

一、观赏石价格评估

（一）观赏石的定义

根据国土资源部颁发的《观赏石鉴评标准》，观赏石有广义、狭义之分。我们这里所讲的观赏石是狭义的观赏石，即在自然界形成且可以采集的，具有观赏价值、收藏价值、科学价值和经济价值的石质艺术品。它蕴含了自然奥秘和人文积淀，并以天然的美观性、奇特性和稀有性为其特点。

（二）价格评估

价格评估是指具有独立法人资质的社会专业人员和专业机构基于各类市场民事主体的聘请（或者委托）关系，根据特定目的，对约定财产（资产）在特定时点的价值（价格）进行分析、测算和判断并提供专业意见的市场服务行为。

价格评估是社会中介机构对当事人的财产（资产）进行估价，是一种类似于价格咨询的活动。价格评估实际上有两重性质，一是价格咨询，二是财产纠纷中辩护或者提供证据。价格评估的委托完全是产权所有者当事人独自负责的行为，社会中介评估机构只需要对当事人负责，不具有任何行政性质。

（三）观赏石价格评估

观赏石价格评估的定义是在价格评估定义的基础上延伸而来的。观赏石价格评估是指具有独立法人资质的观赏石价格评估机构和评估专业人员基于各类市场民事主体的聘请或委托关系，根据特定目的，对约定的观赏石在特定时点的价值（价格）进行估计、推测和判断并提供专业意见的市场服务行为。

（四）价格评估的相关知识

1. 法人。法人是指具有民事权利能力和民事行为能力，依法独立享有民事权利和承担民事义务的组织。法人是种无生命的社会组织体，法人的实质是一定社会组织在法律上的人格化。法人是一种特定组织而不是一个具体的人，它必须通过自然人来表示它的意志，因此法定代表人便由此而产生。法定代表人就是能够代表法人的人，又称法人代表，通常在公司中是董事长或者执行董事。

2. 自然人。自然人是在自然条件下诞生的人，是在自然状态之下而作为民事主体存在的人。代表着人格，代表其有权参加民事活动，享有权利并承担义务。每个生物学意义上的个人都是自然人。一般自然人是相对法人而言的，自然人与法人都是民事主体，法人是组织，自然人是个人。

3. 市场。狭义上的市场是指买卖双方进行商品交换的场所，广义上的市场是指为了买和卖某些商品而与其他厂商和个人相联系的一群厂商和个人。市场是商品交换关系的总和，是体现供给与需求之间矛盾的统一体。市场是社会分工和商品经济发展的必然产物，同时，市场在其发育和壮大过程中，也推动着社会分工和商品经济的进一步发展。市场的形成必须具备存在可供交换的商品、存在提供商品的卖方和具有购买欲望和购买能力的买方、买卖双方都能接受的交易价格这三个基本条件。

4. 买价。买价是指购买者购买商品时愿意支付的价格，从实际购买过程来看，消费者购买商品愿意支付的价格是一个区间，在这个区间的最高值以下，购买者都愿意支付。

5. 卖价。卖价是指销售者出售商品时愿意接受的价格，它同样是一个区间，在这个区间的最低值以上，销售者才愿意出售商品。

6. 成交价。成交价是购买者与销售者交易达成时的价格，它既是购买者购买商品愿意支付的价格，也是销售者出售商品愿意接受的价格。

7. 民事主体。民事主体是指根据法律规定，能够参与民事法律关系，享有民事权利和承担民事义务的当事人。能够充当民事法律关系主体的包括自然人和法人。作为民事法律关系的主体，必须具有民事权利能力和民事行为能力。

8. 民事权利能力和民事行为能力。民事权利能力是指法律赋予民事主体享有民事权利和承担民事义务的能力，也就是民事主体享有权利和承担义务的资格，是作为民事主体进行民事活动的前提条件。民事行为能力是指民事主体能以自己的行为取得民事权利、承担民事义务的资格。即民事行为能力为民事主体享有民事权利、承担民事义务提供了现实性。

民事权利能力与民事行为能力两者的联系和区别在于，民事权利能力是民事行为能力的前提，民事行为能力是民事权利能力实现的条件。有民事权利能力者，不一定有民事行为能力。具有民事权利能力，是自然人获得参与民事活动的资格，但能不能运用这一资格，还受自然人的理智、认识能力等主观条件制约。

通常自然人的行为能力分三种情况：完全行为能力、限制行为能力、无行为能力。法人的行为能力由法人的机关或代表行使。《中华人民共和国民法通则》规定："十八周岁以上的公民是成年人，具有完全民事行为能力，可以独立进行民事活动，是完全民事行为能力人。十六周岁以上不满十八周岁的公民,以自己的劳动收入为主要生活来源的,视为完全民事行为能力人。"

9. 评估时点。评估时点也就是评估基准日,即评估结果对应的日期,通常用年、月、日表示,某些特殊评估对象的基准日会具体到小时。同一物品在不同的时间有不同的价格,因此,在进行价格评估前必须先确定评估时点。评估时点不是随意给定的时间,也不一定与评估作业日期相同,而是要根据评估目的和作用来确定。

10. 推测、估计、判断。推测是根据已知的事情来猜测未知的事情;估计是根据情况对事物的性质、数量、变化等做大概的推断;判断是肯定或否定某种事物的存在,或指明它是否具有某种属性的思维过程。

在价格评估中,因为评估对象的价格是未知的,我们需要利用调查、搜集所获得的相关信息来推测出评估对象所处的经济环境、市场行情、供求关系等,对其价值和市场价格作出数值上的估计,得出价格范围或参考价格,最后判断该价格是否合理,能否采用,最终给出价格评估结果。

11. 法律。法律是国家制定或认可的,由国家强制力保证实施的,以规定当事人权利和义务为内容的具有普遍约束力的社会规范。广义的法律是指法的整体,包括法律、有法律效力的解释及行政机关为执行法律而制定的规范性文件(如规章)。狭义的法律则专指拥有立法权的国家权力机关依照立法程序制定的规范性文件。

12. 法规。指国家机关制定的规范性文件。如我国国务院制定和颁布的行政法规,省、自治区、直辖市人大及其常委会制定和公布的地方性法规。省、自治区人民政府所在地的市,经国务院批准的较大的市的人大及其常委会,也可以制定地方性法规,报省、自治区的人大及其常委会批准后施行。法规也具有法律效力。

13. 政策。国家政权机关、政党组织和其他社会政治集团为了实现自己所代表的阶级、阶层的利益与意志,以权威形式标准化地规定在一定的历史时期内,应该达到的奋斗目标、遵循的行动原则、完成的明确任务、实行的工作方式、采取的一般步骤和具体措施。政策的实质是阶级利益的观念化、主体化、实践化反映。政策具有以下特点:

(1)阶级性。是政策的最根本特点。在阶级社会中,政策只代表特定阶级的利益,从来不代表全体社会成员的利益、不反映所有人的意志。

(2)正误性。任何阶级及其主体的政策都有正确与错误之分。

(3)时效性。政策是在一定时间内的历史条件和国情条件下,推行的现实政策。

(4)表述性。就表现形态而言,政策不是物质实体,而是外化为符号表达的观念和信息。它由有权机关用语言和文字等表达手段进行表述。

作为国家的政策,一般分为对内与对外两大部分。对内政策包括财政经济政策、文化教育政策、军事政策、劳动政策、宗教政策、民族政策等。对外政策即外交政策。政策是国家或者政党为了实现一定历史时期的路线和任务而制定的国家机关或者政党组织的行动准则。

14. 委托。在进行价格评估时,当事人需要委托价格评估机构对其指定的物品(资产)进行价格评估。被委托机构或人员在进行价格评估工作时需具备委托人的法律文书,被委托人才可以进行合法的价格评估工作。被委托人如果作出违背国家法律的任何权益,委托人有权终止委托协议,在委托人的委托书上的合法权益内,被委托人行使的全部职责和责任都将由委托人承担,被委托人不承担任何法律责任。

15. 社会组织。在社会科学中社会组织有广义、狭义之分。广义的社会组织是指人们从事共同活动的所有群体形式,包括氏族、家庭、秘密团体、政府、军队和学校等。狭义的社会组织是指为了实现特定的目标而有意识地组合起来的社会群体,如企业、政府、学校、医院和社会团体等。它只是指人类的组织形式中的一部分,是人们为了特定目的而组建的稳定的合作形式。观赏石价格评估公司和观赏石协会都属于社会组织的一种形式。

16. 服务业。服务业有服务产业和服务事业之分。以增值为目的提供服务产品的生产部门和企业集合叫服务产业,以满足社会公共需要提供服务产品的政府行为集合叫服务事业。

在国民经济核算的实际工作中一般将服务业视同第三产业。在国民经济行业分类中包括除了农业、工业、建筑业之外的所有其他 15 个产业部门,有交通运输、仓储和邮政业,信息传输、计算机服务和软件业,批发和零售业,住宿和餐饮业,金融业,房地产业,租赁和商务服务业,科学研究、技术服务和地质勘查业,水利、环境和公共设施管理业,居民服务和其他服务业,教育,卫生、社会保障和社会福利业,文化、体育和娱乐业,公共管理和社会组织,国际组织。

17. 合法。合法就是指人们的行为要符合法律的要求。合法可从广义和狭义两个角度去理解,广义的合法,即法治意义上的合法行为,指不为法律所禁止的一切行为。实际上就是法律宽容的、不加追究的行为。狭义的合法行为,即法律调整意义上的合法行为,指主体在自己意志支配下实施的,符合法律规范的,对社会有益或至少无害,从而受法律保护的行为。

18. 执业。执业是指某些特殊职业的人员(如律师、医生、护士、会计和某些中介服务机构的人员等)通过专业考试取得从事相关职业的许可,进行业务活动的行为。执业人员必须取得执业资格后,才能从事相关的业务。执业资格是政府对某些责任较大、社会通用性强、关系公共利益的专业技术工作实行的准入控制,是专业技术人员依法独立开业或独立从事某种专业技术工作学识、技术和能力的必备标准。它通过考试方法取得。考试由国家定期举行,实行全国统一大纲、统一命题、统一组织、统一时间。进行观赏石价格评估工作必须通过国家定期举行的专业考试取得观赏石价格评估执业资格。

19. 诚实、恪守信用。诚实就是忠诚老实,是忠于事物的本来面貌,不隐瞒自己的真实思想,不说谎,不作假,不为不可告人的目的而欺瞒别人。恪守信用是指说话、办事讲信用,答应了别人的事,能认真履行诺言,说到做到。诚实、恪守信用是我们在做人、做事中都要保持的良好品德。在市场交易中,无论作为卖家还是买家,都要诚实守信,不欺瞒、不作假,公平交易。

20. 弄虚作假。弄虚作假是指耍花招,用虚伪面目或假冒物品行骗。

21. 玩忽职守。是指严重不负责任,不履行或者不正确履行职责。通常表现为放弃、懈怠职责,或者在工作中敷衍塞责、马虎草率,不认真正确地做好本职工作。价格评估是一门很重要的工作,价格评估结果直接影响到当事各方的经济生活或其他方面,所以价格评估工作不能有丝毫差错,作为观赏石价格评估专业人员一定要有职业道德和职业操守,不能玩忽职守。

22. 处罚。指依据法令规章,加以惩罚,使犯错误或犯罪的人受到政治或经济上的损失而有所警戒。我国对经济市场的管理有着较完善的法律法规,对于什么样的行为是违法、犯法,该受到什么样的惩罚都有明确规定,我们在进行市场交易等经济活动时,要注意时刻守法。对于违法行为,要监督、举报,使犯错误的人能够得到应有的处罚,不再危害他人。

23. 国家利益。国家利益就是满足或能够满足国家以生存发展为基础的各方面需要并且对国家在整体上具有好处的事物。这种事物既可以是实体性的实物存在,也可以是过程性的事件存在;既可以是物质性的存在,也可以是精神性的存在;既可以是已经或正在满足国家需要的存在,也可以是能够满足国家需要的存在;既可以是现实的存在,也可以是潜在的存在。

24. 公众利益。公众利益是指不特定的社会成员所享有的利益,即广大公民所能享受的利益,这里所指的广大公民,是指特定范围内的广大,有全国性的广大,也有地区性的广大,其外延可以限制在享有立法权的建制区域。

25. 证明效力。证明效力是指具有证据能力的证据对案件事实的证明价值或证明程度,主要判断标准是该证据是否具有真实性与关联性。

26. 法律责任。法律责任是指因违反了法定义务或契约义务,或不当行使法律权利、权力所产生的,由行为人承担的不利后果。

27. 行政机关。行政机关是按照国家宪法和有关组织法的规定而设立的,代表国家依法行使行政权,组织和管理国家行政事务的国家机关,是国家权力机关的执行机关,也是国家机构的重要组成部分,包括政府以及有关功能部门。

28. 司法机关。司法机关是指行使司法权的国家机关。狭义上仅指法院,广义上还包括检察机关。一般中国的司法机关可理解为包括"公、检、法、司、安"的机关,即包括公安机关、检察机关(人民检察院)、审判机关(人民法院)、司法行政机关、国家安全机关。对各司法机关之间的职能划分、组织体系以及相互关系的充分认识和理解,有利于各级人大代表提高履职能力,有利于各级人大及其常委会准确行使职权。

二、观赏石价格评估的特点

1. 市场性。价格评估来源于市场,服务于市场。价格评估一般是估算标的物的市场价值,价格评估结论要经得起市场的检验。

2. 专业性。是指价格评估机构和人员必须具备专业的素质和能力,在进行价格评估工作中,要遵循专业原则,运用专业技能,出具专业结论。

3. 公正性。要求评估结果应以充分的事实为依据,这就要求评估者在评估过程中以公正、客观的态度收集有关数据与资料,并要求评估过程中的预测、推算等主观判断建立在市场与现实的基础之上。

4. 咨询性。是通过某些人头脑中所储备的知识经验和通过对各种信息资料的综合加工而进行的综合性研究开发。咨询产生智力劳动的综合效益,起着为决策者充当顾问、参谋和外脑的作用。

第二节　观赏石价格评估的理论基础

一、马克思价值价格理论

(一)商品价格的概念与本质

1. 商品是用来交换的劳动产品。那么,商品价格就是用来交换的劳动产品的价格。在《中华人民共和国价格法》中,价格包括商品价格和服务价格。

2. 商品价值实际上是由其形式即交换价值来表现的。

3. 交换价值,是指一种使用价值同另一种使用价值相交换的量的关系或比例,这个比例会随着时间和地点的不同而不断改变的。按照马克思主义的原理,交换价值或价值形式在人类发展历史中经历了四个发展阶段:简单的、个别的或偶然的价值形式,总和的或扩大的价值形式,一般价值形式,货币形式。由此可见,在最初的物物交换中,没有中间媒介,一种物品的价格是由与之相交换的另一种物品的量来表现的。在货币经济中,由于用一种特殊商品作为货币而充当交换的媒介,一切商品的价格就由货币的量来表现。

4. 货币出现后,商品价值由货币来表现,表现商品价值的一定量货币,就是价格。价格是价值的货币表现,价值却是价格的本质。

(二)价值与价值规律

1. 价值的定义。价值范畴有质和量两个方面的规定。质的方面的规定即价值是"人和人之间的关系……在物上的表现"。只不过它是"被物品外壳掩盖着的"人们之间的关系;量的方面的规定是商品的价值量是由劳动量即社会必要劳动时间来衡量的。

2. 价值规律。

(1)价值规律的内容。商品的价值量是由生产这种价值规律商品的社会必要劳动时间决定的;商品交换要以价值量为基础,实行等价交换。

(2)价值规律的作用。

①调节生产资料和劳动力在各生产部门的分配。价格之所以总是围绕价值上下波动,是因为供求与价格存在相互制约的关系。商品供求关系会影响价格,使价格上涨或下跌;反过来,价格上涨或下跌,也会影响供求,使供给和需求趋于平衡。价值规律就是通过市场价格的波动,自发地调节商品的生产和流通,自发地调节生产资料和劳动力在各部门的分配,使社会生产的各个部门自发地建立起大体上平衡的比例。

②刺激商品生产者改进技术,提高劳动生产率。商品按照社会必要劳动时间所决定的价值量来进行交换,那些生产条件好、经营管理水平高的生产者,生产商品的个别劳动时间低于社会必要劳动时间,因而获利较多,生产条件差、经营管理水平低的生产者,只能获得较少的利益,有些甚至不能获利,因此,价值规律会刺激商品生产者改进技术,提高劳动生产率,以获得更多的利润。

③促使商品生产者在竞争中优胜劣汰。商品生产者提高劳动生产率的目的是为了获取比

别的生产者更多的利润,也就是为了获得额外收益。获得额外收益,是商品生产者改进技术、改善经营管理、提高劳动生产率的内在动力,商品生产者之间的竞争则是其外在压力。生产条件好、经营管理水平高的生产者,生产商品的个别劳动时间低于社会必要劳动时间,因而获利较多,能够不断扩大生产,更新设备,进一步改善生产条件,在竞争中处于更加有利的地位,就会不断地因优取胜。生产条件差、经营管理水平低的生产者,无力改善生产条件,处境更加不利,在竞争中就会遭到失败,以致被淘汰。

(三)市场价值

市场价值是由生产部门内部各企业之间的竞争而形成的商品的社会价值。这一范畴是马克思在《资本论》第三卷论述利润率平均化时提出的。马克思说:"市场价值,一方面,应看作是一个部门所生产的商品的平均价值;另一方面,又应看作是在这个部门的平均条件下生产的、构成该部门的产品很大数量的那种商品的个别价值。"由此可见,市场价值的形成与决定已考虑了供求关系,而价值的形成与决定则是将供求关系等因素抽象掉了的。马克思说:"供求以价值转化为市场价值为前提,当供求以资本主义生产过程为前提,因而是和单纯的商品买卖完全不同的复杂化了的关系。"

(四)生产价格

商品的生产价格,就是由部门平均生产成本和社会平均利润构成的价格。商品的生产价格的形成以各个不同产业部门的个别利润率通过竞争而均衡化为平均利润率为前提。马克思说:"求出不同生产部门的不同利润率的平均数,把这个平均数加到不同生产部门的成本价格上,由此形成的价格,就是生产价格。"它是商品的市场价格上下波动的中心。

生产价格是价值的转化形式,就每个生产部门来说,引起生产价格变化的原因,不外是平均利润率的变动,或商品本身价值的变动。虽然各个产业部门的不同利润率是经常发生变动的,但这些利润率的变动要经过一个较长时期的均衡运动,才会引起平均利润率的变动。所以,在较短时期内,生产价格的变动,主要是由商品价值发生现实变动所引起的。总之,商品生产价格的变动总是离不开商品价值的变动,不是直接同本部门商品价值的变动有关,就是间接同其他部门商品价值的变动有关。可见,价值规律不仅调节商品价值,同时也调节生产价格。

二、新古典的均衡价格理论

(一)新古典的均衡价格理论体系

19世纪中叶甚至更早以来,均衡概念就已成为经济理论的中心。一般认为,根据包含市场多少以及各市场行为主体能否对其他市场造成影响,均衡理论有一般均衡和局部均衡之分。其中,后者只分析一个经济的某个具体部分,而经济的其余部分对此部分的影响保持不变,即总是假定其他条件不变,这被称为局部均衡分析,通常认为马歇尔的《经济学原理》是该分析方法的集大成者;而前者所描述的,则是当所有各个经济行为者子集都处于均衡的状态,即一般均衡分析,该理论是在19世纪70年代由新古典边际效用学派独立发展起来的,特别是瓦尔拉斯在《纯粹经济学要义》(1874年)中采用的分析模式,更被视为新古典一般均衡体系的典范。概括地讲,该均衡体系的核心是关于存在无穷多商品种类的市场条件下对各种商品一般均衡价格的决定,即在完全竞争的假设前提下,运用数理方法,从交换、生产、资本形成和货币流通四个方面来确定各个市场相对价格的一般均衡理论体系。

(二)马歇尔的局部均衡价格论

英国经济学家马歇尔从1867年开始,花了近六十年的时间从事经济理论的研究。1890年出版其主要著作《经济学原理》,建立起支配西方经济学界四十年之久的"新古典经济学"理论体系,其经济理论的核心内容是局部均衡价格论。

均衡价格是指需求价格和供给价格相一致时的价格。需求价格是消费者对一定数量的商品所愿支付的价格;供给价格是生产者为提供一定数量商品所愿接受的价格。马歇尔用商品的均衡价格来衡量商品的价值,认为均衡价格和价值是一致的,而需求价格的决定和供给价格的决定有很大的区别。他通过对需求和供给的分析,提出均衡价格论,指出在供给和需求达到均衡状态时,产量和价格也同时达到均衡。

需求价格的决定和边际效用的分析联系在一起。马歇尔认为,边际效用的大小决定需求价格的高低;随着欲望满足程度的增加,边际效用渐减,边际需求也下降。他借助货币来解决主观评价的效用无法衡量的问题。假定货币的边际效用固定不变,以价格来衡量效用的大小,边际效用就变成了边际需求价格。但是马歇尔并没有把边际效用看作是需求和需求价格的唯一决定因素,他认为需求和价格在市场上是相互起作用的。出售的商品数量越大,售价越小;需求的数量随价格的下跌而增大,随价格的上涨而减少。随后,他把针对一个消费者的需求和需求价格的分析扩大到整个市场,成为整个市场的需求和需求价格。

马歇尔对供给价格的决定所进行的研究主要是生产要素的供给及其变动规律对价格的影响。对劳动、土地和资本三个要素,他承袭了当时许多经济学家的解释,没有任何创新。他的独特之处是提出了第四个生产要素:组织。企业要通过扩大组织规模、改进组织和充分有效地利用资源,获取"外部的经济"和"内部的经济",就要依赖企业家的组织管理才能,因而企业家应该有独立的报酬和供给价格。为此马歇尔把管理人员的薪金、资本利息和利润明确地加以区别。

各种生产要素的供给价格,构成了产品的生产成本。马歇尔把成本分为货币成本和真实成本。各种类型的实物资本、劳动和积蓄资本所需的"等待"合在一起,叫作生产的真实成本;为这些所必须支付的货币总额叫作生产的货币资本或生产费用,也就是由生产成本体现出来的产品的供给价格。

马歇尔着重考察了时间因素对均衡价格的影响。他把时间分为暂时、短期和长期三类,与此相适应的价格也有三类:瞬时价格、短期价格和长期价格。瞬时价格是供求暂时均衡的结果,因为时间较短,供给以市场上的存货为限,所以需求对价格起调节作用。短期价格一般是几个月到一年的供求均衡的结果,其特点是一般生产技术条件不变,生产者可以采用改变工作时间或机器利用程度等方法增减产量以适应市场需求,供给和需求对价格起同等的作用。长期价格是长期供求均衡的结果,各种生产设备有时间随需求的变动而作充分的调整,生产量可以自由增长,商品价格主要决定于生产成本,需求只能决定交易的数量。

局部均衡价格论的缺陷在于把价格和价值的决定混淆在一起,并且对需求和生产要素的供给价格作了主观主义的解释,试图在分析价格均衡时把主观因素和客观因素折中起来。但是他所采用的局部均衡分析方法简单明了,注重对供求两个方面的分析和对边际增量作用的重视,因此也有可取之处。

(三)瓦尔拉斯的"一般均衡理论"

瓦尔拉斯的分析从构筑一个简单的纯粹交易经济模型开始,其中没有生产活动、没有资本(只是作为生产要素被引入),也没有货币存在,一切交易都是商品与商品之间的直接物物交换。这样,如果要达到一般均衡状态,即实现每个消费者——交易者在既定条件下的最大可得满足(利润)和所有市场上的供求均等,就是困难的;但瓦尔拉斯试图通过采用卖者喊价机制解决这一难题。假设所有交易者在一个大厅内相遇,假定都为竞争价格接受者,并假定存在一个可随意喊价的拍卖商。根据每次报价,那些市场参与者将按照瓦尔拉斯定价规则办事,即价格随着市场对这种商品求过于供部分的信号朝同一方向变动。这样,在一个只有两种商品的市场中,卖者喊价过程就会达到一定价格与数量,从而成为市场供求方程的解。由于各市场并非孤立,所以瓦尔拉斯断定,通过各个市场的逐次调整,将使价格按供求规律逐一变化,从而越来越接近于一般均衡。进而,瓦尔拉斯采用数学语言来表示这一卖者喊价机制。

不过,在上面瓦尔拉斯所假定的资本只是一组异质、可供利用的资本品的经济中,在给定生产技术的条件下,不同的资本品存量结构必然会导致不同资本品收益率之间的差异,从而使得瓦尔拉斯一般均衡体系只能存在与异质资本品存量相一致的差别利息率,而不是一个统一利润率的均衡。所以,如果要使瓦尔拉斯一般均衡的统一利润率有解,则这个体系应是一个单一产品模型,即产生一个同质的简单资本;但同时若要保证新古典运用相对价格指导资源配置的理论有意义,则又必须假定最初投入是不同生产要素,即异质资本品,那又很难得到一个统一的回报率(利润率),即二者之间不一致。这其实也就联系到了新古典总量生产函数的逻辑悖论,从而成为剑桥资本争论的主要内容。实际上,统一利润率的假定在作为瓦尔拉斯一般均衡基础的新古典理论中就是不可能实现的。

另外,瓦尔拉斯一般均衡所假定的完全信息条件下的完全自由竞争概念,与竞相追逐利润的现实资本主义竞争关系也是不一致的。当生产处于瓦尔拉斯均衡状态时,企业家一般既得不到利润也受不到亏损,也就是说,企业家甚至可从中抽去,只认为在某种意义上生产服务互相直接交换,而不是先换成产品再换成生产服务,从而也就否定了资本主义市场竞争关系的存在,此即瓦尔拉斯的零值利润企业家概念。显然,这一概念与古典和马克思经济学强调的为获取增值利润而不断进行生产和再生产的资本家概念完全不同。而且,在新古典一般均衡状态下,不同资本品的差别利息率形成的均衡只是一种暂时均衡,即短期一般均衡,因为它没有稳定机制来保证均衡的长期存在性,如瓦尔拉斯假定的卖者喊价机制。该均衡似乎也可根据马歇尔的局部均衡概念类推,由于是短期,所以没有时间调整企业计划以适应现有经济条件。但是,瓦尔拉斯的最初方程体系已经排除了所有资本品数量调整的可能,不仅构成马歇尔短期概念的固定资本不能调整,循环资本本身也不能调整。这样,这种均衡概念其实也就表明了一种经济状态,即经济中经济主体的所有最大化行为都已停止,从而不会有进一步调整的可能。不过正如新剑桥学者指出的,在瓦尔拉斯一般均衡模型中,均衡概念只是指出清的市场而不存在统一利润率,从而其模型也只是短期市场均衡而不能表明长期均衡,因为长期均衡必然要求达到一个统一利润率,这正是古典和马克思一般均衡理论所强调的。

三、新剑桥学派的价格理论

新剑桥学派是现代凯恩斯主义的另一个重要分支。在理解和继承凯恩斯主义的过程中,该学派提出了与新古典综合派相对立的观点,试图在否定新古典综合派的基础上,重新恢复李嘉图的传统,建立一个以客观价值理论为基础、以分配理论为中心的理论体系。并以此为根据,探讨和制定新的社会政策,以改变资本主义现存在分配制度来调节失业与通货膨胀的矛盾。

在凯恩斯主义形成之前,新古典学派的主要代表人物曾先后在英国剑桥大学长期任教,因此新古典学派又称"剑桥学派"。二战后,在与新古典综合派的论战之中,剑桥大学的琼·罗宾逊、卡尔多、帕西内蒂等学者提出了与新古典综合派相对立的主张,由于他们的理论观点完全背离了以马歇尔为首的老一代剑桥学派的传统理论,因而被称为"新剑桥学派"。

新剑桥学派的基本理论观点可概括为如下两个方面:

(一)对传统的新古典派理论的全面否定

从方法论说,首先,他们主张摒弃新古典派的均衡概念(不论是马歇尔的还是瓦尔拉斯的),树立"历史时间"概念。罗宾逊认为"凯恩斯革命"的实质在于从"均衡概念"向"历史概念"的转变,《通论》的基本观点是打破均衡论的束缚,考虑现实生活的特性:过去是不能逆转的,未来是不能确知的。罗宾逊认为人们一旦承认一种经济是时间中的存在,历史是从一去不返的过去向着未卜的将来前进的,那么,以钟摆在空间来回摆动的机械比喻的"均衡"就站不住脚,整个新古典派的传统经济理论就需要重新考虑。与之相联系,这个学派强调"不确定性"对分析资本主义经济的重要性,认为货币的存在就是和这个"不确定性"有密切联系;对生产、就业、收入水平起决定作用的投资之所以易于发生波动,正是由于这个"不确定性"。他们批判新古典综合派在一些教科书里把传统的均衡概念恢复起来,移植到凯恩斯理论中去,忽视"不确定性"的重要作用,认为这是一种倒退。其次,他们坚持凯恩斯对新古典派理论作过的一些批判,如摒弃萨伊定律和资本主义经济通过市场的自发调节作用总是可以达到充分就业的传统假定;摒弃储蓄支配投资的传统观点,坚持投资支配储蓄的凯恩斯观点等。再次,他们彻底否定以边际生产理论为基础的新古典派分配理论,认为这个传统理论是为资本主义社会收入不均的现状辩护的,在逻辑上是一种循环推理。他们也用斯拉法的生产价格论否定新古典派的主观价值论和均衡价格论。

(二)从不均衡出发对资本主义经济进行动态分析

英国后凯恩斯经济学认为资本主义经济是在历史时间中增长的经济,但它的增长过程是很不稳定的,因而处于不均衡状态是常规。为了说明这种不均衡,他们在分析步骤上首先确定为保证经济按稳定的比率不断增长所需的条件。他们在哈罗德"有保证的增长率"(即可以保证经济不断地稳定增长的增长率)公式的基础上,把社会储蓄倾向(储蓄在国民收入中的比率)分解为利润收入的储蓄倾向和工资收入的储蓄倾向,这样就得到一个增长率方程,保证经济不断地稳定增长的条件,就是要使经济增长率满足此方程的要求,在工资收入的储蓄倾向为零的情况下,要使增长率等于利润率与利润收入的储蓄比率的乘积。然后,他们论证这个条件在实际经济生活中是不可能实现的。

首先，决定这个有保证的经济增长率的一些因素本身是随收入分配的变化而变化的，资本——产出比率也会随着技术条件的变化而变化。其次，一些短期内起作用的力量，如投资的短期波动，会使实际增长率和作为稳定增长条件的有保证增长率发生差离，从而使经济的实际增长脱离并围绕长期的增长线而形成周期性的短期波动。再次，如果有保证的增长率和由人口增长和技术进步所确定的"潜在的增长率"不相一致，也会造成不均衡，或者增长受到人力资源的限制，或者人力资源得不到充分利用，形成不同程度的失业。总之，英国后凯恩斯经济学的增长理论是一种宏观的动态的不均衡分析，它同新古典派的均衡增长理论是对立的。

把经济增长理论和收入分配理论融为一体。英国后凯恩斯经济学认为投资支出不仅是生产和就业水平的决定因素，而且也是国民收入在利润与工资之间分配的主要决定因素。他们把国民收入分为利润（或财产收入）和工资（或劳动收入）两大部分，就社会阶级来说，即划分为工人与资本家两大阶级的收入，并认为这两个阶级两种收入有着不同的消费倾向或储蓄倾向。同时，他们还把国民生产分为消费品和投资品两大部门。为了说明在经济增长过程中投资怎样决定国民收入在利润与工资之间的分配，可以卡尔多的收入分配方程为例。假设工人消费其全部工资收入，资本家将其利润全部用于储蓄，则利润在国民收入中所占的份额取决于投资率，投资率愈高，利润在国民收入中所占的份额愈大；假设资本家将利润收入一部分用于消费，一部分用于储蓄，同时工人仍将其全部工资收入用于消费，则利润在国民收入中所占的份额除了取决于投资率的高低，还取决于利润收入的储蓄倾向（成反比）或消费倾向（成正比），即利润收入中的储蓄比率愈低或消费比率愈高，则利润在国民收入中所占的份额愈大。总之，按照英国后凯恩斯经济学的观点，资本家的利润大小及其在国民收入中所占的份额取决于他们的投资支出和消费支出的大小。

以具有垄断因素的不完全竞争作为微观经济分析的基础。首先，英国后凯恩斯经济学的主要代表声称他们以斯拉法在《用商品生产商品》一书中所论述的生产价格论作为自己的价值论。按照斯拉法的理论，各种商品的相对价格（指生产价格而不是市场价格）决定于它们的生产技术条件和分配关系，而且商品的相对价格与利润率是同时决定的。这就从根本上否定了以完全竞争为前提的新古典学派的主观价值论和均衡价格论。在英国后凯恩斯经济学看来，现代资本主义的市场竞争是不完全的，具有垄断因素。他们不认为个别企业仅仅是市场价格的承受者，影响不了同行业的产品价格，特别是大公司对本行业产品的价格是可以左右的。其次，在他们看来，在短期内企业产品的单位可变成本（或称直接成本）在一定的幅度内不随生产的增加而上升，而是不变的；只有产量超过一定幅度后，可变成本才随之递增，因此，企业的成本曲线不如传统的新古典理论所述的那样是 U 形的。再次，他们认为工业品价格形成的模式，一般是在可变成本之上加一定比率的毛利，称为成本加成法。加成比率的大小则主要取决于产品的"垄断程度"，这是从卡莱茨基那里吸取的观点。这样，在垄断程度一定的情况下，工业制品的价格水平的变动主要取决于可变成本的变动，特别是货币工资率的变动，这也是凯恩斯一贯主张的观点。

关于与物价相联系的货币工资率，英国后凯恩斯经济学依据凯恩斯的看法，认为是由劳资双方的工资谈判决定的。关于货币工资所能购得的消费品,则受企业资本家的投资决策左右,因为投资率提高了,势必造成以较多的资源用于投资品生产,消费品生产的比率相对减少,货币工资的实际价值随之下降。

根据上面一些论点,英国后凯恩斯经济学就把微观经济分析和宏观经济分析衔接起来。在他们看来,既然价格变动主要取决于可变成本特别是货币工资率的变动,而货币工资率又决定于劳资双方的谈判力量对比,这样,当投资连续增长,投资品与消费品生产的比例变化,造成利润上升、实际工资下降时,就会促使工人提出提高货币工资的要求,导致物价—工资、工资—物价的螺旋式上升的通货膨胀。在这种情况下,就是大量失业也将难于制止物价的持续上涨,这也就是英国后凯恩斯经济学对战后通货膨胀和滞胀问题的解释。

第三节　价格评估目的和原则

价格评估是一项不可低估和缺少的工作,任何国家的经济社会发展及其管理模式,终将走上规范化、法制化、科学化管理之路。我们在日常生活和工作中产生的经济活动、民事、经济纠纷等社会现象,由此而形成的经营资产、纠纷财物等价格的确定都将由价格评估解决,由此可知价格评估目的及其重要性。

一、价格评估目的及其分类

价格评估目的是指评估委托方希望通过价格评估能够实现的目的或需要,或者是评估委托方要求对评估对象的价值进行评估后所要从事的行为。资产价格评估目的要解决的是为什么要进行价格评估,这是评估工作进入实质性阶段后首先要考虑的重要因素。

价格评估目的可分为一般目的和特定目的。一般目的包含特定目的,而特定目的则是一般目的的具体化。

(一)价格评估的一般目的

1. 价格评估的一般目的。价格评估的一般目的或者价格评估的基本目标是由价格评估的性质及其基本功能决定的,价格评估所要实现的一般目的只能是价格在评估时点的公允价值。

2. 公允价值。就是熟悉市场情况的买卖双方在公平交易的条件下和自愿的情况下所确定的价格,或无关联的双方在公平交易的条件下一项资产可以被买卖或者一项负债可以被清偿的成交价格。

价格评估中的公允价值的一个显著特点是,它与相关当事人的地位、评估对象的状况及评估对象所面临的市场条件相吻合,并且没有损害各当事人的合法权益,亦没有损害他人的利益。

(二)价格评估的特定目的

1. 价格评估的特定目的。是指资产业务(指引起价格评估的经济行为,即被评估资产即将发生的经济行为)对评估结果用途的具体要求。同样的资产,因为评估目的不同,其评估值也不相同。价格评估的特定目的实质上是判断特定条件下或者具体条件下资产的公允价值。具体来说:

（1）资产转让。资产转让是指资产拥有单位有偿转让其拥有的资产,通常是指转让非整体性资产的经济行为。

（2）企业兼并。企业兼并是指一个企业以承担债务、购买、股份化和控股等形式有偿接收其他企业的产权,使被兼并方丧失法人资格或改变法人实体的经济行为。

（3）企业出售。企业出售是指独立核算的企业或企业内部的分厂、车间及其他整体资产权出售的行为。

（4）企业联营。企业联营是指国内企业、单位之间以固定资产、流动资产、无形资产及其他资产投入组成各种形式的联合经营实体的行为。

（5）股份经营。股份经营是指资产占有单位实行股份制经营方式的行为,包括法人持股、内部职工持股、向社会发行不上市股票和上市股票。

（6）中外合资、合作。中外合资、合作是指我国的企业和其他经济组织与外国企业和其他经济组织或个人在外国境内举办合资或合作经营企业的行为。

（7）企业清算。企业清算包括破产清算、终止清算和结业清算。

（8）担保。担保是指资产占有单位以本企业的资产为其他单位的经济行为担保,并承担连带责任的行为。担保通常包括抵押、质押、保证等。

（9）企业租赁。企业租赁是指资产占有单位在一定期限内,以收取租金的形式,将企业全部或部分资产的经营使用权转让给其他经营使用者的行为。

（10）债务重组。债务重组是指债权人按照其与债务人达成的协议或法院的裁决统一债务人修正债务条件的事项。

（11）引起资产评估的其他合法经济行为。

2. 价格评估的特定目的在价格评估中的地位和作用。

（1）价格评估的特定目的是由引起价格评估的特定经济行为所决定的,它对评估结果的性质、价值类型都有重要的影响。价格评估的特定目的不仅是某项具体资产评估活动的起点,而且还是资产评估活动所要达到的目标。它是评估时必须首先明确的基本事项。

（2）价格评估的特定目的是界定评估对象的基础。

（3）价格评估的特定目的对于价格评估的价值类型选择具有约束作用。价格评估结果的价值类型要与价格评估的特定目的相适应。但是评估的时间、地点,评估时的市场条件、资产业务当事人的状况,以及资产的自身状态等,都可能对评估结果的价值类型产生影响。

3. 确定价格评估目的的作用。在价格评估工作中,确定价格评估目的是非常重要的一个环节。从理论上来讲,任何资产都具有一定的使用价值,从而具有交换价值。如果我们对某项资产进行评估,无疑是可以评估出该项资产的价值的。但这里需要考虑一个问题,即该项资产的使用价值是在什么条件下产生的。如果为了发挥其使用价值而发生了大量的成本,发生的成本超过该项资产继续使用所带来的预期收益,那么,从评估的角度看,该项资产是没有价值的。因此,在对被评估资产进行评估时,首先要明确被评估资产的目的。目的不同,用途也就不同,资产在使用时所需要具备的条件也就不同,其产生的预期收益也将会不同。这会影响到评估方法的运用。评估方法不同,评估结果也就不同。因而,可以说,不同的价格评估目的,会导致不同的评估结果,不同的评估结果,会对评估事项当事人的经济利益产生不同的影响。

二、观赏石价格评估的基本原则

观赏石价格评估作为一种独立的经济类服务行业,应当做到客观、公正、科学、合理、真实地反映被估观赏石的价值,要求评估人员运用掌握的知识,遵守规定的法则和标准,服务于评估工作,这就是观赏石价格评估的基本原则。具体包括两个方面:

(一)工作原则

1. 合法原则。所有评估机构和评估人员都必须严格遵守并执行观赏石价格评估的相关法律规定,一切评估活动都必须以法律为依据,违反法律规范的行为应导致相应的法律后果,一切评估违法主体必须承担相应法律责任。

2. 公平原则。价格评估人员在接受价格评估委托和进行价格评估工作时应公正、公平,如有相关利益,应主动回避;在评估过程中应不带偏见,不徇私情,评估结果应公正、合理、不偏不倚。

3. 客观真实原则。即要求在价格评估中,委托方应提供真实可靠的基础资料;评估方应本着实事求是的态度进行勘查,并对各种资料进行甄别和分析;价格评估中所做的必要假设应与基本事实保持一致;评估过程应不受任何干扰,依据客观事实进行科学的分析,独立作出评估结论。

4. 科学原则。即要求价格评估过程中所遵循和采用的规范、标准、程序及方法科学、合理,并与价格评估目的和评估客体的特点相适应。

(二)专业原则

1. 鉴定原则。一般观赏石在进行价格评估前必须先对其进行鉴定,确定观赏石的种类、真伪,鉴别是否有人为加工或造假的地方。

2. 品质分级原则。以体现观赏石的完整性、美观性、生动性、神韵性为总的原则,从观赏石的形态、质地、色泽、纹理、意韵五个基本要素和命题、配座两个辅助要素方面,对观赏石进行鉴评分级。可分为特级、一级、二级、三级四个级别。

3. 替代原则。根据经济学原理,在同一市场上,使用价值相同或相似的观赏石,价格趋于一致。即在对某一特定的观赏石进行价格评估时,如果有若干与之相近效用的观赏石存在,则可依据替代原则,推断待估观赏石的大概价格。一般情况下,若同时市场上有几种相类似的观赏石可供选择,买方通常会选择最能满足需求且价格最低者。

4. 供需原则。观赏石的价格由该观赏石供给和需求的均衡点来决定。供小于求时,则价格上升,反之下降。尽管观赏石价格随供求并不成固定的比例变化,但变化的方向有规律性。

第四节　建立观赏石价格评估制度的意义和作用

价格评估作为我国经济活动中一个重要的专业服务行业仍处于起步阶段,1989 年我国进行了第一个资产评估项目,1991 年国务院发布《国有资产评估管理办法》,1996 年国家计委发布《价格评估管理办法》,2005 年国家发改委发布《价格评估机构资质认定管理办法》(国家发改委第 32 号令)等一系列法律、法规、政策,标志着价格评估行业逐步走上法制化、规范化轨道,相信在市场经济和社会管理中将发挥越来越重要的作用。

中国观赏石协会"十二五"发展纲要重要任务中指出,将探索研究观赏石"价格评估体系"和"各种业态形式"列入理论专业委员会的重要研究课题,为培育和发展观赏石市场提供理论依据。也就是说观赏石市场的培育和发展需要开展观赏石价格评估,而观赏石价格评估必须依据《中华人民共和国价格法》进行,按照现行价格法律、法规、政策对观赏石价格实行市场调节价管理,采取两种方式:观赏石进入司法、行政执法、纪检监察领域实行价格鉴定、认定制度,观赏石进入市场流通的民事活动领域实行价格评估制度。广西物价局根据国家有关法律、法规、政策,在全国创新成立了观赏石价格评估制度,这一制度的建立,顺应了时代发展的潮流。

由广西物价局价格认证中心主办,广西观赏石协会、河池市物价局、大化瑶族自治县物价局协办,根据《中华人民共和国行政许可法》和《国务院对确需保留的行政审批项目设定行政许可的决定》(国务院第 412 号令)及《广西壮族自治区丙级价格评估机构资质认定实施细则(试行)》(桂价认〔2011〕59 号)的有关规定,于 2011 年 11 月在广西大化县举办了全国首届观赏石价格评估师资格证书培训班,2012 年 7 月由广西区价格认证中心主办、广西观赏石协会承办,在广西柳州市举办了第二期《观赏石价格评估师》资格证书培训班。有来自北京、广西、广东、浙江、四川、安徽、湖南、黑龙江等全国各地的共 270 多名学员参加,至今已培养合格的观赏石价格评估专业人员达 160 多人。

观赏石价格评估师资格证书培训班的授课主讲老师都是行业内的资深专家,有中国价格协会价格评估鉴证分会副会长、广西区价格认证中心主任陈孟,中国观赏石协会常务理事、广西观赏石协会会长张士中先生,中国观赏石协会副会长毕傲霜等。课程内容主要包括观赏石的绪论、鉴评、文化、美学、经济学、价格评估及有关法律法规政策、价格评估案例分析、参观奇石馆、撰写观赏石鉴评报告和观赏石价格评估报告等,涉及的内容和知识面相当广泛和全面,培养出来的学员不仅有丰富厚实的理论基础,还有相当的实践经验,起到了为我国观赏石价格评估工作培养一批专业、扎实、可靠的执业人员的目的。

随着观赏石市场的不断扩展,观赏石价格评估体系正逐渐被人们所关注,越来越多的观赏石也进入司法鉴定、行政执法、纪检监察等涉案领域,给价格认定工作带来不少的挑战。奇石估价,一直是观赏石业内难以解决的问题,也是观赏石行业急需解决的头等大事,提升价格鉴定人员对观赏石价格鉴定的业务水平也显得越来越突出。因此,自第一期观赏石价格评估师资格证书培训班顺利开课、授课以来,政府价格主管部门勇于创新建立观赏石价格评估人员制度,引起了社会的广泛关注,已成为观赏石界热议的话题,国内各大新闻网络媒体和杂志,如新华网、中国奇石网、《鉴石》等,都对这次的观赏石价格评估师资格证书培训班做了大量肯定的正面报道和强势宣传,认为此次培训班的举办,促进了观赏石行业发展,标志着中国观赏石已开启了价格评估、认证启航的正确方向,让中国观赏石行业逐步向着自律、规范、健康的方向发展。以"新财富风向标"为定位的《世界财富收藏》系列丛书的记者还对中国价格协会价格评估鉴证分会副会长、广西区价格认证中心主任陈孟进行了采访,就开办观赏石价格评估师资格证书培训班、建立观赏石价格评估人员制度等一系列问题进行了提问。从陈孟主任的回答中我们可以知道,观赏石界建立价格评估体系是顺应时代发展的需要,为培育和发展观赏石市场提供理论依据。此次培训班的学员都是来自观赏石界的收藏家、经营者及价格评估、拍卖机构等人员,通过老师的讲解,一方面学员系统地掌握了观赏石价格评估的理论和方法,另一方面学员实地考察了广西大化石珍宝馆、观赏石一条街及培训班提供的观赏石标本,对观赏石有了较深入的了解。广西两期观赏石价格评估师资格证书培训班的成功举办在国内开创了先河,这说明观赏石进入流通领域必须有价格,有价格必须为《价格法》调整,有价格就能建立价格评估制度,而观赏石作为商品流通的价格是可以被判断、估计和推测的。作为省级政府价格主管部门是适应形势发展的需要为观赏石界培养一批价格评估专业人员,相信这批专业人员执业以后对观赏石行业贯彻国家价格的法律法规政策及观赏石市场的培育和发展将发挥重要的作用。

两期观赏石价格评估师资格证书培训班的顺利举办,适时顺应了观赏石文化产业的发展和观赏石市场交易的需求,填补了我国观赏石价格评估制度的空白,同时对今后全国范围内的观赏石价格评估体系的建立和完善、观赏石产业的发展,以及观赏石交易市场的规范都将起着积极的探索和示范作用。规范的观赏石价格评估体系建立,有利于作为商品的观赏石转让、租赁、抵押、保险、合资、合营、改制、上市、破产等经济活动正常进行,有利于进一步规范观赏石经营者的定价行为,有利于形成和建立公平、公开、合法的观赏石市场价格机制,有利于推进观赏石市场健康、有序发展,有利于保护国家、公民、法人的合法权益。至今,由省级政府价格主管部门批准的观赏石价格评估机构已有数个,正在依法开展观赏石价格评估工作。

第二章　我国观赏石市场

第一节　观赏石主要石种

我国观赏石文化历史悠久,历史书籍记载的观赏石就有数百种,新增的观赏石种类达到千种以上,随着近年来赏石文化的发展,已形成了"南有大化、北有大漠"的赏石文化格局。观赏石种类甚多,有被誉为"石中皇后"的雨花石,戈壁滩上经大自然日月精华孕育的风棱石和风砺石,大受徐霞客和阮元青睐的苍山大理石,被《本草纲目》等历代医籍记录在案的药石,千姿百态、极具观赏价值的钟乳石,五彩斑斓、嵯峨万象、集自然美和沧桑感于一体的九龙璧石,有包含多种名贵品种、以产地命名的三江石、长江石、黄河石、新疆彩石、大化彩玉石、合山彩陶石、来宾卷纹石等,还有既具有观赏价值又具有科研价值的古生物化石,等等。我们在这里介绍一些比较常见的观赏石。

一、灵璧石

灵璧石产于安徽灵璧县,为一种微晶碳酸盐岩,经溶解、风化后具各种奇特的造型,结构致密,体态瘦透,质坚厚重,击之金声。分黑、白、赭、绿色,间有杂色,黑色称黑灵璧、白色称白灵璧,还有彩灵璧、彩癣灵璧及灵璧磬石。早在三千年前的殷代,兼有声色之美的灵璧石就被发掘用于制作"特磬",作为宫廷的主要演奏乐器。宋代赏石之风盛行,宋代诗人方岩曾写过"灵璧一石天下奇,声如青铜色如玉"来赞叹灵璧石的奇特,清朝乾隆皇帝也曾御封灵璧石为"天下第一石",灵璧石也是我国四大名石之首。

灵璧石的主要特征可概括为"三奇、五怪"。三奇:色奇,黑如墨玉,白如羊脂,彩色石红、黄、青、蓝搭配,美不胜收;声奇,犹如金振玉鸣,叩之有声,可谐八音;质奇,摩斯硬度4~7,且含有多种有益于人体健康的微量元素,最利于长期收藏。五怪即"瘦、皱、漏、透、丑"。

灵璧石作为一种有观赏和收藏价值的奇石,大者高广数丈,可置于园林庭院,立足为山,峰峦洞壑,岩岫奇巧,如临华岱;中者可作小丘蹬道、河溪步石、池塘波岸缀石、草坪散石点缀;小者可供于厅堂斋馆,或装点盆景,肖形状物,妙趣横生。

二、太湖石

太湖石,因盛产于太湖地区而得名。是一种石灰岩,经差异性溶解、风化之后形成,多为灰色,少见白色、黑色。是我国四大名石之一。太湖石又名"窟窿石""假山石",现在还有一种广义上的太湖石,即把各地产的由岩溶作用形成的千姿百态的碳酸盐岩统称为"太湖石"。太湖石有水石和干石两种,水石是在河湖中经水波荡涤、历久侵蚀而成的,唐代诗人吴融的《太湖石歌》中生动地描述了水石的成因和采取方法："洞庭山下湖波碧，波中万古生幽石，铁索千寻取得来，奇形怪状谁得识。"水石十分珍贵，现如今能见到的不多。干石则是地质时期的石灰石在酸性红壤的历久侵蚀下而形成的，枯而不润，棱角粗犷。

太湖石一般体积较大，多适合于园林、庭院之中的景色摆设，也有个体小的，可用于盆景或案头摆设。太湖石在中国四大传统名石中最能体现"瘦、皱、漏、透"这一古典赏石标准。

三、英石

英石，又称"英德石"，产于广东省英德市北郊望埠镇英山。属沉积岩中的石灰岩，与同为中国四大名石的灵璧石成分、成因相同，但硬度不及灵璧石。颜色有黑、灰黑、青灰、浅绿、红、白、黄等，纯黑色为佳品，红色、彩色为稀有品，石筋分布均匀、色泽清润者为上品。英石有水石、旱石两种，水石从倒生于溪河之中的巉(chán)岩穴壁上用锯取之，旱石从石山上凿取。

英石种类较多，可分为阳石、阴石两大类，阳石露于天，阴石藏于土。阳石按表面形态又分为直纹石、横纹石、大花石、小花石、叠石和雨点石，质地坚硬，色泽青苍，形体瘦削，表面多褶皱，扣之声脆，是瘦和皱的典型，适宜制作假山和盆景；阴石玉润通透，质地松润，色泽青黛，有的间有白纹，形体漏透，造型雄奇，扣之声微，是漏和透的典型，适宜独立成景。

四、昆石

昆石，又称"昆山石"，因产于江苏昆山的玉峰山而得名。因其石晶莹洁白，玲珑剔透，峰峦巅空，千姿百态，故而又称"玲珑石"，与灵璧石、太湖石、英石一起被列为中国的四大传统名石。昆石的岩性是白云岩，由石英晶簇体组成，其组成是距今5亿多年前的寒武纪海相环境的产物。由于地壳运动的挤压，昆山地下深处岩浆中富含的二氧化硅热溶液侵入了岩石裂缝，冷却后形成石英矿脉，在这石英矿脉晶洞中生成的石英结晶晶簇体便是昆石。

昆石历史悠久，结构各异，品种繁多，根据其晶簇、脉片形象结构的多样化，将不同形态的昆石分为鸡骨峰、胡桃峰、雪花峰、杨梅峰、海蜇峰、鸟屎峰、荔枝峰、荷叶皴(cūn)峰等近十个品种。其中以鸡骨峰、胡桃峰、雪花峰、海蜇峰较为名贵。鸡骨石由薄如鸡骨的石片纵横交错组成，给人以坚韧刚劲的感觉，它在昆石中最为名贵；胡桃石石表皱纹遍布，块状突兀，晶莹可爱。昆石以雪白晶莹、窍孔遍体、玲珑剔透为主要特征。欣赏昆石不仅要用肉眼观看，还要借助放大镜和逆光来观赏。将昆石放在逆光下，用放大镜观看，半透明的昆石越显珠润耀眼，若隐若现的窍孔上通下连，偶尔可见异色石筋，妙趣横生。

昆石小巧玲珑，一般大小仅尺许，大者极少见。昆石的采制工艺复杂，且玉峰山经过上千年的不断采觅，昆石原石已接近枯竭，如今高达尺余的昆石已属稀有，连20厘米以下的昆石也很难寻觅。昆石作为一种历史悠久、珍贵稀有、存世量小、流传范围小、不能再开采的石种，颇为名贵。昆石喜湿润，据传不能携带过黄河，如果到了气候干燥的北方，昆石会自然开裂破损。昆石怕灰尘，所以适宜放在封闭、透明的玻璃罩内，里面再放置一小杯清水，以增加罩内的湿度。每隔一段时间，要将玻璃罩拿开，让昆石透透空气，以保持它的鲜活性。

五、大化石

大化石，又称"大化彩玉石"，产于广西大化瑶族自治县红水河岩滩河床中，属水冲石类，其石表色彩丰富，有纯黑或纯白，有大红大紫，有黄、绿、青、蓝，多姿多彩，艳丽无比。大化石生成于古生界二叠系约 2.6 亿年前，属海相沉积岩，火成岩活动接触蚀变成硅质岩及钙质硅质岩，摩斯硬度 5~7。大化石开发于 1997 年，也是目前市场交易最为活跃的石种之一，具有石质坚硬、硅化或玉化程度高、石形奇特、花纹图案变化无穷、色彩艳丽和谐悦目等特色。

大化石石肤温润如脂，富有光泽，层理变化有序，色韵自然，纹理清晰而具有韵味，令人有温馨之感。它以"形色质纹"为赏石标准，是中国奇石的后起之秀，它的出现，打破了传统"瘦、皱、漏、透"的赏石观念，使延续了千年风风雨雨的中国大陆赏石文化理论终于找到了突破口。具备"形色质纹"的大化石是对广西红水河石赏石标准的解释、补充、丰富和完善，也是广西红水河石的代表。

大化石具备了中国绝大部分观赏石中的优点，如长江石、玛瑙石和三江石的坚硬润滑，寿山石和广西合山彩陶石的细腻、光洁，灵璧石和广西来宾国画石图案花纹变化多样，等等，同时它还具有其他观赏石比较少有的浮雕式的图案及奇特的外形。因此大化石深受广西乃至国内外奇石爱好者和藏石家的盛赞与青睐，并争相购买和收藏。

六、摩尔石

摩尔石是近几年广西红水河水冲石中崛起的新秀。摩尔石的命名，得自英国现代雕塑大师亨利·摩尔（1898—1986）的名字。在以摩尔石命名之前，因相比红水河其他优秀的水冲石而言，摩尔石既无亮丽的色彩，也无玉质感的"宝气"，更无凹凸有致的皱褶纹理，水洗度也欠佳，甚而有的手感粗糙，没有皮壳，所以当地俗称之为"磨刀石"，并未受到赏石之士的青睐。但是后来陆续展出的摩尔石因其特有的线条美、轮廓美、造型美的抽象表现形式引起了人们的关注，它的"无意味"抽象形式正是迎合了欧洲现代雕塑家亨利·摩尔的独特创意，与摩尔雕塑在线条圆滑流畅、块面柔和婉转、形体豪放夸张等方面有着惊人的相似，后来渐渐被称作"摩尔石"。

摩尔石的原岩是基性岩，岩石中的矿物组分、结构又有一定的差异，局部也有一些不穿透石体的节理，这些部位受河流水蚀及冲刷而被蚀去，留下没有裂隙的坚硬块体，又因为其所处河床环境的特殊，使其认为很难保存下来的弧形弯曲部位保存完好，在这种特定的自然环境中，自然因素的多样性和特殊性，不是人们所能想象到的，从而形成十分奇特的外形。摩尔石石质细润，没有层理构造，各方向、部位的岩石特性完全相同，同一石体石色是单一的净色，以素雅的青灰、绿灰、浅褐色为主，以纯黑泛光为珍品，整体形态简练怪异，每一方石都拥有令人难以置信的"雕塑艺术"造型。

七、彩陶石

彩陶石，又称为"马安石"，产于广西合山市马安村红水河十五滩，是 1992 年初冬于十五滩发现的新石种。属沉积岩，以凝灰岩、硅质岩为主，摩斯硬度约 5.5。彩陶石的形成是由于地壳运动造成向斜折曲的挤压应力，使岩层发生垂直的两组剪切节理的裂隙所致，因此石形以方形的几何形体居多，外形变化较小，少有奇峰异谷之境，彩陶石的欣赏多重于色，轻于形。

彩陶石水洗度很强，表面光滑细腻，各种矿物组成的颜色鲜亮，分翠绿、墨黑、橙红、棕黄、灰绿、棕褐等色，俗称"唐三彩"。有彩釉和彩陶之分，石肌似瓷器釉面称彩釉石，无釉似陶面者称彩陶石。有纯色石与鸳鸯石之分，鸳鸯石是指双色石，三色以上者又称"多色鸳鸯石"。黑彩陶石质地细滑,润泽感佳;彩釉石则多见方柱棱角之形,石肤温润如脂,石色釉面光彩怡人,尤以翠绿色为贵。鸳鸯石以下部墨黑而上部翠绿色者为上品;而绿质黄釉石具有唐三彩之神韵,尤其是绿玉石,色调沉静优雅、纯净无瑕。彩陶石耐酸耐磨蚀,极难加工,其色质之美,曾对传统瘦漏透皱类供石产生了极大的冲击,堪称新派供石的首选代表石种。

八、来宾石

来宾石,是产于广西来宾市的观赏名石,来宾石的原岩距今已有 3 亿年以上的历史,成分多属硅石,质地细密、坚韧、硬度大,稳定性好,一般摩斯硬度 5.5~7,沿河是岩溶地带,河床中沉积着各种岩石砾块,河床狭窄,弯多滩险,水落差大,流急沙多,对河床中的岩石砾块不断地搬运、翻滚、撞击、磨蚀,从而造就了各种各样的奇石。来宾石种有彩釉石、墨石、石胆石、卵石、国画石、卷纹石、花斑石、图案石、沙积石等,其中以墨石、石胆石和卷纹石较为珍贵。

来宾卷纹石,产于广西红水河来宾市河段,属于成岩水冲石,色多为铁黑色,原生态皱纹似褐黄色线条,苍劲有力,呈不规则状,故命名为"卷纹石"。来宾卷纹石的卷纹,有很强的扩张蔓延之感,其形千姿百态,其色瑰丽璀璨,其纹清晰如雕。来宾卷纹石美在纹样、奇在纹样、贵在纹样,有平纹、凹纹、凸纹、叠纹等,卷纹石处于"似与不似"的地位,如水面上卷伏起来的涟漪,既适合传统的"瘦、皱、漏、透"的赏石标准,又与当代流行的新潮赏石标准"形质色纹"合拍。赏石界素有"柳州石玩天下奇,奇石精髓在来宾"的美誉。

九、梨皮石

梨皮石属火成岩中的辉绿岩,因石皮呈梨子皮而得名。其石质致密,水洗度好。一般梨皮石为象形石的较少。属卵石,摩斯硬度 6~7。梨皮石主要产于广西红水河岩滩及融江流域,有粗、细之分。前者一般形体硕大凝重,形态变幻奇崛,白色斑点凸出粗犷,颇具阳刚之美;后者磨圆度较好,质地细腻,但形体变化不大,白色斑点平滑,更具阴柔之美。

梨皮点含辉石造成色泽灰黑,由于其具辉绿结构,形成趣味的梨皮点。梨皮点所构成的梨皮石,以红水河岩滩及融江流域所产为最好。其肌肤匀称且梨皮点密布,水洗程度特佳。广西的梨皮石个性独特,苍点斑驳古韵浓厚,也是赏石者的最爱。

十、金砂玉

2007 年在广西岑溪市南渡镇金沙村的金沙滩发现第一块闪烁着金色光芒的玉石而得名。金砂玉在广西岑溪市黄华河流域已家喻户晓。金和玉是几千年中华玉文化最美好的传承载体,把金和玉集于一身的岑溪金砂玉石举世罕见,堪称中华一绝。金砂玉的出现更彰显了中华民族玉文化的无穷魅力。

金砂玉归属于石英岩玉类。金砂玉因为石体内有绢云母鳞片在光照下闪烁出金色光芒而被大家喜爱。金砂玉之美不在玉的本身,而在于石英岩玉中闪烁的金色光芒。这就是金砂玉的特点,这就是它堪称举世罕见、中华一绝的特点。金砂玉石的原石一般为方扁、椭圆、河卵石状。经过精湛的石雕工艺雕出的作品,具有石性湿润、珍珠光泽的特点,看上去水头足,玉质感强,似釉彩润泽,再加上云母鳞片满布其中,这些绢云母或白云母,由于褐铁矿中铁离子致色,反衬出金黄色的星点,既增强了石质的润泽感,同时更使赏石者感觉石中金星灵动,不论从哪个方向观赏,都因为云母鳞片的晶面映出的闪动金星更觉韵味无穷,是人见人爱的精致石雕艺术品。

金砂玉面世时间虽短,但已引起石界的高度关注,不但区内的石友慕名前往岑溪观赏、购石,区外也有不少赏石爱好者和藏石家纷至沓来,说明金砂玉作为新的石种和玉种,已逐步被石界认同。

十一、三江石

横贯龙胜、三江两县的寻江河中游,以主产红彩卵石而享有盛名。可以说,国内每一届大小石展或已开馆的石馆里,都有彩卵石展示,彩卵石在石玩界已据有重要的地位。据说,彩卵石是 1991 年秋冬季节, 由柳州及融安县玩石者在三江东部古宜河上游首次发现,并于 1992 年 7 月在柳州市柳侯公园"品石斋"第三届石玩艺术评比展销会上,首次向石玩界亮相,因而被民间称为"三江石"。

从广义上讲,三江石应是龙胜各族自治县至三江县的寻江水系所产的以红彩卵石为代表的一系列彩卵石和藻卵石类。三江石中的佼佼者——红彩卵石的盛产河段主要集中在龙胜各族自治县境内的下花河(又名"大地河")、三门河、交州、思陇、牙寨,产石河段长 48 公里,以及三江县境内的沙宜、周牙至风灌等地。

三江石是寻江中游的宝贵奇石资源,是一族品类丰富、石质细密而坚韧顽拙,且色彩斑斓的奇石。它具有血红、铁黑、艳紫,兼有紫红、黄、棕、褐等多种暖调石色,其中最负盛名并被赏石界越来越器重而受宠者为碧玉质彩卵石。

十二、广西绿蜡石

广西绿蜡石在桂林、贺州都有,是较为罕见的石种,主要成分为石英,因石表内外有蜡质感而得名。石质坚硬,摩斯硬度 6~7,密度为 2.61~2.65 克/厘米^3,光滑亮丽,有透明状和不透明状,绿蜡石由含铜、铝等元素侵入石体沉淀而成。有些绿蜡石是工艺制作的好材料,通过雕琢,可成为精美的艺术品。

广西八步蜡石的原始产地蕴藏有金、铁、稀土、水晶、黄玉等矿种,河流中游有锰、铁、钨、锌、锡等矿物。所以在河流的上游蜡石的润浆较薄,中游急剧加厚,一旦到了下游,含矿物质水被多条溪水冲淡,再加上长期与沙石的摩擦,显晶体类型蜡石表面的润浆变得非常稀薄,最后丧失殆尽,变成粗燥的石英类卵石。润浆的另一个重要的作用是用来判断是否是蜡石品种的最重要的依据。

十三、雨花石

雨花石是一种天然玛瑙石,由石英、玉髓和燧石或蛋白石混合形成,也称"文石""观赏石""幸运石",主要产于南京市六合区及仪征市月塘一带。雨花石形成于距今 250 万~150 万年之间,是地球岩浆从地壳喷出,四处流淌,凝固后留下孔洞,涓涓细流沿孔洞渗进岩石内部,将其中的二氧化硅慢慢分离出来,逐渐沉积成石英、玉髓和燧石或蛋白石的混合物。雨花石的颜色和花纹,则是在逐渐分离、不断沉积成无色透明体二氧化硅过程中的夹杂物。中国自南北朝以来,文人雅士寄情山水,笑傲烟霞,至唐宋时期达到巅峰,雅史趣事中有关赏石的佳话不胜枚举,神奇的雨花石更是成为石中珍品,有"石中皇后"之称,被誉为天赐国宝,中华一绝。

十四、棋盘石

棋盘石分布于广西柳州市三门江一带,分布面积约0.5平方千米。棋盘石母岩是上二叠统石英砂岩及石英岩,石的层理明显,有一个层面有铁、锰物质,结固过程中,地壳运动有两组垂直力在运动,那些铁、锰物质在固结过程中,有规律地形成一些张力纹,胶结较坚固,纹便露出底色黄色,很像下围棋的棋盘格,棋盘石因此而得名。

十五、国画石

国画石又名"草花石",草花石于1996年9月在广西武宣县被发掘,因画面呈现多色彩的草花状,故而得名,属图案观赏石。国画石之画面,是由不同色彩的线条及色晕所组合,绝非植物化石,由沉积岩所形成,摩斯硬度4.5~6。在成岩阶段得到致色物质的渗透,基本上是二价铁(Fe^{2+})离子及三价铁(Fe^{3+})离子所染色,故画面呈现出红、黄、棕、绿、褐等色彩,纯黑色则由四价锰(Mn^{4+})离子染色所致,画面的色晕是铁锰双重致色离子染色的结果。岩块上出现黑褐之粗线条,若渗透其底,则易形成断裂线。国画石自1997年年初在柳州马鞍山奇石市场面市,引起赏石界的浓情,桂林瓦窑石商批量争购,转而提供旅游市场的需求,从而提高了国画石在海内外的声誉。

十六、菊花石

菊花石的质地坚硬,外表呈青灰色,里面有天然形成的白色菊花形结晶体,看上去很像自然界的菊花。其中的"菊花"部分,"花蕊"是晶粒状矿物的集合体,"花瓣"是一个个菱面体晶体形态紧挨或断续连接所产生,矿物成分依据品种不同而有所区别,其长短不等柱状矿物集合体以花蕊为中心向三度空间做放射状排列,形态万千,蔚为大观。其中湖南浏阳出产的菊花石主要是方解石和玉髓(石英),有的含菱锶矿及天青石;北京西山红柱石菊花石,存在于红柱石岩中,岩石基底为黑色,密集分布着灰白色的放射状红柱石集合体,成菊花状,每个花瓣则是一个红柱石晶体,其主要矿物成分则为红柱石。

十七、武陵石

武陵石,产于湖南省武陵山脉的常德、桃源、石门等地。该石为多年水流冲击而成,石质光滑,色泽古朴、造型变化多样。武陵石以图纹石居多,其色泽既明快又凝重,复色与间色十分丰富。体量大的石头一般底色呈米黄、浅灰、灰绿、红紫、墨黑等色,石上纹理多为深红、赭石、浅紫、古铜等色。中、小体量的石头有深绿、蓝灰、玉绿、花青、玫瑰、大红、橘黄等色。石上纹理有平纹也有浮雕纹,由块、面或点、线构成自然画面,有写意也有写实。似动物形者神态各异,惟妙惟肖;似山水风景者独具特色,尽现名山大川的风情和自然神韵。近处山石见质,远处山形见势。

十八、天峨石

天峨石产自广西红水河上游的天峨河段,上至南盘江,下游包括天峨、东兰县河段,是广西名石之一。天峨石是2亿多年前三叠纪的沉积岩,地层是三叠纪底部,该地层沉积类型多种,岩浆活动频繁,变化殊异。天峨石的形成与火山活动所形成的基性喷发岩的作用有关,另外,该地层岩石受蚀变作用,也使天峨石变得坚硬,更加绚丽多姿。

天峨石产地中的红水河对天峨石的形成也是一个不可忽略的重要因素。红水河的特点是水流急,落差大,河床宽窄不一,常带大量泥沙,对岩石的冲刷大,河床也深,两岸的岩石经河水的切割作用,被搬运到河床中,一般中、大型石搬运不太远,而且千万年来天峨石石体都浸在河水中,经过红水河河水千万年的冲刷雕琢,使天峨石纹理变得千姿百态。

十九、钟乳石

广西钟乳石分布广,桂西北、桂中、桂北等地岩溶地区的石灰岩溶洞中均有,十分著名的如芦笛岩、七星岩、莲花洞、都乐岩、伊岭岩、金伦洞、丰鱼岩、银子岩、勾漏洞、葫芦八宝洞、金鸡洞等。钟乳石是水中含碳酸钙物质渗入溶洞中形成的石钟乳、石笋、石柱、石花等。有的是滴水处结固成的灰华,有的已经结晶呈半透明状,特别好的是水中含钙成分高、在特殊条件下于水中结晶成的石花,十分完整美观。特别是深洞内不受外面污染的地方,雪白的钟乳石结晶体,千姿百态,十分神奇。各式各样的石钟乳,有莲花盘状,有乳状,有塔状,有串串的灵芝状,还有象形状物的。

二十、彩霞石

广西柳江县彩霞石是产于泥盆系灰岩中的方解石脉,方解石脉发育较大,其中一些节理,裂隙中被水带入铁质,铁离子致色,有些结晶的沿层纹渲染成褐红色、红色。这类石种,切割后观赏性极强,纹理清晰,极像"五花肉"。

彩霞石本来是呈巨大脉带状产出的张性断裂破碎带,在构造摩擦热力和地下水的长期作用下,形成不同深浅的红、橙、紫、白的方解石环带状沉淀,各色方解石包绕或充填于巨大的石灰岩类构造角砾之间,并胶结固为一体。

彩霞石花石是距今4亿年前中泥盆纪后期,经多次地壳构造运动,地岩裂隙形成方解石脉,再经漫长的自然理化作用而形成的罕见奇石,摩斯硬度3.5,其质细腻如玉,色彩斑斓,主要由白、红、蓝、黑及其过渡色组成不规则的条带层理,呈现出丰富绚丽的鲜明画面,广西柳江县彩霞石有鲜红色的特点,广西灵山县出的彩霞石为绛紫色的特点。

二十一、都安石

都安石以形见长,体魄巨大雄强却又显空灵飘逸,令人叹服。其色可分为象牙白、柠檬黄、雪青、钢灰等。不同的色彩出自不同的河段,在过达河段,观音峰下前后2公里出水的称为"过达石",无论大小,其色几乎全为深浅不同的黄色。而龙湾段出水的几乎全为大件,动辄10余吨,由于此河段水流湍急,巨大的石面被冲砺得洁白细腻,泛出如同象牙白般的釉色,故称为"象牙白"。无论过达或龙湾出水的都安石,其质地均细如牙瓷,滑如绸缎。出纹的都安石,多见于中小件,尤以过达河段最多。

二十二、大理石

大理石原指产于云南省大理的白色带有黑色花纹的大理岩,剖面可以形成一幅天然的水墨山水画,古代常选取具有成型花纹的大理石用来制作画屏或镶嵌画,后来"大理石"这个名称逐渐发展成称呼一切有各种颜色花纹的、用来做建筑装饰材料的大理岩,白色大理石一般称为"汉白玉"。大理石主要用于加工成各种形材、板材,作建筑物的墙面、地面、台、柱,还常用于纪念性建筑物如碑、塔、雕像等的材料。大理石还可以雕刻成工艺美术品、文具、灯具、器皿等实用艺术品。

二十三、大湾石

大湾石属水冲石的一种,产于广西红水河大湾段的河滩里,1993年被人发现。最早发现的多是金黄色小石头,有鸡蛋、拳头大小,非常具有观赏价值。后采集的造型石体积大了一些。

大湾石是经过河水长期冲刷浸润而成,有的颜色浓绿金黄,有的淡绿泛白,由大湾以上方处的众多质地坚硬的石种被河水搬运到大湾附近红水河段堆积形成,具有大化石、彩陶石、来宾市等石种的特色。

二十四、九龙璧

九龙璧又称"茶烘石""梅花石""华安玉",分布在福建漳州市九龙江流域。系距今2.48亿年古生代二叠纪的海相沉积岩,经距今1.63亿年中生代侏罗纪陆相火山喷发变质而成条带状钙硅角质岩,摩斯硬度7.2~7.8。其主要成分为石英、长石、硬玉类的透辉石、软玉类的透闪石、阳起石等,经硅化重新结晶而成。九龙璧玉石的颜色因河段而异,七色俱全,有藕红、褐黑、藏青、碧蓝、嫩绿、金黄、米黄等。九龙璧质地坚贞浑厚,肌理褶皱的变化大,风格迥异,色调雄奇高古,造型精妙独特,图案纹理富有国画意境。唐宋年间被誉为珍宝进贡朝廷,现北京故宫博物院仍有珍藏。九龙璧石似石非石,犹如硅质碧玉,五彩斑斓,嵯峨万象,其自然美和沧桑感是其他岩石类无法比拟的,是石中一绝。

二十五、藏瓷

藏瓷又名"藏瓷红",是新发现的观赏石石种,"藏"表明此石种产自西藏高原,瓷是由于石面富有光泽,石皮颜色古朴宝气,质感莹润,如陶瓷之釉面,故取名"藏瓷"。因其石体表面多以红色为主,又名"藏瓷红"。它产自西藏海拔4000~5000米的山涧中,由西藏雪域高原独有的天光、地气、水力等自然因素经上千万年的合力作用自然形成,整体坚硬、致密,石胎较白,富有光泽,质感莹润,可媲美陶瓷之釉面;石面条痕和线纹或显或隐、或深或浅、或粗或细,酷似钧瓷窑变之蚯蚓线;石色以红黄为主,或红黄相间相映,色彩光润明丽,显得高贵大气;或间杂白、黑、青、蓝、紫等色,则显五彩缤纷,细观可产生层次感,呈现多个色阶。藏瓷体形多数偏大,大者可高达3米,造型千姿百态,厚重端庄,质朴内敛,又呈雍容大气。

二十六、沙漠漆

沙漠漆,是在戈壁岩石裸露的荒漠区,由于地下水上升,蒸发后常在石体表面残留一层红棕色氧化铁和黑色氧化锰薄膜,像涂抹了一层油漆,故名"沙漠漆"。沙漠漆依据载体的岩石来分,有板岩、灰岩、花岗岩、火山岩、玛瑙、碧玉、蛋白石等。

因戈壁地区非常干旱,地下的水中矿化度很高,除各种盐类外,水溶液中也溶解高浓度的氧化铁和氧化猛。由于含盐量高,水分蒸发时被停留在地面上的砾石阻挡,在砾石底面形成许多露珠状的水点。同时,荒漠中的石头十分干涸,拼命吸收,使这些矿物质不仅仅停留于石头表面,也进入石内一定深度,形成各种美丽的画面,似湖泊,如山水,以及像各种生物体形状的图案石。戈壁地区的各种砾石及原生岩石的节理裂隙表面,尤其是底面,常见有不同程度的沙漠漆化。砾石又被戈壁风暴掀动,经风沙研磨,使画面更加细腻,韵味十足。沙漠漆具有较高的观赏价值,属于戈壁石的其中一种。沙漠漆依据画面来分类,可划分出山水画(中国画)、油画、朦胧画、生物图形等。

沙漠漆的观赏价值及收藏价值,以画面美丽、造型生动者为佳;以石质而论,载体岩石越硬收藏价值越高。沙漠漆并不少见,但难得一见的是画面奇特且新颖。它与模树石有类似之处,以作画于硬质岩石上者为佳,如能被玛瑙、蛋白石等透明矿物或岩石所包裹,则成绝品,价值倍增。

严格说,沙漠漆是石体的石肤,即所说的"包浆",是由于风沙的吹扬作用,各种矿物质和蒸发水在石表残留的膜,沙漠漆可在多石种上出现,不是单一的一种观赏石名称。

二十七、戈壁石

乌尔禾戈壁玉,又称"戈壁石""五彩石",主要产地在腾格里、巴丹吉林、乌兰布和三大沙漠之中,为戈壁风蚀产物,岩性多为石英岩,摩斯硬度6.5~7.2,半透明,常见均匀过渡的黄色、白色和红色。戈壁石分戈壁卵石和风棱戈壁玉两种,戈壁卵石形态浑圆,体量较大,石肤光滑,玉质感强,散布沙漠漆,有的卵石表面点缀黑色纹理或斑块可构成图案,质细、色正、形态饱满者为上品;风棱戈壁玉是典型的风蚀类观赏石,多呈次棱角或次浑圆状状,轮线偏刚直,色韵单一,玉质感强,具备典型的风蚀棱特征,有单棱、二棱及多棱之分,体量较小,以质赏为主。

戈壁石质地较好,但不易出形,近年来多用于加工雕刻件,质优色艳者不逊于云南黄龙玉。夏孜盖油田附近出产水晶或接近玉髓质地的戈壁玉,晶莹透明,色彩艳丽,在日光下会透射出较强的光芒,当地石友称之为"宝石光",体量小,是戈壁玉中的珍稀品种,其中被称为宝石光的是戈壁玉中的精品,是石英的隐晶质集合体(玉髓)。通常会含有微量或少量的其他矿物质,而导致五彩纷呈的颜色。

戈壁石惹人喜爱,首先因为它质地上乘,多为玛瑙质,坚硬细密,光滑圆润,这是由于经过几千万年的大漠风沙吹去了棱角,把表面吹得光滑细腻;其次是造型生动,雅俗共赏。由于戈壁石成因复杂,地理、气候条件特殊,使其外形变化丰富,飞禽走兽,人物景观,应有尽有,能满足不同需要。而戈壁石五彩缤纷的色泽,也是它令人赏心悦目的原因。

二十八、葡萄玛瑙

葡萄玛瑙石,多产于阿拉善苏宏图以北的20公里处火山口附近,蕴存在火山喷发岩堆积物中,其葡萄玛瑙原矿脉多深藏于玄武岩的空隙中被白粉状高领土所包裹。葡萄玛瑙石的成分主要是二氧化硅(SiO_2),形成于火山口附近的大型空洞中,硅胶热液无法充满整个空间,即以某一质点如沙粒、泥块、水滴凝聚串串葡萄状,在此后漫长的岁月里,岩洞被黏土所充填,因此葡萄玛瑙多埋于泥中,亦起到很好的保护作用。葡萄玛瑙石坚硬如玉,摩斯硬度6.5~7,晶莹剔透,色彩绚丽,呈浅红至深紫等色,半透明,造型奇特。石上通体满布色彩斑斓、大小不一、浑然天成的珠状玛瑙小球,互相堆积,流珠挂玉,犹如串串葡萄,故得名。有的葡萄玛瑙石上偶有似鱼眼睛一样的玛瑙珠。一般从滩面上捡到的葡萄玛瑙石珠大色纯,玉透温润;从岩石中采掘而来的则未经风沙磨砺,所以石肤不光滑,需油浸后方显出艳丽肌肤。

葡萄玛瑙石是内蒙古的独特石种,由于形成条件又十分苛刻,非常稀少。

二十九、云锦石

清江云锦石,产于湖北恩施,是第四系大姑期冰碛泥砾层中的硅质灰岩、硅碳质灰岩类砾石在特殊的地形水文条件下所形成的观赏石。清江云锦石从泥砾层中挖出来时，其外形为卵块状、卵块式圆状，与其他砾石形状相似，所不同的是其表层都被一层松软细腻的灰白色或黄色黏土包裹。洗刷去黏土层，便现出一层厚度不等的浮雕式的花纹，花纹层里面是一层灰白色或黑色母岩。云锦石按其形成的花纹特点、溶蚀的深浅，大致可分四种类型：满花型，即整个石面布满花纹，没有溶蚀空间，石友们称之为全包型；浮雕型，石面未被花纹完全覆盖，花纹或粗或细、或疏或密，错落有致，形成浮雕状；镂空型，花纹疏密相间，彼此相连，空间溶蚀较深，有的只剩下很少的母岩，掏去溶蚀风化物，清洗干净，便如一件精美的镂空雕刻艺术品；双色或多色型，硅质灰岩与硅碳质灰岩相间的砾石，在溶蚀、结晶过程中形成黄色、褐色或黑色花纹，互相映衬，别具一格。

三十、吕梁石

吕梁石产于汉文化的发祥地——江苏省徐州市吕梁乡，石因地而得名。吕梁石大都以象形石、景观石和山型石的形象来展示自己，其体大的数米、小的寸许。其中的象形石或像人物或像动物，其造型古朴而又简练，神态逼真又传神，无不充满蓬勃之气。而景观石，则百态千姿，最为可观，它如船、如楼、如古堡，一般有一二层，也有高达七八层者。

三十一、轩辕石

轩辕石，又名"北辰石"，产于北京市平谷区东北燕山南麓的丘陵地带。形成于8亿年前的元古代震旦纪，由于远古时代气候和地下水位的不断变化，该石随其表面的红黏土自然干裂，而后再遭地下水的溶蚀，如此往复，致使其通体遍布小型龟裂纹，石体表面呈现凹凸不平的"鳄鱼皮"状结构，自然形成形态各异的众多洞窍，龟裂程度因溶蚀差异而不同。该石质地坚密，纯正细腻，含铁量高，坚硬如铁；多呈浅灰微绿、灰赭色调，古色古香；外表古朴雄奇、浑厚沉稳，质素纯净，石体有形态各异的众多沟裂洞窍；造型变幻多端，巍峨雄浑，有的状如山峦，群峰峻拔，重峦叠嶂，突兀险峻，有的形似高原，台高壑深，古堡楼阁，雄浑凝重，还有的像各种动物、灵动活泼。轩辕石兼具瘦、皱、漏、透于一体，朴拙成趣，大者可置于园林庭院，小者可置于文房几案，自然成景，其状如山峦者也是制作山石盆景的佳石。此石最初发现于庙山，因山上有座轩辕庙，故名轩辕石。

三十二、松花石

松花石又名"松花玉"，产于中国东北长白山区中国松花石之乡——江源区，是海相泥质沉积岩。松花石是数亿年前海啸运动过程中海底的淤积细泥，经过沉积、覆盖、压制等物理过程形成的坚硬的沉积型微晶石灰岩。其基本的矿物质成分是方解石、石英、云母、黏土以及少量的金属矿物质等。且松花石无毒、无味、无辐射，色泽丰富，质地细腻，矿藏稀少，既能用以雕刻实用和观赏砚台，还可作为名贵的建筑装饰及加工工艺品用料。在民间更是盛传着可做镇宅之宝之说。

三十三、博山文石

产于山东淄博博山，系石灰岩。摩斯硬度3~4，叩之有声。大都深埋于酸性红土之中，经地下水长期溶蚀，形成沟壑孔洞等形态，特别是因点划交错、延伸、平行或弯曲等变化多端的脉络，形成不同的皱折效果，典型的有荷叶皱、卷云皱、蜂窝皱、斧劈皱、核桃皱、折带皱、披麻皱等。立体纹理丰富,色泽灰黑、褐黄,间有白筋。博山文石分为山形石、象形石、玲珑石。山形石山是自然山峰的浓缩,山峰要雄奇俊秀,高低错落,外部轮廓要具有峰、峦、壑、坡之变化,此类石头大多切底,以全石(不切底)最有收藏价值。象形石以象形状物为主,自然天成,追求形象逼真,栩栩如生,以形神兼备为上品。也有人重神似,形在似与不似之间为妙。玲珑石讲究玲珑剔透,瘦骨嶙峋,挺拔突兀,以"瘦、皱、透、奇、巧、丑"兼具者为精。

三十四、姜石

从地质科学的观点来考察,姜石为钙质结核。所谓结核,就是指沉积岩中与围岩成分有明显区别的某种矿物质团块,其形态有球状、卵状及不规则状等。

姜石主要产于黏土质地层中,如页岩、板岩、黏土岩和黄土之中。其形成时代也很广泛,从十几亿年前直到第四纪风成黄土之中,并且在今后的岁月里仍将继续。如著名藏石家李饶所收藏的脑状姜石,即产于十几亿年前的震旦纪地层中;年轻地层如黄土高原,其上分布的厚层黄土尚未固结成岩,其中常见姜石,被剥蚀出地表后成堆分布,被当地老乡称作"跌跤石"。

依据结石与围岩形成的先后关系,可分同生姜结石、成岩姜结石和后生姜结石三种。同生结核沿层理分布,并被地层层理所环绕,呈假整合状;成岩结核以不整合状态产出为主;后生结核切穿岩层层理,分布于裂隙之中。无论何种结核,形成时有一个共同特点,即大气降水或地下水溶解较多的碳酸氢钙在运移过程中,沿某一质点(如土块、沙粒或水滴)凝聚,由里至外越长越大,并胶结有地层中的黏土或沙粒,形成结核,其大小不一,形态各异。结核石的构造一般呈同心圆状或放射状。结核石的摩斯硬度一般约3,如果成岩溶液中除含钙离子外,尚含硅、铁等离子,则摩斯硬度可增高至5。结核石的矿物成分以方解石、白云石和高岭石类黏土矿物为主,少量石英、褐铁矿。颜色以白色为主,其次为黄色、黄褐色、灰色等。

三十五、三峡石

三峡石一般是指三峡库区的峡石或卵石,但在重庆的观赏石收藏者中,基本上把长江重庆段(包括三峡和三峡以上江段)的所有观赏石都称为"三峡石"。三峡石主要分布在峡江两岸的溪流河谷或崇山峻岭中,石源来自长江上游冲积到此和该区古老的前震旦系变质岩、沉积岩和前寒武纪侵入花岗岩。三峡石种类繁多,目前发现的观赏石种类多达200种以上,如纹理石、色彩石、化石和矿物晶体等(还包括纤夫石和石器等具有文化特点的石头)。在形态、色彩、纹理、神韵等方面颇有特色,景致高贵典雅。尤以三峡图画石、清江石和宜昌幻彩红景观石最为独特。

三十六、长江石

所谓长江石是指长江的源头唐古拉山到出口吴淞口河段产的石头,其中也包含了很多支流汇集到长江的石头。所以说长江石的种类繁多,颜色丰富,河道流域长所以水洗度好;形成远古且皮老质坚,把玩手感极佳,视觉冲击力强。它的色彩多变,形态各异,形成的图案千姿百态;造型更显鬼斧神工,有人物风景、天文地理、飞禽走兽、奇花异草、文字静物、化石标本等,数不胜数。是赏石家族中不可多得的石种。

三十七、乌江石

乌江发源于贵州乌蒙山,是长江水系,一路自东向西奔流,于重庆涪陵注入长江。乌江石系寒武纪石灰岩,并经火成接触蚀变作用,经过乌江水千万年不断地冲刷,才形成了各种造型和变化多样的纹理,乌江奇石以质地坚硬、纹理构图秀美著称,一旦成形集纹理组成画面,即具有相当高的收藏价值。

三十八、黄河石

黄河发源于青海省巴颜喀拉山的北麓,海拔 4500 米的约古宗列盆地,流经青海、四川、甘肃、宁夏、内蒙古、陕西、山西、河南等 9 个省(自治区),由山东进入渤海。长途穿山越峡,切入崇山峻岭,沿途岩石坠入河道中,经河水的搬运、冲击,形成了许多色彩艳丽、形态动人、数量众多的黄河石。在各个河段地区,产出许多名贵的黄河石,有青海黄河源石、兰州黄河石、宁夏黄河石、内蒙古黄河石和洛阳黄河石,包括火成岩、沉积岩、变质岩等。由于山石岩质、矿物成分、自然条件各异,因而形成了不同类型的丰富多彩的黄河赏石。黄河石最大的特色是"类多、色多、形多",已发现的有收藏价值和经济价值的黄河石有图案石、形状石、色彩石、生物化石等四大类。

三十九、金海石

金海石是北京地区三大观赏石之一,是北京东北部山区峡谷河底中的卵石,因最早发现于平谷区金海湖而得名。该石种的原岩是十几亿年前远古代石英岩,在 1.5 亿年前受火山岩浆中所含铁和锰矿液侵染、渗透而使高价铁和低价铁间隔分布,经漫长的风化而碎落江河,又经水冲磨砺形成褐黄色、暗红色、黑褐色和红紫色等色彩丰富的景观卵石。多变的颜色形成层次为红白、黄白、褐白等色彩相间交替出现的特殊纹理图案,自然界的万千变化无限生机给金海石注入了活力。

四十、龟纹石

龟纹石产于青海省兴海县境内,龟纹石因表纹酷似龟背纹而得名,十分坚硬,摩斯硬度一般可达 7,是国内龟纹石中最好的。

四十一、新疆彩石

新疆彩石以美为特点,分布广,规模大,不似宝玉石那样稀少和耐用,实际是玉与石的过渡类型,在工艺上主要用作石雕、玉器配件、图章等。新疆乌尔禾境内魔鬼城周边,方圆几千米的彩石滩,如天女散花般分布着千姿百态的奇石,令人叹为观止。彩石争奇斗艳,玛瑙石玲珑剔透,戈壁玉仙风道骨,方解石晶簇巧夺天工,泥石、风淋石沧桑古朴。

四十二、崂山绿石

崂山绿石又名"崂山绿玉",产于山东省青岛崂山东麓仰口湾畔,佳者多蕴藏于海滨潮间带。崂山绿石已有数百年赏玩历史,是中国主要观赏石种之一。崂山绿石的矿物学名称为蛇纹玉或鲍纹玉,主要矿物组成是绿泥石、镁、铁、硅酸盐,杂有叶蜡石、蛇纹石、角闪石、绢云母、石棉等,质地细密,晶莹润泽,有一定的透明度。其色彩绚丽,以绿色为基调,有墨绿、翠绿、灰绿,以翠绿为上品,石质一般较为坚硬、细密,加工后既圆且润。主要观赏其色彩、结晶和纹理,可陈设于厅堂、几案欣赏,也可作盆景。

四十三、雪浪石

雪浪石产于河北省定州市、曲阳县等地。该石是质地坚硬的花岗岩,属水冲石,表面大都相对平整,纹理线条流畅,石上黑白相间的色彩花纹显得肃穆古朴,凝重深沉,黑者若大地如悬崖峭壁,白者类雪花似雪练飞瀑。体型多在 1~5 米,重量从几吨到几十吨不等,也有 1 米以下的鹅卵石状者,重量在 1 吨左右。雪浪石有一个观赏面,较好的从任何角度均可观赏,特适宜点缀各种园林绿地。

雪浪石为千万年来洪水溪流携带卵石流沙不断冲刷而形成,石面平滑,具有奇特的色彩和花纹,其储量非常有限。

四十四、广西石器

广西地区新石器早期文化的研究由来已久,经过几代考古学人的努力,越来越多的该时期遗存被发现。

早在 1935 年,中国地质调查所新生代研究室的考古学家裴文中与杨钟健、德日进在广西桂林市郊和武鸣县的苞桥、芭勋、腾翔等地洞穴进行考古调查时发现了一批洞穴遗址,主要是用不同种类的砾石制造的刮削器、砍砸器、切割器、石磨盘、石磨棒、穿孔砺石等,石斧、石铲、石锤、石锛、石砣、石箭、石刀磨制石器,锄形器基本是单面加工的砾石石器等。

所以裴文中先生把它们定为中石器时代。到目前为止广西地区年代比较清楚明确包含新石器时代早期遗存的遗址有桂林甑皮岩遗址、大岩遗址、庙岩遗址、白莲洞遗址、鲤鱼嘴遗址、顶蛳山遗址等。广西新石器时代早期遗存主要包括甑皮岩遗址 1~4 期遗存、大岩遗址 2~4 期遗存、庙岩遗址 2~5 层堆积、白莲洞遗址东 4 层以及西 2 层、鲤鱼嘴遗址 2004 年发掘的第 2 期和 1980 年发掘的下层遗存、顶蛳山遗址第 1 期遗存、百达遗址新石器时代早期遗存。

四十五、贵州化石

贵州是一块神秘的土地,古地质学表明,2 亿多万年前贵州属南盘江海。晚古生代三叠纪,百合化石、鱼龙化石众多,属于江海长期发育地。

在距黄果树仅几十公里的关岭,群山峻岭中埋葬着一个亿万年前离奇灭绝的庞大古生物群,20 世纪 40 年代首次发现它的地质学家许德佑为此献出了宝贵的生命,在 50 多年后第二批来这里探索挖掘的地质学家们也历经艰难。几经曲折追踪,科学家们终于揭开了这个千古之谜。挖出了大量和鱼龙相似的海生爬行动物,比如形体稍小的海龙、长相酷似乌龟的楯齿龙等,另外还有腕足类、双壳类和一些植物化石。鱼龙属深海动物,海百合属浅海动物。

四十六、广西化石

大约是在 4.3 亿万年以前。有属于腕足类化石鸮头贝化石,是泥盆质海洋生物化石,同时也是全球地质界公认泥盆纪东岗岭阶标堆古生物化石。由于构造运动的影响,这个区域缺失志留系和奥陶系地层沉积。泥盆系底为砾岩、砂岩超覆在寒武系之上。泥盆系地层,下部为砾岩、砂岩,中部为灰岩、白云质灰岩、泥质灰岩、白云岩等,还有细砂岩、砂岩、石英砂岩。泥盆系的石英砂岩, 是形成金纹石的原岩。泥盆系东岗岭组中的泥质灰岩,产出大量的古生物化石——鸮头贝,是该地层的标准化石。代表性强,广西在别的地方也发现有化石,但分代化、标准化石保存完好的极为难得。

武宣县化石属于古生代寒武系和奥陶系,武宣县多次经受构造运动影响,构造复杂,另外还发现了下石炭纪时期海洋古生物带化石:第一带泡沫耐沟珊瑚、第二带假乌垃珊瑚、第三带泡沫柱珊瑚、第四带袁氏珊瑚,距今大约是 3.7 亿万年。

四十七、绿松石

绿松石因色、形似碧绿的松果而得名,是世界上稀有的贵宝石品种之一,因其通过土耳其输入欧洲各国,故有"土耳其玉"之称,亦称"突厥玉"。绿松石是一种次生矿物,其化学成分为一种含水的铜铝磷酸盐,由含铜、铝、磷的地下水在早期花岗岩石中淋滤而成,在近地表的矿脉中沉淀形成结核,被岩脉的基质所包裹。绿松石以不透明的蔚蓝色最具特色,也有淡蓝、蓝绿、绿、浅绿、黄绿、灰绿、苍白等色。一般硬度 5~6。绿松石受热易褪色,也容易受强酸腐蚀变色。硬度越低的绿松石孔隙越发育,越具有吸水性和易碎的缺陷。中国是绿松石的主要产出国之一,陕西白河、河南淅川、新疆哈密、湖北十堰、青海乌兰、安徽马鞍山等地均有绿松石产出,其中以湖北十堰的郧县、郧西、竹山一带为世界著名产地。

四十八、寿山石

中华瑰宝寿山石,是我国传统的四大印章石之一。分布在福州市北郊晋安区与连江县、罗源县交界处的"金三角"地带。若以矿脉走向,又可分为高山、旗山、月洋三系。因为寿山矿区开采得早,旧说的"田坑、水坑、山坑"就是指在此矿区的田底、水涧、山洞开采的矿石。经过一千五百年的采掘,寿山石涌现的品种达百数十种之多。寿山石已成为海峡两岸经贸往来、文化交流的重要桥梁之一。

四十九、青田石

青田石主要产于浙江省青田县内,是我国传统的四大印章石之一。在中国一并与巴林石、寿山石和昌化石被称为中国四大名石。

青田石是一种变质的中酸性火山岩,叫流纹岩质凝灰岩,主要矿物成分为叶蜡石,还有石英、绢云母、硅线石、绿帘石和一水硬铝石等。颜色很杂,红、黄、蓝、白、黑都有,岩石的色彩与岩石的化学成分有关,当三氧化铁含量高时呈红色,含量低时呈黄色,更低时为青白色。岩石硬度中等,玉石含叶蜡石、绢云母、硬铝石等矿物,所以岩石有滑腻感。主要是产于浙江省青田县山口镇,故将其称为"青田石",是属于叶蜡石的一种。

五十、昌化石

昌化石产于浙江省临安昌化镇。昌化石具油脂光泽,微透明黄黑双色至半透明,极少数透明。品种很多,大部色泽沉着,性韧涩,明显带有团片状细白粉点。按色分有白冻(透明,或称"鱼脑冻")、田黄冻、桃花冻、牛角冻、砂冻、藕粉冻(为主)等,均为优良品种。色纯无杂者稀贵,质地纤密,韧而涩,少含砂丁及杂质(涩,非贬义)。

五十一、巴林石

巴林石隶属叶蜡石,石质细润,通灵清亮,质地细洁,光彩灿烂,颜色妩媚温柔,似婴儿之肌肤,娇嫩无比。巴林福黄石质透明而柔和,坚而不脆,色泽纯黄无瑕,集细、洁、润、腻、温、凝六大要素于一身,金石界素有"一寸福黄三寸金"之说;巴林石中鸡血石,有"草原瑰宝"之美誉,该石温润脆爽,软硬适中,宜于镌刻,是石中妙品,令人在玩赏之余,不禁产生丰富的遐想,感叹大自然造物的神奇。有人称巴林极品石是集"寿山田黄"之尊、融"昌化鸡血石"之艳、蕴"青田封门青"之雅的印坛奇葩,其评价正可谓巴林石之写照。

五十二、红丝石

红丝石产自山东临朐。在唐朝,红丝石砚台居四大名砚之首,产地是在青州的黑山。至宋末石源枯竭,历朝虽有产出,但数量相当稀少。红丝石特征是:泥质岩,摩斯硬度6.5左右,敲击声很脆,无厚料,从侧面看层状沉积岩特征明显,红黄相间,正面出现像树木年轮一样的红丝。

五十三、蜡石

蜡石因石表层内蜡状质感色感而得名。蜡石属石英脉或石英岩,其油状蜡质的表层为低温熔物,韧性强,摩斯硬度6~7。蜡石的地质年龄各地质年代都有,是由于火成岩侵入后期的石英脉及多次受热作用而成,其主要成分是二氧化硅。蜡石其油蜡之质感源于石英,而其颜色则来自氧化的铁质。蜡石资源主要分布在广西柳州地区三江县的浔江、贺州八步,广东的潮汕、台山、连山,以及云南、浙江、江西等地。蜡石按其色彩分类可以分为:黄蜡石(含锰成分)、红蜡石(含氧化铁成分)、绿蜡石(含铜)、彩蜡石(含多种矿物成分)、褐蜡石和黑蜡石(含铁成分)、白蜡石(未经矿物质浸蚀,只因长期受水的渗浸而产生蒙蒙的白膜)等几大类。以金黄、亮黄、雪白为佳,红色、紫色、绿色为奇,棕黄、褐黄次之,土黄、灰黄最次。由于其二氧化硅纯度、石英体颗粒的大小、表层熔融的情况不同,等而下之可分为冻蜡、晶蜡、油蜡、胶蜡、细蜡、粗蜡等。

蜡石以黄色为多见,黄蜡石不以"瘦、皱、漏、透"闻名,而是"形、色、纹、质"的和谐融合,贵于质、奇于形、美于色、珍于纹。蜡石石表滋润细腻,色彩高雅华丽,耀人眼目,受人钟爱。蜡石除其具备湿、润、密、透、凝、腻六德外,其主色中透他红或多色同透也是重要的价值所在,蜡石的最高品位是质冻色纯。蜡石的质和色是决定价值的因素,产地也是决定藏品价值的因素之一,在众多产地中,不少人认为最好的蜡石还是产自潮州、台山和八步。

五十四、黄龙玉

黄龙玉产于云南省龙陵县小黑山自然保护区的怒江支流苏帕河边,是2004年发现的一种新玉种。黄龙玉是以二氧化硅为主的隐晶质矿物集合体,常因含铁、锰、铝等金属矿物及其他微量元素,呈现出丰富多彩的颜色。以黄色为主色,兼有羊脂白、青白、红、黑、灰、绿等色,有"黄如金、红如血、绿如翠、白如冰、乌如墨"之说。摩斯硬度6.5~7。黄龙玉是继新疆和田玉和缅甸翡翠之后发现的最优质的玉种。浙江龙游和广东台山、潮州、紫金等地也都有产出,但好的玉种资源稀少。

黄龙玉有和田玉之温润、田黄之色泽、翡翠之硬度、寿山石之柔韧。玉质细腻,色彩鲜艳,观之晶莹欲滴,抚之温润腻手,适爽舒适。既可作原封石、观赏石欣赏,又可作雕刻欣赏。黄龙玉作为原石观赏的价值在于其本身具有极高的观赏及把玩价值,也可作为上等玉料传世。黄龙玉的价值主要取决于其颜色、结构(质地)、透明度、净度、光泽、裂绺、工艺等方面,是现今一种极具收藏和投资价值的石种。

五十五、硅化木

硅化木,又称"木化石""树化玉",是树木被迅速埋葬地下与空气隔绝后,被富含二氧化硅、硫化铁、碳酸钙等化学物质的地下水溶液一边溶解树木的木质成分,一边将自己携带的硅质成分沉淀于所溶解的孔洞中,保留了树木的形态,发生物质交换替代的现象。之后,经过压实、固结、成岩,原来的树木就完全变成了坚硬的石头,即木化石。因为所含的二氧化硅成分多,所以,常常称为"硅化木"。这个过程要经历几百万年甚至更长的时间来完成。硅化木从古生代石炭纪开始(始于距今 3.55 亿年)到中生代白垩纪(结束于距今 6500 万年)之间均有分布,迄今为止最早的木化石是石炭纪早期的裸蕨植物化石,最新的为 6500 万年前白垩纪晚期的硅化木。硅化木主要生成于中生代时期,以侏罗纪、白垩纪最多。

从我国地质图资料分析,全国各省均有侏罗纪、白垩纪的分布,因此硅化木的地理分布范围应当遍及各省。但是现今硅化木存量最多、市场最大的还是缅甸和我国的新疆。缅甸作为世界上最大的玉石出产国,有着得天独厚的形成硅化木的条件,也是世界上目前发现的硅化木贮藏最为丰富的国家。我国新疆奇台县的恐龙国家地质公园,以硅化木分布集中、数量和规模巨大、保存极完整而著称。仅在公园硅化木景区 11.65 平方公里的面积范围内就出露有近千株,是世界上最壮观的硅化木群产地之一。

硅化木的矿物学分类有三种:石英硅化木,木质被交代成微粒的石英;玉髓硅化木,木质被交代成隐晶质石英(即玉髓或玛瑙);蛋白石硅化木,木质被交代成胶质二氧化硅即蛋白石。硅化木矿物种类以石英为主,其次玉髓,蛋白石十分稀少。硅化木颜色主要有白色、灰色、黄色、褐色、红色、绿色等,摩斯硬度 7 左右。

根据硅化木的出土状况和最终形态,可分为山原石、水冲石和风砺石三类。山原石即树木硅化后还在土地、岩层或沙土中,其质本色,其状原始,树鳞明显,纹脉清晰。水冲石即树木硅化后又经地壳运动,被水流带至江河中,再经千万年的激流沙石冲撞磨砺,去粗存精,呈现出志坚形美、色艳纹细、皮润光亮的特点。风砺石一般是在水冲石的基础上又经地壳抬升至高原荒漠,再经风沙磨砺而成的。

五十六、矿物晶体石

矿物晶簇是指生长在岩石的裂隙或空洞中的许多矿物单晶体所组成的簇状集合体,它们一端固定于共同的基地岩石上,另一端自由发育而具有良好的晶形。晶簇可以有单一的同种矿物的晶体组成,也可以由几种不同的矿物的晶体组成。近年来,矿物晶体越来越受到人们的青睐,已经成为收藏的热点。矿物晶体的种类很多,目前已知的有 3000 多种,下面简单介绍几种我们平常接触较多的矿物晶体石。

(一)水晶

水晶,是一种透明的显晶质石英结晶体矿物。它的主要化学成分是二氧化硅(SiO_2),具有玻璃光泽,透明至半透明,摩斯硬度 7,性脆,无解理,密度为 2.56~2.66 克/厘米^3,折射率1.544~1.553。水晶呈无色、乳白色,常因含不同元素或固态混入物时会呈现出多种不同的颜色。紫水晶含锰和三价铁离子,呈紫色;黄水晶含二价铁离子,呈金黄色或柠檬色;蔷薇石英即粉水晶,含锰和钛,呈玫瑰色;烟水晶呈烟色;茶晶呈褐色;墨晶,黑色透明。有些水晶内部有多种矿物包裹体,形成的各种景观可以肉眼观测,这样的水晶就是包裹体水晶观赏石。比较常见的包裹体水晶有:发晶,包含针状或发状矿物(金红石、电气石、阳起石),是现在比较受欢迎的一种;闪光水晶,含云母片和赤铁矿,使得水晶呈红黄色到淡黄色,且闪耀矿物光亮;水胆水晶,具有肉眼可见的液体包裹体。

（二）孔雀石

孔雀石，由于颜色酷似孔雀羽毛上斑点的绿色而获得如此美丽的名字。化学成分为碱式碳酸铜[$Cu_2CO_3(OH)_2$]，俗称铜绿，是一种含铜的碳酸盐矿物。产于含铜的硫化物矿床氧化带，常与其他含铜矿物共生（蓝铜矿、辉铜矿、赤铜矿、自然铜等），是提取铜、制造铜合金以及雕刻工艺品、宝石、观赏石等的矿物原料。孔雀石晶体属单斜晶系，多以集合体出现，通常呈钟乳状、放射状、块状、皮壳状、结核状等形态，内部具同心层状、纤维放射状结构，常有纹带，呈丝绢光泽或玻璃光泽，半透明至不透明。孔雀石性脆，贝壳状至参差状断口，摩斯硬度 3.5~4，密度 3.5~4.1 克/厘米 ^{3}。世界著名的孔雀石产地有赞比亚、澳大利亚、纳米比亚、俄罗斯、刚果（金）、美国等地区。中国主要产于广东阳春、湖北黄石和赣西北。

（三）萤石

萤石，又称"氟石"，其主要成分是二氟化钙（CaF_2），常形成块状、粒状集合体，或立方体及八面体单晶。晶体无色透明，具有玻璃光泽，解理好，易沿解理面破裂成八面体小块，硬度较低，摩氏硬度约为 4，脆性高，需要注意避免剧烈碰撞，同时避免接触酸性物质。萤石的色彩多种多样，几乎可以呈现任何一种颜色，这主要是因为萤石的晶体结构存在"空洞"，很容易被铁、镁、铜等离子填充，从而呈现出绿、紫、黄、蓝、棕、橙、粉等不同的颜色。萤石之所以得名，是因为它在紫外线或阴极射线照射下会发出如同萤火虫一样的荧光，当萤石含有一些稀土元素时，它就会发出磷光，绝大多数夜明珠都是萤石材质的。中国是世界上萤石矿产最多的国家之一，主要产于湖南东南部的郴州一带，此外浙江、福建等地也有出产。萤石在南非、墨西哥、蒙古、俄罗斯、美国、泰国、西班牙等地也有产出。

（四）雄黄

雄黄，是四硫化四砷（As_4S_4）的俗称，又称作"石黄""黄金石""鸡冠石"，通常为橘黄色粒状固体或橙黄色粉末，质软，性脆。常与雌黄（As_2S_3）、辉锑矿、辰砂共生；加热到一定温度后在空气中可以被氧化为剧毒成分三氧化二砷，即砒霜。

（五）石英

石英，无机矿物质，主要成分是二氧化硅，常含有少量杂质成分如氧化钠、氧化钙、氧化镁等，为半透明或不透明的晶体，一般乳白色，质地坚硬。石英是一种物理性质和化学性质均十分稳定的矿产资源，晶体属三方晶系的氧化物矿物，即低温石英（α-石英），是石英族矿物中分布最广的一个矿物种。广义的石英还包括高温石英（b-石英）。石英块又名"硅石"，主要是生产石英砂（又称"硅砂"）的原料，也是石英耐火材料和烧制硅铁的原料。

（六）自然金

自然金（nativegold）是自然产生的金元素矿物，是一种产自脉矿或砂矿的自然金块。因形状酷似狗的头形，又名"狗头金"。常含银或微量的铜，等轴晶系。一般呈散粒状或不规则树枝状集合体，个别块体可重达数十公斤。颜色和条痕为金黄色，具金属光泽，摩斯硬度 2.5~3.0，延展性强，比重 15.6~19.3。

（七）方解石

方解石是一种碳酸钙矿物，天然碳酸钙中最常见的就是它。因此，方解石是一种分布很广的矿物。方解石的晶体形状多种多样,它们的集合体可以是一簇簇的晶体,也可以是粒状、块状、纤维状、钟乳状、土状等。敲击方解石可以得到很多方形碎块,故名方解石。透明的方解石称"冰洲石"。

欣赏矿物晶体,主要是看它的颜色组合、晶体的完整性和品种的名贵程度三个方面,有时一些矿物本身并不名贵,但是当它们集合在一起、成为多种颜色的晶簇时,这样的组合往往就会成为观赏石中的精品。由于矿物晶体是天然形成的,不是人造的,因此是不可再生的宝贵资源。它们不仅具有地域性、稀有性、奇特性、艺术性、科学性和商品性等特点,还具有学术、观赏、收藏和科学研究价值。它们以奇特的晶形、千姿百态的造型、艳丽多彩的色泽和漂亮珍贵的质地等特点而受到越来越多人的青睐,观后使人赏心悦目,回味无穷。一些欧美国家对矿物晶体的喜爱和收藏远远超过了玉石,因此矿物晶体具有较高的国际性收藏价值。

五十七、古生物化石

古生物化石是指人类史前地质历史时期形成并赋存于地层中的生物遗体和活动遗迹,包括植物、无脊椎动物、脊椎动物等化石及其遗迹化石。古生物化石不同于文物,它是重要的地质遗迹,是我国宝贵的、不可再生的自然遗产。古生物化石为国内乃至国际研究动植物生活习性、繁殖方式及当时的生态环境等,提供十分珍贵的实物证据;对研究地质时期古地理、古气候、地球的演变、生物的进化等具有不可估量的价值;为探索地球上生物的大批死亡、灭绝事件研究,提供罕见的实体。

辽宁朝阳发现的古生物化石种类繁多、世界罕见,被科学家们命名为"热河生物群"。热河生物群代表了地球中生代生物更替的全过程,也是新生代生态体系的摇篮。从1993年起,科学家在朝阳相继发现带毛恐龙的化石。除了著名的中华龙鸟、北票龙和中国鸟龙,热河生物群还包括早期哺乳类、青蛙、蜥蜴、最早的被子植物等20多个重要生物门类的化石。其中,早期鸟类、带毛恐龙、原始哺乳动物、早期被子植物构成了20世纪古生物学的重大发现。

恐龙化石在中国大地上,除了台湾和福建两地之外,已经被证实遍存各省(区、市):东起山东半岛,西达白雪皑皑的天山之巅;北从内蒙古的戈壁荒漠与黑龙江的黑山白水,南到亚热带的云南与广东。

今天,化石被当作赏石文化的一部分,具有知识性、文化性、观赏性和趣味性,满足了人们的强烈求知欲望和对奥秘的探索要求,化石作为观赏石恰好能不同程度地满足这些愿望和要求。

五十八、陨石

陨星(meteorite),即自空间降落于地球表面的大流星体。大约92.8%的陨星的主要成分是硅酸盐(也就是普通岩石),5.7%是铁和镍,其他的陨石是这三种物质的混合物。含石量大的陨星称"陨石",含铁量大的陨星称"陨铁"。按其成分大致可分石陨石、铁陨石、石铁陨石三大类,陨石的平均摩斯密度3~3.5克/厘米^{3}间,主要成分是硅酸盐;陨铁摩斯密度7.5~8.0克/厘米^3,主要由铁、镍组成;陨铁石成分介于两者之间,摩斯密度5.5~6.0克/厘米^3。还有玻璃陨石,也称"雷公墨",常呈黑色或深绿色,半透明,一般认为是陨星事件造成的,大陨星冲撞使地表及陨星的碎裂物很快熔化、迅速冷却结晶而成。

第二节 中国观赏石之乡

据统计,到 2013 年 3 月底止,全国观赏石之乡(城)共有 36 个,其中有 7 个观赏石之乡(城)在广西,还有全国观赏石较大的集散地之一 —— "中华石都"柳州市。

观赏石资源是不可再生的自然资源,为促进其合理开发利用与保护,做到科学有序地探采、收藏、交易,确保观赏石资源的可持续发展,国土资源部在 2007 年同意中国观赏石协会组织开展"中国观赏石之乡(城)"的命名工作。为此,中国观赏石协会还特别制定了《中国观赏石之乡(城)命名办法》。"中国观赏石之乡(城)"的申报地区不仅要求观赏石资源蕴藏丰富,石种突出或品种多,国内知名度较高,而且在观赏石资源的开发利用上,申报地区也要具备产业化格局,观赏石展示、展销的各种场、馆、园、店等已具规模,形成一定数量的产业队伍。因此,能获得"中国观赏石之乡(城)"称号的地区在观赏石资源和开发上都具有相当高的水平。"中国观赏石之乡(城)"的评选从 2007 年开始,至今为止已有 29 个地区被授予"中国观赏石之乡"的称号,还有 7 个地区(内蒙古阿拉善、广西来宾、新疆哈密、安徽宿州、湖南郴州、湖北黄石、河南洛阳)被评为"中国观赏石之城"。

一、广西壮族自治区大化瑶族自治县

大化瑶族自治县(以下简称大化县),位于广西壮族自治区中部偏西北的红水河中游。矿产资源丰富,主要有石灰石、辉绿岩、钛铁矿、锰矿、硅石矿、大理石等。红水河盛产造型特异、种类丰富的优质观赏石,并以出产珍奇的大化彩玉石闻名于世。2007 年大化县被授予"中国观赏石之乡"。大化彩玉石自 1997 年面世以来,广泛博得国内外奇石爱好者和藏石家的青睐,市场上不断出现高价、天价成交,显示了她独特的韵味和质压群芳的尊贵。近年来,大化彩玉石一直是国内石展的主导石种和获奖大户,她拉动和提升中华石文化的品位,为中华石文化走向高端提供了广阔的舞台和良好的示范,形成了中国赏石文化的"南有大化、北有大漠"的南北对称格局。

二、山东省临朐县

临朐县地处山东半岛中部,潍坊市西南部,2007 年被授予"中国观赏石之乡"。临朐县蕴藏着丰富的观赏石资源,已发现并开采的观赏石有纹理石类、造型石类、生物化石类等 20 多个品种,其中以红丝石、临朐彩石、临朐太湖石、山旺化石最具特色。有江北最大的奇石市场、临朐文化城等一批专业市场,临朐已成为全国较大的观赏石集散地之一。

三、安徽省灵璧县

灵璧县位于安徽东北部境内,盛产灵璧石,品种繁多,形态迥异,具有较高的观赏和收藏价值,素有"灵璧一石天下奇,声如青铜色碧玉"之美誉。据史料记载,自宋元祐元年(1086 年)灵璧设县至今,各类赏石典籍均将灵璧石列为中国四大美石之首,被誉为中华传统赏石典范。而灵璧也在 2007 年被授予"中国观赏石之乡"的美誉。

自 20 世纪 90 年代以来,"赏石热"一度兴起。作为历史名石——灵璧石,迅速成为国内外收藏家和石商竞购的焦点,来灵璧县赏石购石者日益增多,灵璧石逐渐成为该县的特色产业、优势产业。目前,灵璧石大市场、千亩万块灵璧石林公园、天一石苑、渔沟国际石汇展中心等一批景点建设已颇具规模,从业人员不断增加,经济效益逐步显现。

四、贵州省兴义市

因为独特的喀斯特地貌,兴义境内蕴藏着品种繁多、品位较高、藏量巨大的观赏石资源。纵横千里的南北盘江及其支流,孕育了造型丰富、气象万千的盘江奇石,而景观石中的瀑布石,在国内独一无二,形成了以盘江石为主、注重意境、独具特色的赏石文化。有玲珑剔透的太湖石,有以"贵州龙化石"为代表的古生物化石群,有五彩斑斓的矿物晶簇,包括非常珍贵和稀有的七彩石、锑矿晶体、方解石晶体、石英晶体、水云母晶体等,有洁白晶莹的钟乳石。发现和出土了大量以金瓜石为代表、极具观赏和收藏价值的石结核。兴义已经形成了采石、配座、收藏、销售、参展等紧紧相扣的产业链,2007年被评为"中国观赏石之乡"。

五、辽宁省义县

义县以化石在奇石界声名鹊起,震惊中外的翼龙蛋化石、鸟胚胎化石、潜龙蛋化石、中华神州鸟等都出自此。义县观赏石产业兴起于20世纪90年代,全县已发现的化石产地分布多达7个乡(镇)22个自然屯、238平方公里。2007年,义县被授予"中国观赏石之乡"的称号。

义县观赏石古生物化石富集,是举世瞩目的晚中生代热河生物群发育的经典地区,"中华神州鸟"和"辽宁古果"两块化石的发现,使义县被誉为"世界上第一只鸟屹起的地方"和"世界上第一朵花绽放的地方",是国内种类最齐全、设施最完备的古生物化石展览中心,是全国较大规模的古生物化石基地。

六、广东省乐昌市

乐昌境内崇山峻岭连绵起伏,江河溪涧纵横交错,流水地貌和岩溶(喀斯特)地貌,孕育了丰富的观赏石资源。目前已发掘出来的石种有青花石、墨石、石中石、黄晶蜡石、白蜡石、松脂蜡石、红花石、彩硅石、彩釉石、木纹石、英石等10多个品种。其中,藏量最大、最为独特和最具地域性的石种是青花石,青花石的产地仅在乐昌境内。2007年,乐昌被评为"中国观赏石之乡"。

七、广西壮族自治区合山市

合山市地处桂中腹地的红水河之滨,2008年被授予"中国观赏石之乡"。合山观赏石主要产于流经合山市境内长约30公里的红水河河段,特别又以马安村和里兰村河床段所产观赏石的质优、色美而最有名。分别为绿彩陶石、黄彩陶石、素彩陶石、葫芦石、鸳鸯石、包卷纹石、摩尔石、草花石。其中绿彩陶石、黄釉彩陶石、葫芦石、鸳鸯石、包卷纹石被誉为合山五大名石。合山观赏石成了国内外石玩收藏界的焦点,并形成了马安、里兰、溯河等石源地市场。

八、浙江省新昌县

2008年,在北京召开的中国观赏石之乡命名评审会上,新昌以其得天独厚的观赏石资源和良好的生态旅游环境,以及石文化的发展与普及等方面的出色成绩,被命名为"中国观赏石之乡"。新昌奇石资源丰富,奇石品种繁多,观赏石总量不少于30万立方米,有富含硅化木的化石层,有储量较大的水晶石、玄武岩、萤石、黄蜡石、八音石、禹余粮石等。特别是近期发现的水冲硅化木,质色形纹俱佳,已入列《中华奇石谱》,成为赏石界的新宠。丰富的奇石资源奠定了新昌申报"中国观赏石之乡"的基础。

九、浙江省常山县

2008年常山县被命名为"中国观赏石之乡"。常山县青石镇石资源贮量大、品种多、品质优,现已建成了华东地区规模最大的青石花石市场。建设省级重点项目中国特色石博览园,目前,已投资近1200万元,完成了规划编制和170余亩的征地工作。青石、花石年销售收入超过9000万元,观赏石销售收入超过1.5亿元。全镇从事石产业的农民有3000余人,其中技术人员有100余人,全镇青石、花石和观赏石等经营户达400余户,石加工企业有10余家,其中,年销售额10万元以上的有100余家,年产值达100万元以上的有50余家,年产值达300万元以上的有30家,规模以上的企业有2家。

十、北京市平谷区

2008年,在由国土资源部、中国观赏石协会等单位共同主办的"中国观赏石之乡"命名活动中,北京市平谷区被授予"中国观赏石之乡"称号。平谷地处北京、天津、河北三省市交界处,环渤海经济圈的中心位置。是北京三大奇石中金海石、轩辕石的主产地,"石文化"在这里有着广泛的群众基础,民间赏玩奇石的氛围浓厚。为了整合区内已经出现的"石头产业",2009年平谷专门建成了集奇石交易、文化交流、旅游休闲于一体的"平谷奇石城"。

十一、南京市六合区

南京六合区是著名的雨花石之乡,2008年被评为"中国观赏石之乡"。六合区有上万名农民从事雨花石产业,资产在200万元以上的有100多户。目前已形成雨花石、园林石、五彩石、鹅卵石、网片石、石英砂系列,以及雨花石工艺品、雨花石俏色雕、雨花石首饰、雨花石棋艺等产品,销往全国各地及欧美等国际市场,年实现产值10亿元,真正形成富民产业、特色产业。

十二、福建省华安县

在2008年中国观赏石之乡(城)评审会上,华安县被命名为"中国观赏石之乡",成为福建省目前唯一获此殊荣的县份。华安县位于福建省南部、漳州市西北端。矿产资源丰富,有华安玉(九龙璧)、花岗岩、石英石、钨、温泉等20多个种类。华安九龙江北溪盛产的华安玉,又名"五彩玉石""九龙璧",作为玉石家族中的新成员正在大放异彩。

十三、内蒙古自治区阿拉善盟

位于内蒙古自治区最西部的阿拉善盟,地域辽阔,戈壁千里,造就了极富观赏价值的珍珠玛瑙、碧玉和独具"形""色"的风砺奇石、集骨石、千层石、硅化木、水晶石等,成了盛产奇石的宝地。2008年阿拉善盟被评为"中国观赏石之城"。

经过亿万年的地质沧桑巨变和风沙磨砺等自然作用,阿拉善孕育出了千奇百怪、绚丽多彩的观赏石。阿拉善观赏石采天地之灵光,沐日月之精气,具有极高的观赏价值、经济价值和收藏价值,它以独特的色泽、神韵、质地蜚声海内外,每年都有大批新加坡、日本、韩国、美国等国及台湾、香港等地区的奇石爱好者前来阿拉善淘宝。阿拉善在全国赏石界享有"南有柳州、北有阿拉善"的美称,目前已形成了上千家观赏石经营户,年观赏石成交金额达到数亿元,逐步形成了蓬勃发展的奇石产业。

十四、广西壮族自治区昭平县

2009年广西昭平县被中国观赏石协会评选为"中国观赏石之乡"。昭平山川秀美,奇石荟萃,赏石资源非常丰富,储藏量大,已开发的观赏石有黄金卷纹石、金纹石、彩蜡石、虎斑石、玛瑙石等10多个石种,石种形态奇、色泽美、神韵雅,硅化程度高,水洗度好,在观赏石界拥有得天独厚的优势,具有很高的观赏价值。尤其是黄金卷纹石和彩玉这两个石种,一个卷纹变化丰富,形态各异;另一个石质玉化程度较高,石质细腻,深得赏石者、藏石者青睐。昭平县全县有60多家奇石馆,有3500多人从事观赏石产业,产值超亿元。

十五、吉林省江源区

2009年9月江源区被命名为"中国观赏石之乡"。江源是松花石的原产地,资源得天独厚,松花石形成于8亿年前的震旦纪,其地质名称为硅质泥晶灰岩,它形态各异,景观别致,类型丰富。松花石质润、形奇、色绚、纹美,有神韵、有意境,更重要的是质好和颜色多变,是上乘的制砚原料,又可做高档的装饰材料,还可制作多种类型、各式各样的工艺品,是中国奇石领域的后起之秀。松花石的发现和使用历史悠久,由民间使用的磨刀石到清朝宫廷御用松花砚,已有300多年的历史。特别是以其为砚材雕制而成的松花砚是中国名砚之一,曾被康熙皇帝封为"大清御砚",专供皇家使用。从20世纪80年代开始,松花石彰显魅力,采石、藏石、赏石在江源区形成民间文化,从业人员不断增多,使松花石从开采、清理、设计、雕刻到命名、配座、配盒、销售,形成了一条龙的产业链条和模式。江源区松花石的保守储量超过5000万立方米,已经成为全国最重要的松花石、松花砚产地。

十六、广西壮族自治区来宾市

2009年来宾市被授予"中国观赏石之城"称号。来宾石因出自来宾市而得名,且品种繁多,包括:卷纹石、彩釉石、鸳鸯石、云纹石、水墨石、黑珍珠、石胆石、龟甲石、松皮石、黄蜡石、木纹石、油卵石等水石类,千层石、墨石、石胆石、响石、鱼子石等山石类,菊花石、硅化木、壮锦石、珊瑚石、贝类化石等化石类。这些观赏石形态各异,质地坚硬,石肤温润,色彩沉稳,神韵隽永,具有很高的观赏价值、收藏价值和经济价值,深受石界玩家、藏家的青睐和追崇。

十七、新疆维吾尔自治区哈密市

2009年度中国观赏石之乡(城)评审委员会在京召开,新疆哈密市通过评审,荣获"中国观赏石之城"称号。哈密是新疆的东大门,是新疆连接内地的交通要道,自古就是丝绸之路上的重镇,素有"西域襟喉""中华拱卫""新疆门户"之称。哈密是新疆最大的观赏石产地,具有非常丰富的观赏石资源,有以哈密硅化木、风凌石、哈密玉、玛瑙、孔雀石等为代表的各类大漠奇石。哈密观赏石的主要产地有南湖煤矿,主要出产硅化木;泥石坑,是新疆目前发现质地最好、产量最多的泥石产地;沙尔湖,大漠石的聚宝盆,以石种丰富多样、出产量大而闻名;沙尔湖红山,主要出产被称为七彩、五彩的玛瑙质硅化木;马蹄山、沙垄、彩霞山以出产风凌石为主。

十八、湖北省长阳县

长阳县自然条件优越,山清水秀,奇石资源丰富,山沟河谷到处都埋有宝藏。因这里的沉积岩和变质岩分布广泛、赋存量大,经过千百万年的冲洗,形成了天人合一,具有艺术观赏、科学考察、收藏纪念、经济交换价值的观赏石。目前,清江石既有类似台湾雅石、日本雅石、韩国雅石、水石、寿石风格的优良原石,又拥有与台湾玫瑰石和云南大理石、黄河日月石等地风格一致的磨光石,还有独树一帜的巨型园林画面石和自然景观石。清江奇石在清江流域遗存亿万年,多为江河滩坝水冲卵石,以画面观赏石为主。2010 年湖北长阳获"中国观赏石之乡"称号。

十九、湖北省宜昌市夷陵区

夷陵区 2010 年荣获"中国观赏石之乡"称号。据悉,距今 25 亿年前的元古界到百万年前的新生界之间的各个地质时代,都在夷陵的土地上留下了完美的记录,悠久的地质演化历史,在夷陵这片神奇的土地上形成了 48 种以上的矿产资源,部分资源品质居全省乃至全国前列。三峡观赏石是产于长江三峡地域内各种奇石的总称,多数名石品种在夷陵都有发现,西陵峡畔的崇山峻岭中有类似太湖石的怪石,小溪塔峰宝山及发源夷陵流向枝江的玛瑙河中有类似雨花石的玛瑙。夷陵区奇石资源丰富,奇石文化底蕴深厚,地方政府高度重视奇石产业的健康有序发展,产业前景十分广阔。

二十、广西壮族自治区三江侗族自治县

三江侗族自治县地处湘、桂、黔三省(区)交界处,以红碧玉、水彩玉和蜡石为三江观赏石三大名石。2010 年三江侗族自治县被授予"中国观赏石之乡"。三江观赏石造型美观、色彩斑斓、质地坚硬、纹理奇特,有红碧玉、水彩玉、蜡石、青石、金纹石、梨皮石等六大类石种,其中三江红碧玉在国内外观赏石界影响巨大。三江红碧玉显著的特点是色彩艳丽、纹理清晰、质地坚硬、造型圆润。它以黑、紫、黄等色为底色,配以鲜红亮丽的主色调,整块石头石色五彩缤纷,鲜艳夺目,其鲜红的色调正好吻合了中国传统颜色文化中红色代表红红火火、生活水平蒸蒸日上、美美满满的审美习惯,三江观赏石成为一个最具表现力的"中国红"概念与符号。

二十一、河北省曲阳县

2010 年曲阳县被中国观赏石协会授予"中国观赏石之乡"称号。曲阳县内矿产资源丰富,现已探明的矿产资源有片麻岩(雪浪石)、大理石、花岗岩、白云岩(唐河彩石)、石灰岩、煤炭、铁、金等 20 多种矿产品。其中大理石储量 2.38 亿立方米,年开采量约 10 万立方米,为雕刻业和板材业提供了优质资源。全县有各类雕刻企业、板材加工企业 2300 多家,从业人员达 10 万多人,年产值 30 多亿元,产品畅销 100 多个国家和地区;石灰岩远景储量 5 亿立方米,年开采量约 340 万吨。曲阳县是雪浪石的主产地之一,总储量超过 1 亿立方米。

二十二、广东省乳源县

乳源复杂的地质结构,产生了石灰岩、砂岩、硅质岩、页岩等,形成了极其丰富的奇石资源。乳源所产的观赏石主要以从山上开采的料石进行打磨抛光而成的彩石为主,辅以黄蜡石、称架石、千层石、水晶石和矿物晶体等。

乳源彩石分布于游溪镇、东坪镇、必背镇境内的瑶山之中。主要是富含各种金属离子的泥岩、泥质粉砂岩;其原岩经浅变质作用发生硅化,矿物组合以高岭石,云母为主,也含石英赤铁矿等。富含铁、锰、铜、镍、铬等金属元素,摩斯硬度 3~7。经打磨抛光后的岩石温润如玉,乳源

于 2010 年被评为"中国观赏石之乡"。

二十三、安徽省宿州市

宿州位于安徽省最北部,是淮海经济协作区的核心城市之一。境内平原广袤,资源丰富,名产众多。灵璧石是宿州的名片,主要以磬石、五彩石、黄灵璧、白灵璧等而奇绝天下。灵璧石资源在宿州境内有着丰富的储量,且文化底蕴十分深厚,宿州市委、市政府高度重视灵璧石资源的开发保护,高度重视灵璧石文化事业和产业的发展,形成了浓厚的氛围。2010 年中国观赏石之乡(城)、中国观赏石基地评审会在京召开,经过严格评审,安徽宿州市成为中国第四座"中国观赏石之城"。

二十四、湖南省郴州市

郴州地处南岭山脉钨锡多金属成矿带,矿产发现种类多、分布广、资源量大。全市已发现矿物 200 多种,发现矿产 112 种,探明储量达 46 种,资源量相对富集的矿产地达 570 余处,其中大型矿床 12 处、中型矿床 22 处、小型矿床 116 处。在各种矿产资源储量中,钨、铋、钼、微晶石墨储量居全国第一位,锡、锌储量分别居全国第三位和第四位。

2011 年郴州被评为"中国观赏石之城",其观赏石以矿物晶体最具特色,也最有名。矿物晶体的晶形多姿、色彩纷呈、晶莹剔透,给人以富贵、安详、热烈、奔放、辉煌、生机、清丽高雅之意境韵感。其中较为典型的有:香花岭产的绿萤石、方解石相互嵌生的大型晶簇有幸成为中国地质博物馆镇馆之宝;瑶岗仙所产的黑钨矿、车轮矿及黝锡矿、紫色萤石多矿物相嵌组合阳刚、艳美,备受世界级收藏家的追崇;玛瑙山的方解石红艳、温润、靓丽、剔透,以其晶形多样且造型奇异而著称;雷坪的橙黄、白色燕尾双晶更是万金难求;乳白色的羟硅铍石与朱红色的菱锰矿、宝石级闪锌矿,在地质学界享有"国宝"级定位;誉满全球的香花石更是罕见,具有极高的观赏性和科研价值。1982 年我国发行的一套四枚矿物晶体邮票中,郴州钨锡多金属矿的黑钨矿便以其雄姿展现其中。

二十五、云南省水富县

云南水富素有的"画面石名城"美誉,观赏石资源丰富,具有"艺术观赏、科学考察、收藏纪念、经济交换"等价值的石品种达 180 种,外表形、质、色、纹、韵俱佳,开发利用效果好。早在 20 世纪 70 年代就有赏石爱好者捡拾、赏玩、收藏金沙江奇石,90 年代后期成为时尚潮流,捡石、赏石、玩石的群体不断扩大。水富境内有金沙江、横江两条江河,流经境内 100 余公里,进入水富平缓河道后,在多处转折地带,冲积了片片广阔的卵石河滩,给奇石爱好者、收藏者提供了丰富的采集、发掘条件。从观赏角度看,色彩石种更是丰富多彩,有彩蜡石、彩陶石等 40 余种。从形纹画面上看,有景观石、纹彩石、画面石、文字石和象形石等。真谓石种繁多,色彩纷呈,光彩夺目,所呈图像栩栩如生。2011 年,水富县以其得天独厚的观赏石资源和良好的生态旅游环境,以及石文化的发展与普及等方面的出色成绩,摘得"中国观赏石之乡"桂冠。

二十六、浙江省龙游县

龙游黄龙玉资源丰富,质地优良。主要分布在衢江、兰江和灵山江流域,在 2010 年面世的龙游青碓遗址中,就发现了 9000 多年前的打磨黄龙玉。由此可见,黄龙玉在中国玉文化史上是有过记载的。今天,浙江龙游黄龙玉从料石收藏,到加工雕件,配置底座已经形成了一条产业链。2011 年该县被评为"中国观赏石之乡"。

二十七、广西壮族自治区岑溪市

2011 年岑溪市被授予"中国观赏石之乡"。岑溪市观赏石资源丰富,主打石种有岑溪金砂玉、岑溪黄石,还有岑溪黑石、红石、黄蜡石、矿物晶体等。特别是金砂玉藏量大,而且特色明显:金星灵动、玉质润泽、恒久凝重。既是观赏石新石种,同时其原石也可以作为雕件材料,深受广大赏石爱好者喜欢,引起赏石界的广泛关注。

二十八、贵州省天柱县

天柱是"贵州青"的原产地。"贵州青"在观赏石中极具收藏价值,它具有翡翠的青绿色,质地坚硬细腻,色泽青翠温润,形多古怪,形成天然景观。贵州青奇石发源于天柱清水江,属水冲石系列,经过几亿年的砥砺,形成了千奇百怪、质地坚硬的造型石和图纹石。其观赏价值和收藏价值都非常高,受到了多数收藏家的喜爱。2011 年天柱县被授予"中国观赏石之乡"称号。

二十九、江苏省东海县

东海水晶观赏石从 20 世纪 90 年代初期走进普通百姓的家中,人们把大量带有多种矿物包裹的水晶石,经表面打磨加工抛光,显示出水晶石中由天然成因包裹体组成的美丽图案与造型,并赋予其丰富的文化内涵,于是就有了水晶观赏石。水晶观赏石基本上得到了大多数人的认可,市场非常活跃。多年来,东海县委、县政府大力发展水晶产业,有力地促进了水晶观赏石产业的发展。已连续举办了 10 多届水晶节,在历届水晶节上都把观赏石作为重点进行宣传推介,使其在海内外的知名度和影响力不断提高。随着观赏石市场需求的不断扩大,观赏石产业发展迅猛。2011 年东海县被授予"中国观赏石之乡"。

三十、甘肃省苏南县

我国祁连玉石资源主要集中在甘肃省肃南裕固族自治县,储量可观,开发前景广阔。肃南裕固族自治县利用境内蕴藏丰富的祁连美玉资源,于 2011 年获得"中国观赏石之乡"称号。为培育祁连玉产业链,该县建立了免费培训基地,定期举办祁连玉鉴定和加工技能培训班。县财政每年开列专项资金,用于扶持祁连玉石产业发展及产品研发等工作;每年在城乡农牧民中扶持培育 20 户产业发展带头人,给予加工户贴息贷款。

三十一、江西省上犹县

上犹县历史悠久,文化底蕴深厚,山川毓秀,河流密布,有上犹江、云水河等大小河流 610 多条,总长达 2050 公里。全县地形、地貌、山水、地质均十分奇特,是形成奇山秀水的风光宝地,孕育了大批千奇百态的石头。早在 800 多年前的宋朝,"上犹石"就被载入《云林石谱》跻身全国名石行列。2005 年该县成立了上犹县奇石协会,协会成员由最初的 50 多人发展到目前的 300 多人。该县先后组团参加了在深圳龙园、湖南郴州、广西柳州等地举行的石展,获得多个大奖。随着赏石文化热潮的兴起,上犹赏石产业也得到迅速发展,全县已形成产、供、销一体的经济链,形成了奇石文化一条街。2011 年上犹获得"中国观赏石之乡"称号。

三十二、河南省栾川县

栾川县较为珍奇的观赏石石种达 30 余种,已开发的主要有黄蜡石、伊源玉、层叠石、河洛玉、水晶石、萤石、梅花石、荷花石,而且仍在不断涌现新品种。质地细腻、纹理丰富、图案优美是栾川县观赏石享誉全国的三大特点，其中以产于陶湾镇龙潭沟的黄蜡石、陶湾镇三合村的伊源玉、潭头镇的荷花石及伊河上游水域的河洛玉最具代表性。

为推动观赏石产业的发展，目前，栾川县在庙子镇建立了3000平方米的观赏石精品展馆，在栾川乡樊营村建起了奇石专业村，在城关镇、陶湾镇、潭头镇等乡镇设立观赏石展厅27处，总面积达1500平方米，又在县城新区建起了占地面积5000平方米的"栾川奇石城"，成了一座名副其实的"观赏石之乡"。2011年栾川获得"中国观赏石之乡"称号。

三十三、广西壮族自治区武宣县

武宣有丰富多彩的奇石资源，主要有国画石、红石、武宣摩尔石等。武宣县委、县政府竭尽所能支持观赏石产业发展，2010年成立了县观赏石协会，出台了相关的政策文件，在奇石保护、开发及科学发展上给予石友正确指导。多次召开有县主要领导参加的石友大会、观赏石座谈会，对奇石一条街租门面经营奇石的石友进行部分资金帮扶，投资15万元装修了武宣文体广场工会大夏观赏石展览馆。该县每年举办县城文化艺术节时，均举办观赏石展评会。2011年及2012年，该县与中国观赏石协会联合举办了两届观赏石文化旅游艺术节。2012年，该县荣获"中国观赏石之乡"称号。

三十四、湖北省黄石市

在2012年的中国观赏石之乡（城）评审会上，黄石荣获"中国观赏石之城"称号。黄石观赏石以品种多、品质好著称。尤以孔雀石、菊花石、黄石玉以及湖北石、红硅钙锰矿等矿物晶体观赏石最有名气，是全世界最大的孔雀石观赏石集散地，也是全国四大矿物晶体观赏石交易中心之一。黄石观赏石资源储量较大，孔雀石、矿物晶体、菊花石、黄石玉等精品观赏石保有储量500多万立方米，广泛分布的具有观赏价值的大理石、石灰石等石种资源储量过1亿立方米。

三十五、河南省洛阳市

洛阳特殊的地质结构和河流分布，造就了储量丰富、种类繁多的观赏石资源，有享誉海内外的洛阳黄河石和牡丹石，天然成画的国画石，中国四大美玉之一的梅花玉，可与和田玉媲美的伊源玉，图案画面生动的梅花石、荷花石，质地温润的黄蜡石，比肩灵璧的灵胭石，还有汝河画面石、伊河图案石、河洛丑玉等，共计50多种，在国内赏石界具有很高的声誉。洛阳得天独厚的观赏石资源和深厚的赏石文化积淀，吸引了各地的收藏名家和爱好者前来采集、选购和进行学术交流，推动了洛阳赏石文化产业的发展。2013年，洛阳荣获"中国观赏石之城"称号。

三十六、山东省费县

在中国观赏石协会2013年召开的观赏石之乡（之城）评审会上，费县被评为"中国观赏石之乡"。费县是久负盛名的中国观赏石基地，观赏石资源丰富，可持续开发利用资源潜力大；观赏石纹理、造型上佳，观赏和利用价值高；赏石文化普及面广，已初步形成产业链，市场具有一定规模；县委、县政府对观赏石资源的合理开采利用和环境保护，制定和采取了有效措施；对发展石文化产业，政府重视，群众支持；赏石文化的宣传普及和市场的建设发展取得了明显的经济效益和社会效益。

第三节　观赏石主要市场

一、观赏石市场发展历程

我国观赏石市场总体上出现良好的发展态势。广西柳州市、云南昆明市、山东临朐县、内蒙古阿拉善旗、安徽宿州市、湖南郴州市、安徽灵璧县、北京市、上海市、广州市、深圳市、银川市、成都市、武汉市、南京市、杭州市等地观赏石市场已发展成为重要专业性的观赏石交易市场,经营额不断攀升,日益受到当地政府的重视,极大地推动了观赏石文化事业和文化产业的繁荣和发展。

(一)观赏石市场的繁荣和发展带来的一系列变化

1. 新标准的产生。古典赏石有着深厚的人文思想的底蕴,从东晋南北朝至晚清历史的长河中,形成了传统的以"瘦、皱、漏、透"为标准的审美理念,对形的注重和要求产生固定的审美思维,灵璧石、太湖石、英石、昆石是石文化中古典派艺术的延伸。20 世纪 80 年代后,长江流域、黄河流域和珠江流域的水石,内蒙古、新疆的旱石已快速地蔓延到我们的生活当中和流通领域,形成了当代赏石的新理念。2007 年国土资源部颁布了《中国观赏石鉴评标准》为中国石文化体系建设夯实了理论基础,产生了以"形、质、色、纹"为标准的新的审美方式,在赏石活动中诗、画、文命名形成一体的整体单方石表现的价值超越了石自然存在的意义,形成了既有传承又有创新的新格局。

2. 规范名称。观赏石的名称也是在改革开放以后出现的新名词。1989 年,在北京召开的"京津冀石玩艺术研讨会"上,大家提出了在玩石界已广为流传的十几种名称供讨论,经过进一步讨论筛选,最后选定了观赏石、欣赏石、奇石、石玩四个名称。后来通过向有关美学、文学、艺术大师和地质专家征求意见,一致认为"观赏石"一词最为妥当。1990 年 7 月,地矿部(现归国土资源部)和国家旅游局组织了"中国首届观赏石观摩与研讨会",会上统一使用了"观赏石"称谓。国土资源部发布的《观赏石鉴评标准》把观赏石定义为"石质艺术品"。

3. 建立全国行业组织。2005 年 1 月 4 日,民政部批准筹备成立中国观赏石协会,同年 8 月 25 日经民政部批准正式成立,业务主管单位是国土资源部。中国观赏石协会的成立,为我国观赏石文化事业的发展提供了组织保证。

(二)中国观赏石协会"十一五"发展规划纲要的全面实施,为实现观赏石文化事业和文化产业的发展和繁荣奠定了重要基础

"十一五"期间取得的主要成就如下:

1. 加强组织建设和发展,协助建立全国各级赏石文化社团和组织,使赏石文化活动进一步向有组织的群体化发展,为赏石文化事业和文化产业的发展提供了组织保证。据不完全统计,全国已建立与观赏石有关的社团和组织达到 600 多个,单位会员 249 个。

2. 提出"一方石头和谐一个家庭,一方石头汇聚一批朋友,一方石头造福一方百姓,一方石头传承一种文化,一方石头弘扬一种精神,一方石头拓展一个产业"的新赏石理念,具有鲜

明的时代意义,被观赏石界广泛认同。

3.《观赏石鉴评标准》的制定和发布实施,为实现观赏石鉴评工作的逐步规范化提供了行业标准。

4. 成立理论研究与科普教育专业委员会,是中国观赏石协会为加强观赏石理论研究和普及观赏石知识而采取的一项重要措施。

5. 组织开展了全国观赏石资源调查与编图工作,编纂出版了全国观赏石资源分布图和观赏石分布指南,以及各省(区、市)的观赏石资源分布图和观赏石分布指南,为国家和地方政府制定观赏石资源合理开发利用规划和计划,提供了科学依据。

6. 制定发布《观赏石鉴评师资格评审办法》,举办中国观赏石鉴评师培训班,组建了中国观赏石鉴评师队伍,产生第一批鉴评师 113 人。

7. 制定发布《中国观赏石之乡(城)命名办法》和《中国观赏石基地冠名办法》,已命名"中国观赏石之乡(城)"23 个、"中国观赏石基地"9 个。

8. 组织编写了《中国观赏石科普丛书》,协助中央电视台拍摄了电视系列片《石说华夏》,开展"李四光杯"观赏石科普知识进校园活动,开展"西部爱心赠书万里行"等活动。

9. 高度重视观赏石资源合理开发利用与环境保护。

10. 大力支持和培育观赏石商品市场。

(三)为准确把握观赏石文化事业和文化产业在经济社会发展全局中的地位、任务和作用,中国观赏石协会统筹谋划"十二五"时期我国观赏石文化事业和文化产业的发展战略

1. 指导思想。高举中国特色的社会主义伟大旗帜,以邓小平理论和"三个代表"重要思想为指导,深入贯彻落实科学发展观,在深刻认识并全面把握国内外形势新变化新特点的基础上,坚持以"资源、文化、产业"为基础,以加快观赏石文化的转型和可持续发展为主线,积极稳妥地推进观赏石文化事业和文化产业的健康快速发展。

2. 基本原则。

(1)坚持以理论为先导,树立赏石新理念,加强对赏石文化事业和文化产业发展的重大问题的理论研究。

(2)坚持自主创新,发展赏石文化,合理调整市场结构,转变经营模式。

(3)坚持政策引导,加强行业监督与自律,促进赏石文化事业和文化产业的健康发展。

(4)坚持重视人才培养,加强对赏石界各领域优秀人才的素质教育。

(5)坚持"以德为先",构建和谐的工作氛围,抵制庸俗、低俗、媚俗之风。

3. 总体思路。

(1)深化赏石文化理论探索和研究,构建体现时代精神的赏石文化理论体系,做好对历史的、现代的赏石文化研究成果的整合与集成工作。

(2)倡导"绿色赏石"理念,在全社会树立起观赏石资源保护意识,做好对观赏石资源合理开发与保护,培育"人文赏石"的文化业态。

(3)在实施重大赏石文化产业项目的同时,应全面推进公益性与民营性兼容并蓄的赏石文化建设,形成惠及全民的公共赏石文化服务体系,满足人民群众日益增长的赏石文化需求。

（4）倡导观赏石展会形式的多元化、多样化，促进各类展会高位运行，并与观赏石市场协调发展。

（5）探索建立人才培养的新机制与人才培养的新路子，提高业内人员的专业水平，在观赏石研究、观赏石鉴评、观赏石交易与观赏石市场等各个领域里，都可以随时依靠这些群体。

（6）充分发挥已有"中国观赏石之乡（城）"和"中国观赏石基地"的品牌作用，使其在业界率先成为传播新理念、展示新品种的示范基地，增强观赏石文化的影响力。

二、部分观赏石市场简介

（一）广西柳州市场

柳州观赏石市场以其得天独厚的观赏石资源称雄于国内外市场，柳州奇石城于 2008 年被授予"中国观赏石基地"。当地政府以悠久的柳宗元文化和红水河丰富的观赏石资源为依托，倾力打造柳州观赏石文化，使柳州一举成为著名的"中华石都"。柳州观赏石文化可以追溯到唐代，至今已有 1000 多年的历史，让柳州积淀了深厚的赏石文化，可谓"石不进柳州，不齐；石不进柳州，不灵；石不进柳州，不美；石不进柳州，不贵"。

柳州人爱石成风，于是两年一度的柳州国际奇石节应运而生。柳州国际奇石节是中国观赏石界规模较为宏大、较具影响的奇石盛会之一，从 1999 年创办至今，已成功地举办了 7 届，共展出 17 800 余件观赏石，成交金额上亿元，成交的观赏石价格也是国内观赏石市场行情的风向标。柳州国际奇石节铸就了奇石界的辉煌，使柳州奇石成为中国当代新赏石文化的主要代表，在中国赏石文化发展进程中占据了极其重要的地位。奇石节重点突出了赏石的文化意义，通过奇石精品大展和全国奇石小品展、玉石雕件展、国内藏石名家邀请展等活动，充分彰显赏石文化的独特艺术魅力和柳州赏石文化的先进性。柳州作为"中国石都"的影响力和号召力也不断扩大，成为我国奇石文化交流和奇石产业交易的重镇。国内外奇石荟萃柳州，人们发出"黄山归来不看岳，柳州归来不看石"的感慨。

首届柳州国际奇石节于 1999 年 11 月 6 日至 12 日举行，参加盛会的有美国、韩国、加拿大、西班牙、马来西亚等 19 个国家和中国内地 25 个省（直辖市、自治区）及港澳台地区的代表3000 多名。展出的奇石精品共计 4000 余件，而马鞍山奇石市场、柳州奇石城、"中华石都"、龙城石都四大奇石销售市场，陈列各类奇石 40 多万件，销售奇石 2 万多件，销售额达数百万元。本届奇石节参展人数之众、精品之多、水平之高，打破了之前历次国际同类石展的纪录，也为下一届柳州国际奇石节的顺利举办打下了坚实的基础。

2002 年 9 月 28 日至 10 月 5 日，"甲天下"第二届柳州国际奇石节成功举办。共 15 个国家和中国内地 30 个省（直辖市、自治区）及港澳台地区，86 个赏石协会和团体代表参加，海内外嘉宾及赏石界人士 4500 余人到会。共展出奇石珍品 4000 多件，奇石销售额达 1000 余万元。

2004 年 11 月 5 日至 10 日，以"自然·艺术·发展"为主题的第三届柳州国际奇石节盛大举行。共 23 个国家和中国内地 31 个省（直辖市、自治区）及港澳台地区的代表团参加，展出的奇石精品有 4000 余件，销售奇石 20 多万件，成交额达 3000 多万元。

2006 年 11 月 2 日至 8 日，第四届柳州国际奇石节以"魅力石都，风情柳州"为主题举办。共 19 个国家和中国内地 30 个省（直辖市、自治区）及港澳台地区的代表参加，经过筛选后确定展出的奇石精品有 1300 多件,奇石销售额突破 4000 万元。

2008 年 10 月 11 日至 17 日,第五届柳州国际奇石节顺利举办,参加本届奇石节的有 10 余个国家和我国 31 个省市、自治区及港澳台地区的代表团,展出的奇石作品 2000 多件,成交额较上届有较大的下降。本届奇石节还首次举办了"国内名家名石邀请展"和"个性藏石精品展"。

2010 年 10 月 12 日至 17 日,"风行景逸"第六届柳州国际奇石节隆重举行,参加盛会的有 11 个国家和我国 31 个省市、自治区及港澳台地区代表团,展出奇石近 3000 件,成交额突破 1 亿元。

2012 年 10 月 2 日至 5 日,第七届柳州国际奇石节以"赏石——品味文化·品质生活"为主题顺利举行。参加本届奇石节的有来自国外、中国内地 20 多个省(直辖市、自治区)及港澳台地区的 30 多个代表团,展出约 2000 件奇石精品及雕件珍品。此次奇石节不仅有"奇石精品大展""全国奇石小品专题展""玉雕珍品展"三项大型奇石展览,还增加了"精品奇石·玉石雕件拍卖会"。

柳州国际奇石节的举办一届比一届盛况空前,一届比一届有突破有特色。柳州国际奇石节以奇石为载体,促进了柳州的经济和文化事业的发展,使"中华石都"和"柳州赏石基地"名声走出全国,走向世界。

(二)内蒙古阿拉善市场

阿拉善观赏石种类繁多,品质上乘,以质地和结构构造的不同主要分为碧玉、玛瑙和共生料 3 大类 100 余种。阿拉善观赏石形态各异、色彩绚丽,无论是观赏石质量还是价格在全国都雄踞榜首。自 20 世纪 90 年代初,阿拉善戈壁石、葡萄玛瑙石被发现以来,阿拉善观赏石很快成为观赏石中的新秀,成为地道的中华名石,受到了国内外赏石界和收藏界的追捧。

近年来,阿拉善左旗大力发展观赏石文化产业,阿拉善观赏石交易市场现已形成以定远营古城、石博园、奇石一条街、牧民奇石广场为主要交易集散地的"一城一园一街一广场"格局,总占地面积 7 万平方米以上,市场上有来自全世界 12 个国家和全国各地的观赏石汇聚于此进行交易。据不完全统计,全旗登记在册的观赏石商铺达 600 多家,家庭观赏石经营户达到 1700 多家,观赏石产业年交易额数亿元,从事观赏石经营及附属产业的从业人员达 3 万多人。阿拉善观赏石产业不仅繁荣了地方经济,解决了大批人员就业,还带动了当地房地产、旅游、交通和餐饮娱乐业的发展。阿拉善观赏石市场交易量已跃居全国前列,阿拉善已成为全国重要的奇石销售、集散地之一。

内蒙古阿拉善盟从单纯经营本土出产的奇石,到汇集海内外八方奇石;从默默无闻的边陲小镇,到享誉世界的奇石之都,凭借全国独一无二的优质奇石资源和敢为天下先的勇气,短短 10 多年的时间,阿拉善左旗奇石产业完成了从无到有、从小到大、从弱到强的华丽转身,发展成为全国较大的奇石集散地之一,形成了"南有广西柳州、北有内蒙古阿拉善"的奇石市场格局。

(三)山东临朐市场

临朐于 1996 年在县城中心区建设起了铁架大棚与营业楼馆交会的山东省临朐奇石市场,市场占地面积 27 000 平方米,容纳 1300 多个摊位和石馆,并配有工商管理,金融服务等部门和设施。又于 2011 年对奇石市场进行改建工程,使用面积 4 万平方米的四层楼式大卖场、精品馆,各种服务、会展、地下停车等功能齐全的中国奇石城,现已发展成为江北最大的奇石批发交易集散地。还有建于 2006 年的在县城南环路的中国临朐文化城,建筑面积 88 000 平方米,包含有 15 座三层式营业楼、钢架大棚营业区、露天展销区,主营观赏石,兼营书画、瓷器、古玩、工艺品等。位于县城西边 10 公里处的五井镇,建有临朐太湖石市场,经营业户 600 余家,市场面积约 200 公顷,日常摆放太湖石等园林景石 10 万余块,既是全国最大的园林石交易市场,又以其石形优美、规模宏大而享有"北方石林"之美誉。目前,全县从事观赏石采集、加工、经销、外出展销、配座、专业物流、专业机械设备服务等从业人员达 3 万多人,年产值和销售总收入达 12 亿元。

自 1999 年以来,临朐县政府先后成功举办了"山东省第三届赏石博览会""中国(临朐)新世纪首届中华奇石精品博览会""新世纪临朐全国赏石邀请展""中国第三届中华奇石博览会""2008·中国(临朐)观赏石展销博览会""中国红丝砚观赏石精品展"等大型赏石展。还于 1997 年 12 月,在中国美术馆举办了"临朐奇石进京展览",2007 年 9 月、2008 年 5 月分别参加了中国观赏石协会组织的"走进奥运""携手奥运"全国精品展。为提高临朐观赏石的知名度,发挥了巨大作用,全国各地和东南亚及美国等 10 多个国家爱石者纷纷前来购石和旅游观光。

(四)新疆哈密市场

哈密观赏石资源开发始于 20 世纪 90 年代初期,自 1999 年哈密市建立花鸟鱼虫市场以来,通过十几年的发展,哈密市已成为新疆最大的观赏石市场和国内重要的观赏石集散地,逐步形成了观赏石产业链。不仅鄯善、克拉玛依、和田、酒泉、内蒙古等周边地区的观赏石在哈密市集散,而且来自蒙古、缅甸、马来西亚等国外的木化石也汇集在此,每年吸引了一大批国内外的观赏石爱好者和客商。哈密观赏石的品种主要以新疆大漠石为主,是新疆大漠奇石的主要代表,其次还有硅化木、风凌石、彩玉、玛瑙等。观赏石产业的发展不仅促进了哈密经济文化事业的发展,带动了相关产业,也解决了一部分下岗失业人员再就业和农牧民增收问题。

哈密市的主要观赏石市场有大十字商业街、远通观赏石城、阿牙桥玛瑙市场 3 个观赏石专业市场,有观赏石商店(馆)200 多家,直接和间接从事观赏石行业的人员达 6000 多人,年市场交易额 2000 万元以上。其中大十字商业街奇石市场是哈密最大的奇石市场,于 2004 年 6 月建立,有奇石商店 100 多家,主要以销售新疆大漠石为主,也有蒙古、缅甸等国外木化石。哈密丰富的观赏石资源也带动了哈密赏石文化的发展。"室无石不雅"已成为许多哈密人的共识。哈密市有观赏石爱好者 5 万多人,家庭藏馆近千家。赏石文化的发展不仅丰富了人民的文化生活,更提高了哈密的城市文化品位,也打造了"哈密大漠石"这一城市文化名片。

(五)安徽、江苏市场

安徽的宿州奇石市场和江苏徐州奇石市场主要是传统的四大名石之一的灵璧石专业市场。

宿州历史悠久,交通便利,地处安徽北大门,是皖东北政治经济文化中心。宿州之美好,还因为它是名石之都——灵璧石的故乡。灵璧石久负盛名,素以多元的审美特征、悠久的历史文化和众多的赏玩群体而享誉社会各界。宿州市区已形成以南苑、北苑、二里庄为主的三大市场。宿州市"天下第一石城"集博物馆、展览馆和商铺为一体,规模大,功能全,颇具特色。目前,全市各奇石市场不断总结经验,健全管理机制,规范运作,打造品牌,努力开创宿州特色文化市场。

宿州的灵璧县主要有中国灵璧石大市场、中国灵璧石国际交易中心、灵璧石汇展中心、一品石苑私家园林、天一园藏石中心、中国灵璧石国家公园，以及遍布全县大小约 1000 多家石馆、石店，颇具规模。从事收藏、研究的约 6000 人，直接从业者 3 万人以上，间接从业人员达 20 万人，每年的采掘量在 10 万吨以上，交易额近亿元。其中中国灵璧石大市场位于县城城南大门，占地面积约 44.6 公顷，总建筑面积 20 万平方米，设有散石市场、奇石博物馆、奇石文化主题公园和奇石苑等。

徐州古称彭城，其界内的铜山毗邻灵璧，徐州的经济和交通都比较发达，且收藏奇石之风极盛，灵璧许多石农因交通便利，又有众多的爱石人，因此每逢周末都驾农用车到徐州进行交易。徐州也就当然形成了人、石两旺的灵璧石集散地。徐州已形成的较大规模的观赏石市场主要有汉韵奇石文化市场，地处东三环绿地世纪城附近，现有商铺 150 余家，另有 300 平方米左右的露天奇石市场用于定期交易。主营品种为安徽灵璧石，有少数店铺经营南京雨花石、徐州吕梁石。

徐州花木大世界，位于新城区 104 国道南侧连徐高速市区出口东 2 公里处。综合交易大厅面积 36 800 平方米，主广场 2 万平方米，奇石交易区 3 万平方米。奇石文化一条街，位于徐州著名景点楚王陵东侧，街内业主 100 家左右。除此之外，另有许多小的市场，例如位于淮海战役烈士纪念塔南门的灵璧石会馆，主要经营精品奇石。

（六）云南市场

云南山川交错，地质构造复杂，具有优越的宝玉石、观赏石和建材石成矿条件，石类矿藏资源得天独厚，储量丰富；云南也是玉石文化的发祥地之一，是观赏石的重要集散和销售地。

昆明是我国西部地区重要的中心城市和旅游、商贸城市之一，素有"春城"之称。昆明"云南奇石城"是云南省最具规模的专业观赏石交易、交流中心，于 2007 年 1 月开业，该市场占地面积 4 万多平方米，商铺 500 余间，道路宽敞、配套设施齐全，是昆明最专业的集奇石，雕刻加工，黄龙玉，矿物晶体，珠宝玉石销售批发市场。2012 年 4 月中国观赏石协会授予云南奇石城"中国观赏石展览展示基地"称号。云南"奇石城杯"赏石展于 2008 年 1 月创办以来，至今已成功举办了 7 届。昆明国际会展中心举办的 2012 昆明泛亚石博会，展会面积达 6 万多平方米，标准展位达 2800 多个，来自斯里兰卡、缅甸、阿富汗、马来西亚、越南、老挝等国家和我国台湾、香港地区的商人参展。

水富县观赏石资源丰富，这里盛产的 180 余种金沙江画面石品质优良，深受广大石友的喜爱，形成了集观赏石采集、加工、展览于一体的产业链，水富县已成为金沙江奇石的交易和集散中心。

（七）北京市场

北京，我国重要的文化、政治领地，石文化、石经济的发展在这个对全国、世界交流的文化名城中，石的延伸和发展有着特殊的使命和意义。北京市场各类石种众多，有十里河花卉市场、朝阳花卉奇石市场、弘燕奇石城、平谷奇石城、大钟寺收藏品市场、丰台奇石市场、石景山八宝山古玩奇石市场等。

北京弘燕奇石城占地面积 4000 平方米,内设 100 余展位,是北京经营奇石的专业市场;大观园中兴奇石城是目前北京市规模最大,奇石种类最为齐全的一家专业奇石市场;大钟寺收藏品市场现在大概是北京奇石店铺最多的市场;有"中国观赏石之乡"称号的平谷 2009 年专门建成了集奇石交易、文化交流、旅游休闲于一体的平谷奇石城,奇石城占地面积约 4 万平方米,营业面积 8000 平方米,入驻了 60 余家奇石销售商。在北京弘燕奇石城举办的北京弘燕奇石展会是国内著名的奇石文化博览展示交易会,已连续举办了 19 届,是国内最兴旺的奇石展会之一,来自全国各地的数万枚奇石在此争奇斗艳,为奇石收藏爱好者提供了绝佳的赏玩机会。

(八)广东市场

广东已成为全国首屈一指的观赏石集散地。目前全省有几十个观赏石大型专业市场,6 万奇石爱好者,200 多家私人奇石馆,2000 余家销售观赏石的店铺,其中知名的有广东顺德陈村花卉世界奇石市场、广州芳村花地湾花鸟鱼虫市场、广州文昌路西胜古玩市场、花都南方花卉市场、阳春奇石一条街等售卖观赏石的市场,此外,广东的东莞、佛山、番禺、深圳、肇庆、汕头、从化等地也有观赏石市场。以广州市为例,据不完全统计,目前广州每年奇石成交量达到 5 亿元。

(九)上海市场

上海是国际大都市,其海纳百川的特性,以及十分雄厚的经济购买能力,为其他省市打开市场创造了条件,同时,受姑苏文化的影响,上海人对传统园林、山水画、奇石等都情有独钟。过去,玩石群体多集中于高官厚商、文人墨客,而现在随着大众文化的普及,奇石也被大众所接受。其中就有一批拥有较强经济实力的收藏者,他们看中精品,非精品不玩,这使得上海成为全国奇石精品最多的地方之一。

(十)湖南郴州市场

郴州是"中国观赏石之乡"(矿物晶体之都)、"中国优秀旅游城市"、"中国温泉之乡",享有名闻世界的"有色金属之乡""微晶石墨之乡"的美誉,郴州可产观赏石类别有造型石、图纹石、矿物晶体、化石四大类。矿物晶体类则是郴州所产观赏石的一大特色。改革开放以来,市委、市政府依托郴州特有的矿产资源优势,有序拓展矿业开发,为地方经济发展提供了强有力的支撑。尤其 10 多年来,在当地政府的大力扶持下,矿物晶体的开发利用又以石种多、形色斑斓奇异、产地星罗棋布而傲视群雄,并带动了桂阳、桂东、汝城、嘉禾、永兴等县诸如蜡石、彩硅石、青花石等众多水石和化石类观赏石的发掘面世,培育和发展了以矿物晶体为主,集产、销、赏、藏于一体的观赏石文化,促进了观赏石产业的加快发展。郴州以观赏石的亮丽瞩目于海内外市场。

郴州观赏石展示场馆很多且颇具规模。目前,整个郴州的观赏石场、馆、园、店有 500 余家,其中形成奇石一条街的有郴州市区、桂东县、桂阳县一市二县。规模大者基本云集于郴州市区,且场、馆、园、店间交流频繁、关系甚密。奇石交易市场有"厚府奇石城",面积达 3 万平方米;湖南碳素厂奇石矿晶批发市场,面积 1 万平方米;建筑面积达 1.2 万平方米的郴州(国际)地矿宝石博物馆、柿竹园国家矿山公园等正在建设之中;最近又规划批准将"郴州石榴湾公园"改为"石博文化公园",该园内将建2万~3万平方米的"奇石博物馆"和奇石交易市场。已成功举办多届中国观赏石——矿物晶体国际论坛。

(十一)辽宁义县市场

义县成功举办了多届"中国辽西化石精品展""中国国际赏石精品博览会""民俗文化(伏羊)节"及"中国宜州观赏石精品展",赏石市场覆盖全县,辽宁义县被誉为"世界古生物化石之都"。

观赏石文化已渗透到义县的日常生活之中,街头、园林、电视、报刊,处处都闪现着观赏石的魅力:每个机关门口都摆放观赏石,许多办公室内也安放着观赏石摆件,老百姓对身旁司空见惯的古生物化石不再无视,观赏石爱好者越来越多,赏石、玩石蔚然成风。

2008年,政府投资2000多万元,建设了一处建筑面积达1万平方米的交易中心,专门售卖各类观赏石,形成了中德化石地质公园、金刚山国家地质公园、金刚山化石产地、宜州化石馆、木化石王山等为重要景点的观赏石旅游精品点。

第四节　观赏石市场价格

一、观赏石市场价格现状

在我国,观赏石正常流通属经营者定价行为,也就是说观赏石的价格由经营者自主制定。近三十年,赏石热潮从复苏到繁荣,经营者定价能基本遵循公平、合法和诚实信用的原则,市场形成的价格能反映供求、反映价值,促进了观赏石市场健康协调全面发展。但随着观赏石市场向广度和深度发展,市场形成价格也存在一些不容忽视的问题。

(一)不坚持诚实信用原则

所谓诚实,就是开诚布公,货真价实;所谓信用,就是信守承诺,说到做到。如目前观赏石市场"虚价""天价"不着边际地膨胀和蔓延,造成观赏石市场形成价格信号严重失真,价格既不反映价值,也不反映供求,产生极大的负面影响,让人望而却步。

(二)不实行明码标价规定

明码标价就是指在观赏石商品上标出价格水平,这是政府价格主管部门依据《中华人民共和国价格法》作出的规定。目前有一定数量的观赏石经营者不注明石种、产地、规格、等级、价格等有关情况,不利于观赏石交易过程中"公正原则"和"效率原则"。

(三)不遵守等价交换原则

等价交换原则,即商品价值等量交换的原则。无论生产力发展到怎样的水平,只要交换过程存在,等价交换就是应该遵循的原则。这是因为,这一原则是商品价值维持其本质属性的必要保证,否则,商品的价值范畴就失去了意义。发生在平等主体之间的商品交换过程,一般是遵循等价交换的原则进行的。如观赏石市场一些观赏石经营者不平等对待消费者,对一些客户采取价格歧视行为,事实上就是不遵守等价交换原则。

二、政府价格主管部门将依法引导观赏石市场形成价格

(一)中国观赏石协会列入 2013 年工作计划

中国观赏石协会 2013 年工作要点里明确指出,"按国家有关政策及规定,确定观赏石价格评估资格认证程序,建立组织机构,编写培训教材,开展培训工作,推出观赏石评估师队伍建设,为事业发展提供人力保障"。

(二)国家发改委价格认证中心启动调研工作

2013 年 5 月 5 日至 11 日,由国家发改委价格认证中心和中国观赏石协会组成联合调研组,组成人员有国家发改委价格认证中心副主任杨向群、处长吕少林、副处级干部李秋燕,中国观赏石协会顾问邱沛喆、徐忠根及广西壮族自治区价格认证中心主任陈孟、内蒙古自治区价格认证中心主任张奎等有关领导和专家,分别赴内蒙古阿拉善左旗、安徽宿州市和灵璧县以及广西柳州市 4 个观赏石资源丰富、市场活跃的地区,参观观察了 10 多个观赏石市场,数十个观赏石园馆,召开了 3 次座谈会,深入了解观赏石资源及市场状况,并就观赏石价格评估的必要性、可比性与可操作性等进行探讨。调研工作得到各地政府领导、物价部门、观赏石协会、观赏石基地的重视与支持,共有 40 多名市、县领导及省市县物价系统负责人,60 多名协会负责人、中石协副会长、会员等参加座谈和陪同考察。

(三)在柳州市举行观赏石价格评估调研座谈会取得好成效

2013 年 5 月 10 日上午,国家发改委价格认证中心与中国观赏石协会在我国的"观赏石之都"——柳州举行了观赏石价格评估调研座谈会。参加此次座谈会的有国家发改委价格认证中心副主任杨向群、中国观赏石协会顾问邱沛喆、广西壮族自治区物价局副局长麦贵富、广西壮族自治区价格认证中心主任陈孟以及各单位相关领导专家和业界人士共计 40 余人。会议由陈孟主任主持,与会人员围绕建立观赏石价格评估体系和评估师的主题进行了发言和讨论。

杨向群副主任在发言中表示,本次调研的内容是建立观赏石价格评估制度的必要性和可行性,观赏石作为一项有地方特色的文化产业,已表现出良好的发展态势。但是目前观赏石产业存在的问题是,观赏石的收藏和流通范围比较窄,只局限在石友圈内。任何一项产业如果不跟金融结合起来,就做不大,走不远。因此,观赏石要想大发展,必须与金融接轨,而这之间的桥梁就是价格评估,也就是本次研讨会的最终目的。观赏石要变成有价值有价格的流通商品,就必须建立价格评估制度。

陈孟主任在听了大家的发言后点评说,现在有些人还存在着一个错误的观念,认为观赏石是不能估价的。事实上,一切流通的观赏石均有价,观赏石没有价格如何能进行流通?有价格就要纳入《中华人民共和国价格法》调整,有价格就能依法进行估计、判断和推测,就能建立价格评估制度。对观赏石的价格评估不外乎三点:一是鉴别观赏石真伪。关键点就是天然性,一切打磨、抛光、浸色、涂色等均不是严格意义上的"观赏石"。二是从经济的角度判断,找出价值点。流通的观赏石是商品,商品在市场经济中形成价格是有规律可循的,一般来说观赏石在市场形成价格主要受成本、供求、经济政策、质地、艺术、文化、科学等因素影响,找出这些因素总结出经验参数判断观赏石价格就基本有谱。三是依法按国际惯例开展观赏石价格评估。依法主要是依据《中华人民共和国价格法》,国际惯例就是价格评估中常用的市场法、成本法、收益法和专家法。通常情况下是选择一种最适合待估观赏石的评估方法对其进行价格评估,但有时也可以一种方法为主,其他方法为辅,通过科学分析、比较,综合确定价格评估结论。

广西在国家发改委价格认证中心和自治区物价局的指导下,先行先试,于 2011 年在全国率先建立了观赏石价格评估制度,并取得了初步经验。如把观赏石抵押给银行进行贷款,典型的案例是:广西大化珍奇缘旅游文化发展有限公司,通过委托社会中介的观赏石价格评估机构对其所有的观赏石进行价格评估后,以出具的《价格评估报告书》为依据,成功向银行贷款3300 万元。可见观赏石正在逐渐被社会和金融界所认可,发展前景不容小觑。

观赏石价格评估制度的率先试点,对全国的观赏石价格评估工作起到了良好示范作用,现已批准的观赏石价格评估机构有数个,取得观赏石价格评估资格的专业人员有几十人,可以说已初具规模。广西对观赏石价格评估制度的尝试,已引起国家发改委价格认证中心和中国观赏石协会的高度重视,准备从国家层面启动观赏石价格评估制度,以推动观赏石产业的大力发展。

会上发言的还有中国观赏石协会顾问邱沛喆、国家发改委价格认证中心处长吕少林、广西观赏石协会会长张士中、中国观赏石协会副会长和资深观赏石收藏家冯望均、韦超海、黄云波、毕馨予等 10 多人,他们都是价格评估或观赏石界的资深人员,对于如何在国家层面上建立观赏石价格评估体系都提出了很多有建设性的意见和建议。其中毕馨予对于观赏石价格评估的作用的几点看法得到了大家的普遍认可。她认为观赏石价格评估的作用主要有以下几点:

1. 观赏石评估有着价值体现的需要。价值评估在社会朝着文明经济健康发展中起着能够帮助金融部门、工商部门和公、检、法司进行规范管理社会经济的有效秩序。文化产业投融资体系初见成效,打造一批拥有自主知识产权、知名品牌、较强国际竞争力的企业和文化企业集团,共同支持国家级文化产业示范园区、国家级文化产业试验园区等优质文化企业和优质文化产业项目建设,合作开展文化产业专题研究,探索创新文化产业投融资工作方式。近年来,文化部先后与中国进出口银行、国家开发银行等建立了部行合作关系。部行合作机制运行以来,合作银行机构为各类文化企业、文化产业项目提供全方位的金融支持。截至 2011 年年末,仅部行合作机制框架下,已有 68 个重点文化产业项目获得总计 188.91 亿元银行贷款支持;全国文化产业本外币中长期贷款余额累计达到 861 亿元。宝玉石在新疆、云南已取得基金方面的金融支持,广西柳州赏石市场已展开银行实效性进展的合作。所以说观赏石评估有着价值体现的需要。

2. 企业价值提升的绩效作用。企业或商业运营过程中,能够有效地判断特殊商品时效性、市场性、预测性中发挥的潜质力。企业价值=实物资本(或其创造)+无形资本(或其创造)的价值+资源资本(或其创造)。对于企业合作者而言,那已不是单纯的购买或是选择产品那么简单,让客户和合作方感知的,即企业整体价值,从企业本身转入到了企业所提供产品和服务之外的感知价值了。人们通常从生理、智力、情感、精神上去体验生活。这四个层次影响着人们到朋友、合作方、商贸对象的价值主观判断,形成了多层次、复杂的价值观念。按照效用价值论:企业的价值或商业从业者的价值 = 企业或商业所从事的商品为消费者或合作伙伴带来的效用。

3. 观赏石的价值评估是投资决策的重要前提。企业要保证投资的正确性及合理性，就必须对现有的商品和欲投资商品进行估价和认知，以往在很长一段日子里，很多企业家十分困惑，一方石头能值多少钱，石头有那么贵吗？石头能不能作投资的目标，中观石协会从 2010 年就开始对观赏价值评估体系进行了深入细致的研究。广西物价局开始正式批准具有专业资质的观赏石宝玉石价格评估公司。填补了国内特殊商品（观赏石宝玉石）的价格评估空白。所以说，作为企业投资前，必须做好评估的价值认定的工作，这样才会有效地进行投资前的决策工作。

4. 观赏石评估是扩大、提高企业和个人影响力，展示企业和个人发展实力的有效手段。随着我国文化力的凸显，个人形象和企业形象在社会公众面前，是名牌塑造的有效手段。文化力的彰显，给企业和个人创造了超出一般生产资料和非流动资产的超额利润，观赏石价值评估是强化企业形象，展示发展实力的重要手段。另外，也是企业向外传达企业健康状态和发展的趋势。文化塑造对企业所有阶层的员工适应了企业对文化的重视的信息，培养员工忠诚度、客户满意度，有着积极促进的作用。

麦贵富副局长认为观赏石价格评估具有较强的专业性，价格评估人员既要有经济学和价格学的基础，又要懂观赏石，因此观赏石价格评估师培训班的举办具有必要性。观赏石价格评估作为一项新的评估体系，需要各行业、各部门之间的共同配合和相互支持，这样才能更好地推动观赏石价格评估制度的建立和实施。

最后，杨向群副主任作了会议总结发言，他多次强调要观赏石货币化，走观赏石金融的道路，把观赏石当作一项产业来发展。他表示在观赏石价格评估人员管理上，不仅要求懂价格、经济、法律、评估等专业学科知识，又要懂得观赏石鉴评知识，二者缺一不可。国家发改委价格认证中心对观赏石价格评估拟实行统一领导、分级管理的政策，充分发挥中央和地方的积极性，大力支持和推进观赏石价格评估工作的开展。

国家发改委价格认证中心与中国观赏石协会将充分吸收大家的意见，尽快建立观赏石价格评估制度。

（四）价格主管部门与中国观赏石协会达成共识

2013 年 5 月 17 日，中国观赏石协会会长寿嘉华与国家发改委价格认证中心副主任杨向群共同听取调研组汇报。寿嘉华会长代表中国观赏石协会感谢国家发改委的全力支持与合作，对这次卓有成效的调研工作给予充分肯定。她指出："这次调研收获不小，达到预期目的。在当前文化大繁荣大发展的形势下，赏石文化具有很大的拓展空间，构建观赏石价格评估师队伍与确立观赏石价格评估体系，这是市场的需要、社会的需要，因此落实这项工作要越快越好。"杨副主任表示：今后将进一步加强与中国观赏石协会的合作，在以中国观赏石协会为主的基础上，进一步发挥国家与地方、协会与物价系统的职能作用；抓紧制定有关观赏石价格评估人员和机构的相关文件；协助编写、审定相关教材、考试大纲和筹办试点班等。

三、企业按国际惯例建立奇石公盘交易中心

奇石由于"唯一性"，其价格并没有统一的定论和衡量标准，也正是由于其价格评估体系的混乱及不确定性,长期制约着奇石产业的深层次发展,成为奇石产业发展的瓶颈。

(一)公盘的定义

公盘是中外玉石界普遍认同的一种原石毛料交易行为,起初源于缅甸翡翠原料的大宗交易,是将挖掘出来的玉石原料集中公开展示,买家在自己估价判断的基础上出价竞投。

(二)公盘的特点

1. 资源产品交易,尤其是稀缺的资源产品交易。如翡翠、和田玉、黄龙玉、奇石等。

2. 专业人群参与交易。参与公盘交易的人群多为专业人士,包括产业链各环节的从业者。

3. 大规模集中交易。一次公盘交易货品规模大多几百上千吨,采购客商亦有几千人。

4. 决定该资源产品一定时期的价格趋势。如缅甸一年两次的翡翠公盘决定了每半年翡翠市场的价格行情。

5. 有利于货品真正价值体现。相对传统的"一对一"议价模式,有众多专业人士参与的公盘投标制,可更好地让货品获得更合理、更准确的市场价格认同。

(三)柳州奇石公盘交易会

2012年12月国内首个奇石公盘交易会在柳州赏石市场开盘,国内奇石市场近三十年"黄金有价而奇石无价"的历史成为过去,公开、公正、公道的定价机制,得到石商、石友的认可。至今柳州奇石公盘交易会已成功举办4次,交易大厅已扩大至8000平方米,交易品种已达30余种,涵盖了市场上主要流通的奇石品种,每次参与投标人员近5000人,总成交量超1500万。同时,公盘中心依托全国上百家的通联站实现经济而高效的奇石推广平台,解决了传统交易的上游资源到终端藏家层层分销,推广时间长、推广成本高、效率低和资源价值得不到充分体现等难题,使奇石公盘交易会成为资源整合交易、奇石定价、推广的高效平台。

(四)公盘交易模式对奇石行业价格评估体系的意义

公盘的几大特点以及投标制定价模式,为奇石行业提供了定价机制的基础,促进奇石评鉴标准的产生。其通过大规模的奇石集中交易,扩大奇石的选择面,不仅方便了买卖双方的交易活动,降低交易成本,让价格趋于合理。更重要的是,公盘交易中大量处在奇石产业链各环节的业内专业人士参与出价,客观地体现出奇石在资源时段的价格趋势,反映出上游市场的供需关系,并传导至下游,对店面交易的二级市场和藏品交易的三级市场提供价值导向和市场价格依据,因此公盘是奇石行业价格评估体系建立的基础。

(五)金融支持对行业的影响

正是因为奇石公盘交易模式对奇石价格标准的制定提供了有效的依据,奇石作为非标准化商品也才得以被金融机构所认可。柳州奇石公盘交易中心于2013年首次将奇石与金融机构成功对接,连续3年获得1亿元的授信额度,并依托平台优势推出了一系列针对奇石的金融服务,包括奇石抵押、质押、保价等业务,目前已成功办理近5000万元的贷款,不仅提升了奇石产业的交易流通量、促进全行业的繁荣,更为奇石价格评估体系指明了方向。目前柳州奇石公盘交易中心已成功推出的金融服务主要有以下三种模式:

1. 奇石贷款模式。此模式是将奇石作为抵押物,专家评审团以近期公盘交易情况为参考依据,对抵押奇石作出相对客观的鉴评,并出具价格评估报告,奇石公盘交易中心作为担保方,向银行出具推荐函,银行认可后放款。奇石贷款模式办理方便、放款快捷,解决了石主资金周转等难题。

2. 留场交易模式。此模式是将石主的奇石放至公盘进行销售的同时,石主可提前预支部分资金进行周转,奇石成交后再偿还预支部分。留场交易模式满足了石主多方面的需求,极大地增加了用款的灵活性,不仅可出售奇石,还可提前预支货款,奇石买卖两不误。

3. 品质保证计划模式。品质保证计划是针对买卖双方推出的一项金融业务,目的是通过金融手段让优质奇石资源的价值得以真实体现,交易中心给予卖家无利息及相关费用的贷款,给予买家一年内按成交价回购及提供贷款等优惠措施,促使优质奇石资源在公盘进行集中交易,保证买卖双方的利益。

综上所述,奇石公盘创新交易模式,辅以完善的交易平台、多元化的金融服务支持,是奇石价格评估体系的建立及运作的基础,是奇石产业发展到一定阶段的必然趋势。

柳州奇石公盘交易中心与银行签约现场

公盘交易会现场 1

公盘交易会现场 2

广西观赏石协会奇石公盘研讨会现场

公盘交易会外场咨询处火爆现场

第三章　观赏石文化

第一节　观赏石文化史

一、观赏石文化概论

对于石头,大家都很熟悉,石头从哪里来?它是从石山上来的。对于"石"字,《说文解字》中有:"石,山石也;玉,石之美者。"

石头的用途很广泛,我们最常见的是做建筑材料,如可以用来砌墙脚做房子,可以铺路,可以做水泥、做石灰;现在依靠发达的科技,还可以做石头纸、石头纤维衣服等。石头包含的范围也很广泛,除了我们平常意思上所讲的石头外,有色金属类,金、银、铜、铁、铅、锌、锡、钨都是石头,还有非金属类的透闪石、软玉等也可归为石类。

石头本身是没有文化的,但如果用石头来刻碑,就是碑文化,西安有个碑林,规模很大,历朝历代帝王将相、文人的都有;用石头做成佛、观音,就是宗教文化,诸如此类。

图 3-1-1　龙滩玉

现在是崇尚文化的时代,什么都靠文化来包装,提升文化内涵,创品牌,毛泽东讲的一句话很有意思:"没有文化的军队是愚蠢的军队。"可以说,没有文化的东西就是愚蠢的东西。那么,没有文化的石头就是愚蠢的石头了。人,可以划分为有文化和没有文化,文化程度还有高低之分。"腹有诗书气自华",一个人有没有文化,从他的站立、坐姿、语言、神态、动作就可以体现出来。

人们常讲文化,但什么叫文化、文化的内涵是什么,知道的人可能不多。《说文解字》中写道:"文,错画也,象交文。"文:是错综复杂的痕迹,是一种界线,它把各种事物有紊有法排在一起成为"美好和谐"的东西是"文"。以文引申组合的词组有文身、文化、文采、文章、文辞、文体、文人、文官等。化:是改变、变化,用美好的理念来贯穿一切,就是"以文化之"。这就叫文化,而美好和谐就是文化的最高要求,文化的核心是人。

当今是讲文化的年代,做各种事情都要拿文化来包装,文化有多种多样,有地域文化:中华文化、欧洲文化、非洲文化等,陆地文化、海洋文化,先进文化、和谐文化、军事文化、红色文化、旅游文化,长江文化、黄河文化,企业文化、宗教文化、品牌文化、物质文化、精神文化,生肖文化——龙文化、虎文化、马文化,等等。

二、观赏石文化的发展历程

(一)观赏石称谓的由来

世界上的石头有很多,一般的石头并不能称为观赏石,只有那些有形、有色、有纹、质地好、有韵味的石头才能称为观赏石。在自然界的石头中,能够成为观赏石的石头不到万分之一,因此,观赏石是石头中的精华。

观赏石在我国最早叫怪石。在战国古籍《尚书禹供》中石头就有怪石之称,是当时人们进贡的物品,到明代才有奇石这个称谓。除此之外,还有供石、趣石、玩石、雅石、美石、珍石、灵石、摆石、水石、寿石、自然石、艺术石、观赏石等不下几十个名称,因此造成了称谓上的混乱。

为了有一个统一的名称,在20世纪80年代末到90年代初,当时的地矿部,组织了一批专家来研究和讨论,用了四年的时间,最后达成共识,确定用"观赏石"作为统一的名称,并对"观赏石"下了定义:观赏石是指在自然界形成的具有观赏价值、收藏价值、科学价值和经济价值的石质艺术品。

(二)观赏石文化的科学概念

所谓观赏石文化,是指以收藏、鉴赏天然观赏石所概括总结出来的有关理论、原则、方法与观念等。或者说,观赏石文化是指大自然形成的具有观赏、收藏、科学、经济价值的石质艺术品,以及人们在鉴赏、收藏过程中创造、传承、发展的以人文为根基的思维体系。

中华观赏石文化源远流长,博大精深,光辉灿烂。它的形成与发展贯穿于中华民族经济社会发展的全过程。观赏石的鉴赏和传承,在于历代中国文化人的贡献,文化是观赏石的灵魂,如果没有文化内涵,观赏石就是一个普通的石头,有了文化人,才有文化石,从而有了观赏石文化。

中华文明史是五千年,但观赏石文化史则要早得多,在丝绸之路之前就有一条玉石之路,据考证有8000年的历史。人类经历了旧石器和新石器时代,据考古获得实物证实,人类接触石头已有80万年的历史。

图 3-1-2 石器

(三)观赏石文化的缘起

几千年来,中国人对于观赏石的爱好流传有序,长盛不衰,探其根本,是出于对石头的敬重心理。人类曾经历过漫长的石器时代,毛泽东在《贺新郎·读史》中提及"人猿相揖别,只几个石头磨过,小儿时节",就是说的这个时期的历史(70万~20万年前的北京周口店石器时代,80万年前的百色石器时代,1万年前的旧石器时代,1万~5000年前的新石器时代)。正因为如此,人们在潜意识中对石头抱有敬重之情,由此而衍生出了石崇拜现象。

石头对于人类文明生活之功用在古代文化史上举不胜举，从而构成了内涵丰富的石文化。古代神话传说就有《女娲补天》、《精卫填海》等有关石头的故事。

(四)观赏石文化的发展历史

我国观赏石收藏与欣赏历史长盛不衰。一部观赏石的收藏史就是一部审美变迁和社会变革史。观赏石作为一种玩赏对象，作为一种真正意义的收藏品，发端于先秦，起始于魏晋，成熟于唐宋，完善于明清，繁荣在当代。

1. 发端期——先秦时期。观赏石的赏玩和收藏历史悠久，石器时代南京北阴阳营的文化遗址，葬品中有不少色彩斑斓的雨花石，被认为是揭开了观赏石收藏赏玩史最早的一页。

《尚书·禹贡》中记载，青州有"铅松怪石"、徐州有"泗滨浮磬"、扬州有"瑶琨"。青州怪石，在山东青州、益都、临朐、淄博一带有各类奇石。古代徐州出产的"泗滨浮磬"，有人认为是由灵璧石制成的，因其产出之处恰好是在古泗水的河道，而且灵璧石因叩击有声，一直都被用来制成钟磬，又称磬石，南宋杜绾在《云林石谱》中便明确指出，此即灵璧石。扬州的"瑶琨"，被认为就是雨花石。

到春秋战国时代，《山海经·山经》中记载，名山所产观赏石，珉、美石、采石、文石、怪石、磬石、玄石、砥石、苍石等，仍被世人尊为"第一石谱"，《辞海》说："矿物记录，为世界最早文献。"

图 3-1-3　雨花石

2. 起始期——魏晋南北朝时期。观赏石的起源最初应与古代文人的山水游览文化起源有关。因为只有在赏玩山水的时候，人们才能注意到自然奇石之瑰丽伟大。人们对名山大川的认识由自然崇拜转变为游览观赏的审美活动。魏晋玄学进一步促进了山水观念的转换，崇尚贤者，进而发明了"卧游"山水的方式，促进了山水诗、山水画的独立和发展。玩石始于山水(景观石)，也终于山水(景观石)。

赏石最早无疑是以园林石峰(室外)为主，到了唐、宋时代逐渐向文房供石(室内)过渡。赏石从山野到庭院的演进，是在魏晋时期。

3. 成熟期——唐宋时期。唐代由于私家园林的发达，文人士大夫普遍热衷于对园林峰石的搜求，尤其是太湖石的收集欣赏成为上流社会的普遍习俗。最典型的例子莫过于牛僧孺和李德裕之癖石了。二人是晚唐政局有名的牛、李两派党争的魁首，二人在政治上是死对头，但是却有着一个共同的爱好——藏石。

牛僧孺的宅邸和别墅中充斥着各种奇石，大都是亲朋好友从各地搜罗而来的，其中以太湖石为主。白居易为此撰写了《太湖石记》，提出"石有族聚，太湖为甲"的见解。白居易在《太湖石记》中这样描述牛僧孺迷石的程度："公之待之(石)如宾友，亲之如贤哲，重之如宝玉，爱之如儿孙。"珍爱观赏石就像珍爱儿孙一样。

李德裕则有过之而无不及。在洛阳城郊置平泉山庄，聚奇花异木、珍松怪石于一园，精心布置成名山大川的模样，而且大都有品题，成为当时的一大景观。

与牛、李二人聚石玩形成对照的，是像白居易这样资财有限的诗人墨客，他们也对奇石有特别的偏好，并留下了许多咏赞奇石的诗句。

唐宋时期是我国经济、文化空前繁荣的时期，因此，唐宋时期与石文化相关的诗、书、画方面都达到了历史的空前水平，诗歌中出现了李白、杜甫、白居易等人，还有唐宋八大家的韩愈、柳宗元、苏东坡，及黄庭坚、米芾等名家。

宋代是赏石文化大发展的时期，在文人士大夫中得到了广泛认同和推广，并进而成为与文学(诗词)艺术(绘画)结缘的雅文化。奇石由庭院而更多地进入书斋案几，开始成为一种独立的艺术门类，出现了赏石审美标准(如米芾所概括的"瘦、皱、漏、透")和石种谱录，还被列入文房器玩范围，跻身于主流收藏。观赏石的鉴赏和传承，在于历代中国文化人的贡献，近千年来，"文人石"是以"瘦、皱、漏、透"为赏石标准的。

宋代最大特点是出现了品石专著，杜绾的《云林石谱》记载有 116 种奇石、矿物、鱼类、植物化石等，内容涉及产地、品质、采集方法、用途等；石种有灵璧石、太湖石、英石、昆石等，还有端石、红丝石等砚石。

宋代文人对于奇石的玩赏已是相当普遍了，著名文人如米芾、苏轼、黄庭坚、欧阳修、文同、范成大等，都是爱石成癖者，并留下了许多咏赞奇石的诗文。

苏东坡是宋代文人中留下咏石诗文最多的一位，他的《枯木怪石图》是现存的古代第一幅以奇石为主体形象的画作。苏东坡在赞美文同的画时，有"梅寒而秀，竹瘦而寿，石文而丑"之说。他在定州任知州时书斋取名为"雪浪斋"，就是因一块得自北岳恒山的似雪浪涌涛的奇石"雪浪石"而来的。

如果说赏玩观赏石在唐代到了士大夫及宰相级这个层次，那么到了宋朝和清朝则到了皇帝这一个层次。而宋徽宗赵佶玩石即"花石纲"，玩到亡国，人称"亡国石"事件。这个事件下节再讲。

这时期的赏石代表作主要有：(唐) 白居易的《太湖石记》，(宋) 范成大的《太湖石志》，(宋)欧阳修的《菱溪石记》，(宋)杜绾的《云林石谱》。

4. 鼎盛期——明清时期。明清时期观赏石事业走向繁荣，并日臻完善。明、清两代，因藏玩奇石而出名者不乏其人，有二人特别有名，其中一个是书画家米万钟，堪称藏石大家。他是北宋书法家米芾后裔，书画俱佳，自称"石隐"，取号"友石"。由于米万钟爱石到了如痴如醉的地步，因此几乎倾家荡产。当时还流传着"败家石"的故事，这块被称为"败家石"的北太湖石就是至今供于颐和园的"青芝岫"。

另外一人是乾隆皇帝，在历代的皇帝当中，爱石成癖者除了宋徽宗之外，清高宗乾隆是比较突出的一位。他是留下咏赞观赏石的诗词文章数量最多的皇帝，一生写诗 4 万余首，写石头、玉石的有 800 多首，他对太湖石、灵璧石情有独钟，赞灵璧石为"天下第一石"。他还是一个奇石收藏家，收藏各种石头，连"败家石"也敢收进宫里。为此事还和母亲闹得不愉快。现在紫禁城、中南海、北海公园、中山公园、颐和园中的许多奇峰怪石,都留有他题刻的印记。

这时期的赏石代表作主要有:(明)林有麟的《素园石谱》,(清)蒲松龄的《石谱》。

5. 低潮期——民国时期。从晚清到民国以来,观赏石事业日趋衰落,玩石处于低潮,赏石出现了断层,爱好者剧减,其深层次的原因是社会的转型和新旧文化观念碰撞所带来的冲击,清王朝的终结,军阀混战,还有内战、抗日战争的原因。

值得一提的是,当时大理石和雨花石收藏者比较多,几乎成为"主打石种"。如著名奇石鉴赏收藏家张轮远著有《万石斋大理石谱》和《万石斋灵岩石谱》就是一例。民国雨花石藏家有"南许北张"之说,即上海的许问石和天津的张轮远。显然,当时赏石的风向标有了明显的转变。这段时期对赏石传统的继承和创新最有成就和心得的,还是接受了西方科学和民主思想的新知识阶层以及艺术界人士,他们在形式上继承了爱石赏石之风尚,又在内容上则有所突破和创新,将科学理念纳入了赏石范畴。地质学家章鸿钊的《石雅》一书(1918年出版),系统地将科学内涵赋予赏石旧文化理念之中,如十分科学准确地阐述了菊花石、松林石(即模树石)等的成因,将知其然的传统感性化玩石转变为知其所以然的理性化赏石。

这时期的赏石代表作主要有:(民国)张轮远的《万石斋灵岩石谱》、(民国)张轮远的《万石斋大理石谱》、(民国)章鸿钊的《石雅》。

6. 当代。用"当代"这个术语来作为赏石年段的划分,是套用文学的办法:古代文学、现代文学和当代文学。古代文学,是从1911年辛亥革命时期推翻封建专制社会以前的文学;现代文学是从五四运动以后到1949年新中国成立时;当代文学年限是从1949年新中国成立到现在。那么观赏石文化套用这个划分办法也是应该没有问题的。

这个当代,又可以划分为两个时段,一是从新中国成立到1978年改革开放前的29年时间,这个时期经历了抗美援朝、"大跃进"、"反右"、"四清"、援越抗美、"农业学大寨"、"文革"等,在一连串的运动中,在那种特殊环境下,很少有人去玩"石头",因此,赏石文化事业、文化产业被冷落,搁置一边也就在情理之中了。

这一情况直到1978年十一届三中全会以后得到改变,33年间,经济得到发展,人民生活逐渐提高,赏石之风得以兴盛起来。这一时期,观赏石文化事业发展,有几个特点:

(1)石种众多,品种齐全,各地赏石市场建立。20世纪80年代中期到现在,将近30年时间,在广西发现了红水河天峨石之后,又产出了合山彩陶石、来宾石、大化彩玉石、都安石、草花石、龙滩彩玉石等80多个石种。

而就全国来说,中国四大江河都有观赏石产出,从青藏雪域高原到河滩深海,从天山戈壁沙漠到白山黑水红土地上,都出产观赏石,而且品种众多,据统计有500多个品种。

红水河是一条独特的河流,独特的地质条件产生了独特的石种,在一条河流上产出这么多质地好的石种,在全国、世界上的大江大河中是独一无二的。正因为有了红水河及广西各地产的石种,才成就了柳州市场,柳州石都这座宫殿的第一块石头就是用红水河石打下去的,所以有人说:世界奇石看中国,中国奇石看广西,广西奇石看红水河。

现在,在柳州从20世纪90年代开始建立的奇石市场,从最早的马鞍山市场、江边市场,到现在的东环奇石城、赏石市场、马鹿山奇石馆,形成功能完善的奇石市场。经历了20多年的

图 3-1-4　天峨石

图 3-1-5　龙滩彩玉石

图 3-1-6　大化彩玉石

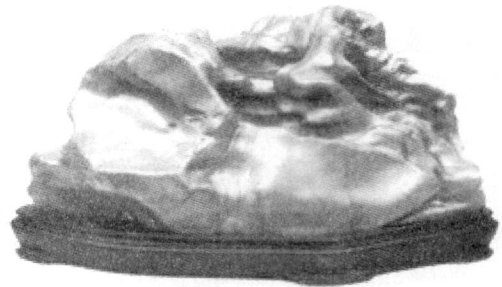

图 3-1-7　合山彩陶石

建设和培育,柳州奇石城成为全国乃至东南亚规模最大、档次最高、最具特色、最具影响力的奇石市场,马鹿山奇石馆,是国内目前设计理念最新颖、最宏伟、投资最大、功能最齐全的石馆,到过这个石馆参观的人都为之叫好。建成以来,举办了第六、第七届石展,为柳州打造石都名片立下汗马功劳。也为全国奇石馆、市场树起了一面旗帜,目前全国的奇石市场有上千家,比较大型的有内蒙古阿拉善奇石城,形成"南有柳州,北有阿拉

图 3-1-8　红水河

善"格局,还有山东临淄奇石市场、安徽灵璧县奇石市场、新疆阿勒泰奇石市场、深圳龙园奇石市场、上海沪太路奇石市场、北京十里河奇石市场等,出现了很多著名的观赏石市场,众多奇石市场为中国观赏石事业发展做出了很大贡献。

(2)赏石文化的繁荣。文化是观赏石的灵魂,如果没有文化,没有文化作依托,那观赏石就是一副空壳子,毫无价值可言,就是一块石头。为打造观赏石文化,广西在这方面做了很多开拓性的工作,如最早办起了《赏石文化》

图 3-1-9　柳州国际奇石节

杂志,从 1998 年出第一期,每年一期,出了 10 期,现在还出《赏石文化》彩色月刊。可以说,《赏石文化》为广西观赏石文化和产业"摇旗呐喊"做了很多工作。柳州还出了《赏石》《石道》《石韵》《中华奇石杂志》《中华奇石报刊》(上海)、《长江奇石文化杂志》等赏石杂志,关于观赏石的文化专题篇播出有央视二台、财经栏目、内蒙古电视台、北京网络电视台、上海电视台,这些赏石杂志为赏石文化的发展做出了很大贡献,其中《石道》转身成为中石协刊物《宝藏》,这些杂志对提高当代赏石文化及赏石文化产业发展起到了助推的作用,现在全国的赏石杂志、报纸、网络出了很多,如中国观赏石协会网、中华奇石网等。中国观赏石文化达到了百花齐放、空前

冠云峰瘦　　　　皱云峰　　　　玉玲珑漏　　　　瑞云峰透

图 3-1-10

繁荣的局面。

（3）赏石标准，赏石理念有了质的飞跃，产生了3批鉴评师。传统赏石理论上从沿袭千年的"瘦、皱、漏、透"发展到"形、质、色、纹、韵"，再上升到"和谐赏石"。这就是"一方石头和谐一个家庭，一方石头汇聚一批朋友，一方石头造福一方百姓，一方石头传承一种文化，一方石头弘扬一种精神，一方石头拓展一个产业"七个一方的"和谐赏石"新理念。为提高观赏石鉴赏水平和加强观赏石鉴评师队伍建设，在2008年11月中国观赏石协会在天津举办第一期开始至今，已办了16期观赏石鉴评师培训班，从而产生了3批观赏石鉴评师，鉴评师人员达到400人。

（4）赏石协会的成立，开展了一系列活动。由于观赏石文化市场的建设，从20世纪90年代开始，全国各地相继成立了观赏石协会，2005年，中国观赏石协会成立，从而有了全国性的组织。中国观赏石协会制定了"十一五""十二五"规划，举办了多次全国性的大展，第29届奥运会在北京举办之前，中国观赏石协会举办了"携手北京"精品展，这是迄今为止中国赏石界规模最大的一次石展，全国各省区都组团参加。展会评出100个"奥运之星"奖，大化县作为首批观赏石之乡组团参加，参展石83方，有5方获"奥运之星"奖，加上其他省区的3方大化彩玉石，共有9方获"奥运之星"奖，是各省区获奖最多的参展队。为广西争得了荣誉。中国观赏石

图3-1-11　"携手北京"精品展

协会还开展了"中国观赏石之乡（城）"评选活动。目前，广西柳州市被评为"中华石都"，柳州奇石城入选"中国观赏石基地"，来宾市入选"中国观赏石之城"，广西有大化等6个县获"中国观赏石之乡"称号，全国有36个市、县获得"中国观赏石之乡（城）"称号，其中广西有7个，占五分之一。中国观赏石协会2013年已开展"中国名石"评选活动，同时还启动了《中国石谱》的征集和撰稿工作，这将促进观赏石文化事业的繁荣和发展。

可以说，目前观赏石发展是中国历史上第三次高潮，第一次是先秦、魏晋时期，第二次唐宋、明清时期。

第二节　观赏石文化人

在几千年中国文化历史长河中，浩如烟海的诗歌、散文、书法、绘画、小说等，形成了灿烂的中华文化。正是因为有了这些文化人的参与，才有了优秀的中华文化，而这些文化人不仅仅是写诗、散文、作画、写小说，还把他们的聪明才智，放在了观赏石方面上，他们觅石、藏石、写

石、画石,还悟石做人,赏石励志。有了这些文化人,使原来没有生命的石头有了灵性,有了文化品位,赏石文化得以成为中国文化百花园中的一枝奇葩。五千年文化史,有多少文化人,难以数得清,在这里,列出一些大家认识的文化人,讲述他们与观赏石的故事。

一、陶渊明

陶渊明(365 或 372 或 376—427),名潜,字元亮,因家中有五颗柳树,被人称为五柳先生。东晋末期诗人、文学家、辞赋家、散文家,江西九江市人,是我国第一位田园诗人,他开创了田园诗体,也是我国赏石文化的鼻祖。

陶渊明任过江州祭酒、参军,做过县吏,后来做到彭泽县令,碰到浔阳郡督邮来彭泽,属吏说:"当束带迎之。"他叹道:"我岂能为五斗米折腰向乡下小儿。"遂挂印去职。这就是"不为五斗米折腰"的典故。

他辞官归乡,时年 39 岁,过着"躬耕自资"的生活,写下了流传后世的《归园田居》《饮酒》《桃花源记》《五柳先生传》《归去来辞》,最著名的诗句有"采菊东篱下,悠然见南山"之句。

陶渊明的家,依山傍水,门前有一块大石,他常在此石上看书,累了,饮酒,醉了,就睡在此石上,因此他把此石取名为"醉石"。宋人程师孟在庐山南麓留有题名的巨石"醉石",并作诗咏道:"万仞峰前一水傍,晨光翠色助清凉。谁知片石多情甚,曾送渊明入醉乡。"陶渊明的诗,陶渊明的人格,曾经影响了中国几千年的文坛和文人。

二、李白

李白(701—762),字太白,号青莲居士,唐代著名诗人,他的诗想象力丰富,激昂奔放,被人称为"诗仙"。他一生有几大爱好,喜欢游山玩水、剑术、写诗、喝酒,还喜欢奇石。杜甫诗赞李白:"李白斗酒诗百篇,长安市上酒家眠,天子呼来不上船,自称臣是酒中仙。"

李白诗歌成就斐然,对奇石情有独钟,他年轻时游览到一个怪石林立的叫"百牛沟"的地方,见到那里有一块似牛的卧牛石,他为此石题诗:"此石巍巍活像牛,埋藏此地数千秋,风吹遍体无毛动,雨打浑身有汗流。芳草齐眉难入口,牧童扳角不回头。自来鼻上无绳索,天地为栏夜不收。"从这首诗我们可以体会到,李白对这方卧牛石的描写,栩栩如生,活灵活现,就像一方真的卧牛石展现在我们的面前一样。

三、杜甫

杜甫(712—770),字子美,尝自称少陵野老。唐朝在我国历史上、政治上比较清明,经济繁荣,经历了"贞观之治"和"开元盛世",史载"夜不闭户,路不拾遗"。但有一位诗人,曾写过"朱门酒肉臭,路有冻死骨"。这位诗人就是杜甫,他是唐代最著名的诗人,一生写诗 1500 多首,著名的有"三吏三别":《新安吏》《石壕吏》《潼关吏》《新婚别》《垂老别》《无家别》。他忧国忧民,人格高尚,诗艺精湛,后世称为"诗史",他是我国赏石史上第一位文人藏石者,他曾经收藏有一方酷似南岳衡山主峰的观赏石,取名"小祝融"。

四、白居易

白居易(772—846),字乐天,号香山居士,其先太原(今山西太原)人,后迁居下邽(今陕西渭南北),唐元十六年(800 年)中进士,历任左拾遗、东宫赞善大夫、江州司马、杭州刺史、苏州刺史、刑部尚书等职,是唐代著名诗人,最有名的诗歌是《琵琶行》《长恨歌》等,由于对诗歌有极大的热情，被后世称为"诗魔"。而他对观赏石很有研究，是中国历史上第一位以观赏石为题材，评价观赏石的赏石家。

在白居易生活的年代，从朝廷达官贵人、士大夫到中下层官吏、知识分子，藏石、赏石蔚然成风。白居易在他到杭州任刺史时就到附近山上河床寻石赏石，他写有一首诗《三年为刺史》诗中写道："三年为刺史，饮冰复食蘗，唯向天竺山，取得两片石，此抵有千金，无乃伤清白。"诗中讲的是他到杭州当刺史三年，最大的收获就是收藏了朋友赠送的两块天竺石。

白居易写有一篇文章《太湖石记》，是当时宰相牛僧孺收藏太湖石，牛僧孺请白居易去把他收藏的太湖石进行分类品题，因此，白居易写成《太湖石记》，等于宰相请当时的大文豪写序一样。

在这里可以说明，在唐代，赏石人员的组成已从过去的士大夫这个阶层上升到公侯宰相这一级，这种一人之下、万人之上的高官群体，可以说赏石这种雅事是"旧时王谢堂前燕"。赏石是诸侯将相、高官的霸王娱乐，一般人是玩不起的。

五、柳宗元

柳宗元（773—819），字子厚，河东解（今山西运城市西南）人，世称柳河东。是唐宋散文八大家之一，与韩愈并称为"韩柳"，是唐宋古文运动的领导人、掌旗手。曾任监察御史，与韩愈同朝为官，因参与王叔文集团的政治革新受到牵连，被贬为永州司马，在永州十年，受到艰苦生活的磨炼，同时写了一批脍炙人口、对后世影响极大的散文，如《捕蛇者说》《永州八记》等。他开创了中国文学史上游记文学的先河，对永州山水给予极高评价，柳宗元在永州十年后被奉诏回京，满以为结束了这种苦难生活，谁知好景不长，只在京城待了一个月，又被贬到更为遥远、荒僻的地方。可以想到柳宗元的心情寂寞、消沉到了什么地步，他曾经写有一首诗说明当时的心境："千山鸟飞绝，万径人踪灭，孤舟蓑笠翁，独钓寒江雪。"一场大雪之后，所有山上的鸟都不见了，所有小道上也没有人行的踪迹了，只有一叶小舟，孤零零地泊在柳江边，上面有一个穿着蓑衣、戴着斗笠的老人在江面上垂钓，他在钓什么呢，鸟都没有了，人也不见了，那鱼儿呢，会来咬钩么？结果可想而知，他钓的是茫茫的白雪。

从这首诗上可以想见柳宗元当时的心境，正是在这种环境下，柳宗元还是为柳州人民做了四件好事：释放奴婢，开凿水井，兴办学堂，开荒建设。

柳州山水雄奇，孕育了奇石。柳宗元在柳州四年间，对当地的山水、物产十分关注，他在一篇《柳州山水近活可游者记》中写道："其下多秀石，可砚。"在柳州鹧鸪江龙壁山下河滩边出产很多好石头，可以做砚台。这篇文中，提出了赏石四要素：形、质、色、声，他是最早的赏石家，首次对观赏石提出要"珍奇，特表殊形，石质弥坚，颜色自然，声音铿锵"的要求，且应从形、质、色、声四个方面来评价观赏石。比宋代米芾的"瘦、透、雅、秀"要早得多。

六、宋徽宗

到了宋代，藏石之风更加盛行，藏石不仅在高官贵族、文人士大夫之间，还升格到皇帝这一层级，这位皇帝就是宋徽宗。

宋徽宗（1082—1135），即"赵佶"，北宋第八位皇帝，在位25年。他擅长书画和书法，他在位当皇帝期间，不善治国，把朝政给奸臣蔡京等人掌管。却对艺术情有独钟，琴棋书画，无所不精,他在宫中首创画院成立翰林画院,以画作为科举升官的一种考试方法,他自己出题目做考官,他有一年出了一个题目:山中藏古寺,叫考生来画,许多考生画深山、庙宇、寺院、飞檐,但得第一名的没有画任何庙宇,只画了一个小和尚在山溪边挑水。又一年,出了一个题目是:踏花归去马蹄香,得第一名的没有画任何花卉,只画了一人骑马,有蝴蝶飞绕马蹄间。这些画都极富意境,内涵十分丰富,令人回味无穷。

宋徽宗,还是一个书法家,他自创一种书体,人称"瘦金体"。这种书法独步天下,直到今天没人能够超越这种书体,挺拔秀丽,飘逸犀利。可称为古今第一人。

宋徽宗还酷爱藏石,他听信道教方士之言,大兴园林艮岳,于是到全国各地搜刮奇花、异树、名石。在苏州成立了一个应奉局,相当于现在的园林局,有个奸臣投其所好,到全国搜刮奇石,在太湖边捞石头,寒冬腊月也叫捞石人下水捞石。看见谁家园林有奇石,名贵花木,就带人去查封,破墙拆屋运往京城,搜到奇石后就用船运到开封,船不够,就调用运粮的船,十船为一纲,人称"花石纲"。据讲当时,可说是他父亲留给他的财富,占当时世界上 70%,可见相当富有,但是,全被大兴土木,兴建园林败光,这"花石纲",后人称为"亡国石"。后来激起民变民愤,引起了方腊起义。加上金朝侵入,金兵两次攻下开封,最后,宋徽宗、宋钦宗被俘,客死他乡。

七、苏东坡

苏东坡(1037—1101),即"苏轼",著名诗人,北宋书法家、书画家。字子瞻,号东坡居士,眉州眉山(今属四川)人。也爱石藏石觅石,他为了收藏到精致小巧的石子,就想到了一个绝妙的办法:用糖和饼来换取小孩子手里的小石头(因为他没有时间去搜寻,而且一个人能力有限,但小孩子却有这个能力,人也多)。他这一"招数",曾被传为千古佳话,后来的一些古董商也用这个办法来收古董。他收藏的名石有"仇池石""雪浪石",他还提出一个"以水养石""以盘供石"的藏石办法,他收藏的一块观赏石叫"雪浪石",很有名,待后面再讲。

八、米芾

米芾(1052—1108),北宋人,字元章,宋代"四大书法家"之一。曾任职礼部员外郎,古时称"南宫舍人",所以又被称为米南宫,礼部管典礼、科学、学校的部门,正五品官。"瘦、皱、漏、透"相石法就是米芾提出的。在赏石界,米芾被称为"石圣",在中国,被称为圣人的不多,儒术尊孔子为圣,绘画是吴道子、书法是王羲之、茶圣有陆羽、兵圣有孙武。可见,称为"石圣",是赏石界的圣人,与历史上的孔子、王羲之、孙武、陆羽齐名。

米芾可谓中国石文化史上文人对石头最钟情的一位爱石人,按现在说法是一个赏石大家、理论家、鉴评家也不为过。他拜石、爱石、玩石的故事为后世爱石人树立了榜样,爱石达到了如醉、如痴、如癫的地步,被人称为"米颠子"。最著名的就是米芾拜石的故事,米芾到安徽无为县去做县官,看见县城附近有一块大石头,形状奇特,而且丑陋,米芾看见非常喜欢,说:"此石值我拜也。"就整了整衣服,双手合十边拜边说:"你是我的兄长啊。"称石为兄、为丈都是对石头的特别敬重,兄丈即是兄长的意思。古人称年长的人为丈,今日普遍的以妻父为丈,即岳丈,这只是丈字的一种用法。

米芾拜的这块石头现在还留存,在安徽省无为县米公祠堂,因米芾在无为县做官,为官清廉,勤政爱民,无为县人民感其德政,在他离任之后,在米芾住处书房内建造米公祠,把这块

"石丈"立在那里,现在仍在。2002年,无为县重修米公祠,历时三年建成,成为人们观赏景点之一。

米芾玩石可说到了如痴、如醉、如癫的地步,人们常说:玩物丧志,那么,米芾玩石是否荒废政事呢?当时他的上司杨休到米芾任太守的链水视察,曾板起脸,异常严肃地对米芾说:"朝廷把千里郡邑给你,你怎能终日弄石,不省录郡事。"米不答,慢慢从左衣袖中取出一颗小石,嵌空玲珑,峰峦洞穴皆秀,石质清润。对杨说:"如此石,安得不爱!"杨暗暗称奇,但又不动声色,米将石藏于袖中,又出一石,叠嶂层峦,奇巧又胜,又纳于袖中,如此再三,米芾出示鬼斧神工、精巧奇美之石,对杨说,如此之石"安得不爱"。杨早已动心,对米说"非得公爱,我亦爱也",夺石而去。

九、米万钟、乾隆

米万钟(1570—1628),字仲诏,自称"石隐",号友石,北宋书法家米芾后裔,顺天宛平(今北京)人,明万历二十三年(1595年)中进士,做过江西按察使,太仆寺少卿,他为政清廉、刚正不阿。是赏石家、书画家、"明末四大书家"(其他三人是邢侗、董其昌、张瑞图)之一。而米万钟最大的成就还是在赏石方面,他继承了先祖米芾的传统,喜欢藏石,他在北京有三处园林,从各地收集来的奇石,放置在这三个园林之中,都是以奇峰怪石取胜,成为京城的著名景观。这三处园林一是湛园,二是漫园,三是勺园。三园风景优美、奇石林立,勺园在现北京大学校内,一池碧水荷叶涟涟,垂柳依依,景色迷人,可见当时规模。

在北京的颐和园,有一块石头,从北面看似一龟,昂首俯身;站在东面或两面十米高处看石顶,如一群灵芝,颗颗喜人;正面看似一只船,底座是石头琢成雕有海浪,寓意顺水行舟,一帆风顺;石的南面,刻有"青芝岫"。这块石头就是世人所谓的"败家石"。

这块石头有着什么样的来历,为什么叫败家石呢?

米万钟喜欢奇石,四处寻找奇石放到他园中,一次他到房山,在大山中发现该石,这

图3-2-1 青芝岫"败家石"

块大石长8米、宽2米、高4米。此石经自然风化,通体千孔百穴,堪称奇石。米万钟见石大喜,观察此石,昂首俯身,足跋而剑,叩之声悦,他越看越喜欢,痴劲大发,欲将此石搬运到勺园家中收藏。然而此石巨大超重,无法起运,但他下定决心,不管用多少钱财人力,也要把此石运走,于是不惜花费重金,雇了几百人,再加上44匹骡马,拉了7天,才将此石拉到山下,又花了5天时间艰难地将其从房山运至良乡。正在这时,米万钟遭到宦官魏忠贤诬告而罢官,这块石头,就被遗弃在良乡,当时乡民认为米万钟是因为这块石头导致丢官,认为不吉利,称这块石头为"败家石",从此无人问津。

乾隆十六年(1751年),乾隆皇帝到房山扫陵,听说这件事,便去察看此石,一见石头,乾隆皇帝大喜,但有人提醒他是"败家石",乾隆皇帝不信这个,派人将"败家石"运至清漪园(颐和园),因为石头又大又高,门槛太高,门矮进不去,乾隆皇帝命人将门拆卸,搬进园来。乾隆皇帝

的母亲,也就是皇太后很不高兴,说这块石头"既败米家,又破我门,不吉利"。为此母子关系僵了一阵子,乾隆为博母亲欢心,安放好石头后,请文人士大夫们来题字,讲好话,多次邀皇太后去看,此后皇太后也喜欢上了这块石头,母子关系这才好起来。乾隆曾题诗多首咏此石,其中有一句"皇山峭透房山壮,兼美端堪傲米家"。

乾隆皇帝六下江南巡游考察,活到80多岁,在位61年,一生征战南北,是一个雄才大略的皇帝,同时又是一个诗书画大家,一生写诗4万余首,写石头、玉石的有800多首,他对太湖石、灵璧石情有独钟,赞"灵璧石"为"天下第一石"。

十、四大名著

明清时代赏石最突出的一点是:赏石文化已渗透到了文学创作的小说之中,成了小说创作题材的重要元素之一。我国四大古典文学名著中,都与石有关。

中国文学体裁主要是汉代的赋,唐朝的诗歌、散文,宋代的词和散文,元代的戏曲,明清的小说。四大古典名著就在明清这个时期产生,施耐庵、罗贯中、吴承恩、曹雪芹,人称四大才子。这四大名著都与石头有关系,以下简要地说一下:

施耐庵(约1296—1370),中国元末明初小说家。名子安,一说名耳。兴化(今江苏兴化县)人,原籍苏州。相传施耐庵是《水浒传》的作者。《水浒传》开头楔子(引言)部分是:"张天师祈禳瘟疫。"说的是大宋年间,仁宗天子在位,遇京城闹瘟疫,军民死伤无数,于是皇帝下旨派遣洪太尉前往江西信州龙虎山,宣请张真人天师来京城祈禳瘟疫,洪太尉带了圣旨到了龙虎山,见有一殿写到"伏魔之殿",贴着许多封条,殿中有一井,上有一个石碑,下面有一个石龟,碑后面有四个字"遇洪而开",于是洪太尉命人打开,一搬开石板,只听见哗啦啦一声响,冲出一股黑气,冲天而起,把半个殿角都冲飞了,黑气冲上天空,化作百十道金光,往四面八方散去,这黑气这百十道金光,正是后来的梁山108个好汉,搅得本朝不得安宁。第十五回,扬志押送金银担,吴用智取生辰纲(珠宝金银),花石纲、艮岳、太湖石、名贵树木花卉。

罗贯中(约1330—约1400),汉族,山东东原人(今山东东平县)名本,字贯中,号湖海散人。他是元末明初著名小说家、戏曲家,是中国章回小说的鼻祖。罗贯中的一生著作颇丰,主要作品有剧本《赵太祖龙虎风云会》、小说《隋唐两朝志传》《粉妆楼》《三国演义》(代表作)等。

《三国演义》第四十九回:七星坛诸葛祭风,三江口周瑜纵火。说的是孔明借东风,火烧赤壁,曹操兵败走华容的事。火烧赤壁就是在赤壁这个地方,烧得两岸悬崖峭壁都红了,石壁就是石头山。

"功盖三分国,名成八阵图,江流石不转,遗恨失吞吴。"

说的是,刘备兄弟关羽、张飞被杀,刘备带兵百万进攻东吴,东吴派陆逊为将迎战,刘备连营寨40个,绵延700里。

刘备营寨被陆逊用火攻,刘备兵败走白帝城,陆逊、追击到鱼腹浦地名,看江边、山上,一陈杀气冲天而起,陆逊不敢追击,怕有伏兵,最后去查看,并无一人一骑。

走进去后转了半天出不来,最后一个老人把他引出来,这是他女婿诸葛亮布下的八卦迷魂阵,不懂此阵的人,一旦进入,绝无生还。

实则是孔明在几年前,在此用乱石十堆,用八卦排成八阵图。现在,十堆乱石胜于十万雄兵，得以阻挡陆逊追兵，否则，刘备已被他追上成俘虏了，孔明以石作阵，以石头当兵士，可谓孔明料事如神，在多年前就知在此将有一战，早就排好八卦阵了。

吴承恩（约1500—约1582），字汝忠，号射阳山人，明代小说家。山阳（今江苏淮安市楚州区）。出身于世代书香之家，而后败落为小商人的家庭。他自幼敏慧，吴承恩早年曾希望以科举进身，然而屡试不中。中年以后才补为贡生，此后做了个长兴县丞。不久，因"耻折腰"遂拂袖而归，晚年归居乡里，放浪诗酒，贫老以终。《西游记》为晚年所作。

《西游记》第一回《灵根育孕源流出，心性修持大道生》，在大海中有一国，名叫傲来国，有一山叫花果山，山上有一仙石，有三丈六尺五寸高，五丈四尺围圆，采天地之灵气，育成仙胞，产出一石卵像圆球一样大，后化作一个石猴，来到花果山，水帘洞称王，叫孙悟空，后到天宫，做了一个弼马温，后偷寿桃、偷御酒、偷仙丹犯了天条，被如来佛祖压在五指山下，化为石猴，一压就是五百年。后唐僧西天取经才把石猴放出，就有唐僧取经的故事。

曹雪芹（约1715—约1763），清代伟大的小说家。名霑，字梦阮，号雪芹，又号芹圃、芹溪。中国长篇名著《红楼梦》作者。（《红楼梦》原名《石头记》，后改为《红楼梦》）

康熙六下江南，其中四次由曹雪芹的祖父，曹寅负责接驾，并住在曹家。

曹雪芹早年经历了一段富贵奢华的生活，晚年，曹雪芹移居北京西郊生活趋于贫困，"满径蓬蒿"，"举家食粥"。他以坚韧不拔的毅力，专心致志地从事《红楼梦》的写作和修订。

曹雪芹是一位诗人，也是一位画家，他的最大贡献在于小说的创作，小说规模宏大，结构严谨，情节复杂，描写生动，塑造了众多具有典型性格的艺术形象，均堪称中国古代长篇小说，在文学发展史上占有十分重要的地位。

《红楼梦》是他"披阅十载，增删五次"而成，"字字看来皆是血，十年辛苦不寻常"的产物。可惜，在他生前，全书没有完稿。《红楼梦》一百二十回本，其中前八十回的绝大部分出于他的手笔，后40回则为高鹗所续。

《红楼梦》第一回："甄士隐梦幻识通灵，贾雨村风尘怀闺秀。"就把贾宝玉、林黛玉两个主人公来历交代清楚了。

贾宝玉的来历是：女娲当时炼石补天时，于大荒山无稽崖炼高十二丈、长二十四丈的顽石，三万六千五百零一块，而补天只用了三万六千五百块，单剩一块未用，丢弃在青埂峰下，此石经炼之后，灵性已通，感叹众石皆能补天，唯自己无材不堪之选。自怨自艾自叹，于是在神仙点化之下，仰慕人间荣华高贵，于是投胎到人间，于是神仙感其心诚变成一块鲜明莹洁的美玉，缩成扇坠大小可佩可戴（通灵宝玉，几个主人公贾宝玉、林黛玉、妙玉、红玉、蒋玉涵、薛宝钗等都与玉石有关系），因此降落凡尘，贾宝玉衔玉而生，取名宝玉。在青埂峰大石上有一行字迹，上写有两行字：无材可去补苍天，枉入红尘若许年。

《红楼梦》原名《石头记》，就是抛石引玉，里面有一句诗："玉在椟中求善价，钗于奁内侍时飞。"玉是林黛玉，钗是薛宝钗，是文中两个主人公。贾宝玉三角恋爱的主要人物，金玉良缘，贾宝玉是宝玉，薛宝钗是金锁，天生一对。

小说家蒲松龄的《聊斋志异》，主要讲妖精迷秀才的神怪故事，也有关于好石者的故事《石清虚》，他写有《石谱》，写过咏石诗，至今他的纪念馆还存有他原先收藏的石头。

郑板桥,扬州八怪之一,做过县令。他作画以画石、竹、兰为题材,他也藏石论石,并提出赏石"丑而雄、丑而秀",以丑为美的赏石观。

这时期出现了众多的赏石著作:有沈心的《价怪石录》、胡朴安的《奇石论》、梁九图的《谈石》、高兆的《观石录》、毛奇龄的《后观石录》等,把中国传统赏石文化推向了又一个高峰。

明清时期赏石文化的主要特点:一是赏石更加大众化,上至皇帝,下至百姓;二是有石谱、专著出版;三是赏石文化渗透到了小说之中,并延伸到文房石的选用的鉴赏;四是皇家及豪绅私宅造园叠石成风。

近现代、当代文人赏石家有许问石(雨花石),张轮远,著名画家有齐白石、傅抱石,都是我国近现代著名画家,他们的名字都与石有关,画石,画人生,名字都用上石字。

当代著名小说家贾平凹,曾经写了一篇散文,"丑石"编进了中学语文课本,想必大家都读过这篇文章。后来,他还为山西收藏大家李饶先生100块藏石写了一本书,叫《小石头记》,产生了很大影响,2005年编了一本《中国百石欣赏》,在中国赏石界产生了很大影响,笔者的一块奇石也得到了贾平凹的点评。

第三节　观赏石文化石

在中国观赏石文化的浩瀚星河中,无数人穷尽毕生,倾其财力搜寻奇石,或建园林,或放置案头欣赏、把玩,终日对石,石不能言最可人。这些石头承载着丰富的文化内涵,与这些文人有关,有重大的历史事件,有生动的故事和趣闻。但由于朝廷更迭,战乱频发,战火纷飞,多少宫殿、多少园林,毁于战火之中,很多藏石、名石也随之毁坏,有的主人为防止心爱之石被人捣坏或拿走,在逃亡之初把心爱之石埋于地下。这些名石也因为这些文化人的收藏或题字,更显得弥足珍贵。如果这些奇石没有文化人收藏和题字也就是一块普通的石头。在历史长河中多少名石也随着他们的主人消失而淹灭,有的因为丢官罢职,家境衰败而几易其手,古代很多名石已不复存在,但目前在国内的一些地方,如故宫和一些城市公园内尚存有部分古代名石。也就是所谓的文化石,如苏东坡的雪浪石、米芾拜石,还有代表"瘦、皱、漏、透"几方面的园林石。

一、雪浪石

苏东坡的雪浪石,被列为中国第一古奇石。这块石头与三个人有关:苏东坡、乾隆皇帝、毛泽东。

这块石头的来历据苏东坡自序载:"余于中山后圃得黑石白脉,中涵水纹,有如蜀孙位、孙知微所画石间奔流,尽水之变。又得白石为大盆盛之,琢盆为芙蓉,激水其上,名其室曰'雪浪斋',且勒铭于盆唇⋯⋯"铭曰:"尽水之变蜀两孙,与不传者归九原。异哉驳石雪浪翻,石中乃有此理存。玉井芙蓉丈八盆,伏流飞空漱其根。东坡作铭岂多言,四月辛酉绍圣元。"这块石头高76厘米、宽80厘米、厚40厘米,现在河北定州县武警医院内。

乾隆皇帝也十分喜欢这块石头,他曾6次南巡过定州,到定州都要拜访这块观赏石,并写下30余首诗,3次在"雪浪石园"上题诗。

新中国成立不久,毛泽东在日理万机的情况下,还询问定州的雪浪石。1952 年 11 月 22 日上午,毛泽东到定州视察,就问雪浪石在哪里,随行的领导却不知道。后经打听到该石地方后就直奔雪浪石所在地方,一见到该石就用手抚摸着石头,用湖南口音朗声念上面的题铭,还叫随行的副省长和县委领导念,对他们说:"你们是一方的领导,以后要多多注意学习!学习可以正身,可以领导群众!不学习是不行的!"可见毛泽东对奇石的喜爱,并由赏石结合到领导艺术。

二、廉石

三国时一个叫陆绩的人到广西玉林做官时回乡带了一块压舱石——廉石。江苏省苏州市纪委在电视台开办了廉石网,成为中国在电视台开办的第一个反腐倡廉专栏,并在中国工商局注册"廉石"商标,成为中国第一个廉政文化商标,2010 年,浙江省纪委、广西纪委、中央电视台联合摄制 30 集电视连续剧《廉石传奇》,目前已在全国播出。

三、研山石

关于米芾的研山石,有着一段抱石而眠的佳话。在2002 年 12 月 22 日国内一次拍卖会上,从日本回流的一幅米芾的书法《研山铭》,定向拍卖,以 2999 万元的价格,由国家博物馆收藏,整幅书法 36 个字,一字 76.9 万元。这幅书法与米芾收藏的一个藏石有关。宋代蔡京幼子蔡

图 3-3-1 廉石

绦的《铁围山丛谈》载:"江南后主宝石研山,径长逾尺咫,前耸三十六峰,皆大于手指,左右引两阜坡,而中凿为研。及江南国破,研山流转数十人家,为米元章所得。"这段文字讲的是:南唐后主李煜有一个观赏石,是灵碧石种,长 1 尺多,有 30 多个峰峦,都有手指一样大小,左右两边有山坡,而在中间凿有一个池子盛墨,成为砚台。到了国家灭亡,这个观赏石辗转 10 多个人,最后为米元章所得。传说在米芾洞房花烛夜时,他的妻子送给他一件礼物,就是研山,并告诉他说自己是李后主的后人,李后主把这个宝石传给她,米芾十分喜欢宝石研山,从第二晚开始,撇开新婚妻子不睡,抱着这个石头睡了三夜。米芾写《研山铭》的传闻有两个。一个传闻是:一天他和宋徽宗在一起饮酒,一时高兴,说到家有宝石研山的事,徽宗叫他拿来看看,徽宗一看就爱不释手,就要占为己有,米芾暗暗叫苦,给吧,舍不得,如不给,就犯欺君之罪,要杀头的,最后还是新婚妻子看得开,把宝石研山送给徽宗,保住了两条命。自从宝石研山送给徽宗,米芾就如丢了魂一样,为了安慰自己,他就写了一幅《研山铭》。另外一个传闻是:米芾得了宝石研山后,很多文人学士、富商都想出高价叫他转让,他不同意。当时有一个人叫苏仲容的人,也是一个文人,家里很有钱,也很想得到这个宝石研山,问了几次,米芾就是不松口,后来,苏仲容心生一计,约米芾饮酒,喝得十分高兴,苏仲容提出拿一栋(晋代建造的)别墅来换宝石研山,当时这栋别墅价值 300 两黄金,米芾心动了,因为喝得迷迷糊糊,就同意调换了,并写下了调换文书,酒醒之后,米芾十分后悔,但调换文书在那里,只好

以石换屋。自从宝石研山换走以后,米芾就写了《研山铭》,这就是历史上的一石换一屋的典故。可见这个宝石研山的珍贵。一幅书法就值 2999 万元的价格,那么,现在这个观赏石价值是多少?由于历史各种原因,朝代更替,几易其手,目前这个观赏石在何处?是国内,还是在国外,仍是一个谜。

四、锁云

灵璧石锁云,高 25 厘米、宽 20 厘米、厚 7.5 厘米,这石造型如锁,又以左上方似猿首,故全石又似野猿飞奔状,颇具动感,猿首部位刻篆"锁云"二字,左下方刻有"万历丁酉(1757 年)春三月藏石米仲诏"字样,并有阳文篆刻"友石"字样,底座是紫檀木雕刻,有清代苏作特色。

这块石头"锁云"就是上文所讲的米芾的十六世孙大文人米万钟所收藏,这是一件传承有序、唯一有稽可考、国内外争相报道的明朝供石,自米万钟后,流转了不少人,后因各种原因,流落到日本,1965 年日本知名大律师、日本水石协会创始人佐藤先生,在一家老石店购得作为收藏。

现收藏者周易杉,为上海矿物杂志主编,国家观赏石一级鉴评师,毕业于南京师范学院地理系,1994年到日本留学并开公司,从事矿物化石经营,同时成

图 3-3-2　锁　云

为日本水石协会会员。他得知锁云下落后,就有心要让该石能回归祖国,回归故乡,但该石收藏者佐藤先生是日本大律师,有名、有钱,什么都不缺,当时有美国人、日本人、中国人都在出高价想购藏此石,但佐藤就是不松口,因佐藤与周易杉有购石客户关系,周易杉为了能达到购买收藏此石目的,就先与佐藤交朋友,先交心,博得好感,经过多年的交心交朋友,诚心所动,金石为开,佐藤也为周易杉精神感动,于是在 2007 年经过 9 年的软磨硬缠,周易杉终于如愿以偿,从佐藤先生手上购得锁云并带回祖国,这件事当年成为中国赏石界一件十分轰动的大事,中央电视台《国宝》栏目,曾经做了两期节目报导锁云,这是至今为止,《国宝》栏目唯一以观赏石做的一个节目,可以说,"锁云"回国,是中国观赏石文化的一件盛事。

除了上述文化石,还有台湾"故宫博物院"的"猪肉石"和这几年炒得很火的戈壁石"岁月""雏鸡"等。

以上是古代的几方文化石,以下笔者要讲的是当今的文化石,而且是河池的文化石,这就是红水河的天峨石、大化石,这些观赏石代表着河池的观赏石文化,它是一个承前启后、继往开来的时代,代表着当今观赏石文化的巅峰时代。

五、天峨石"幽鸣"

天峨石"幽鸣"是一方画面石,相当于一幅写意山水画,画面上有一粗大的枝,上面蹲着一只形鸟的画面,原收藏者是柳州市粮食局原局长金化雨,金化雨早年由于工作关系,常年奔波

在河池各县。金化雨喜欢收藏,他当时听人说天峨发现了奇石,于是和几个人上天峨捡石头,在龙滩滩头发现这块石头,这一天,他一共捡到4块奇石。

1992年,在上海举办第一届中国赏石展,他拿这块石头参展,取名"幽鸣"夺得第一名。因此,天峨石借这块石头"一鸣惊人",在中国赏石界名声大震,由这块石头上可以联想到"蝉噪林愈静,鸟鸣山更幽"的诗句,衬托出一幅林间景物,动中有静,静中有动,动静结合,以鸟鸣体现出森林的寂静,形象生动,画面优美,意境深邃,这块石头当时有人出价3万元购买,金化雨不卖,现在这方石已转到高津龙的手上。

为什么要拿天峨石"幽鸣"作名石来讲?因为这块观赏石具有划时代的意义:一是改革开放后,天峨石是全国最早发现并玩赏的观赏水冲石;二是中国赏石传统上是以"瘦、皱、漏、透"为标准的赏石观,而从天峨石一出现,中国赏石家、理论家,就被天峨石的美所征服,从天峨石总结出"形、质、色、纹"的新的赏石标准。这块石头,创下当时最高价格。因此,成为一代名石。

六、大化石"烛龙"

"烛龙"是大化石的一条神龙、威龙,是一块龙头石,算得上是大化石中的佼佼者。大化石当时价格并不太高,从1997年出水价格一直在低价走动。2003年初春,正值非典时期,什么商品都降价了,市场冷冷清清,但就是一块大化石把整个中国赏石界搅得天翻地覆,炒得沸沸扬扬。在笔者的采访中,黄农宏讲述了这块石头从出水到运到柳州被高津龙买走的经过。"烛龙"是2002年1月捞出水的,当时天气还很冷,出水以后估价,潜水员估120万元,船主估价20万元,最后以88万元谈妥,船主给了潜水员44万元,带回家放置,并取名为"盘龙"。这块石头在家里放置了一年多的时间,来看的人也多,但他们对这块石也没底,不懂就乱开价,喊了一个1800万元,很多人在1800万元这个价上打退堂鼓。

2003年春,非典时期,岩滩比往日冷清得多,3月份来了几个人看这块石头,最后问价,价格从1800万元往下砍,最后砍到228万元。第二天早上给定金80万元,几天后送到柳州,买主高津龙给完了全部的钱,最后还送了一部价值10万元的皮卡车。

"烛龙"这块观赏石之所以能够使中国赏石界在最低迷的时期得到升空、腾云驾雾、提振市场的信心,其主要价值体现了四个方面:一是形态好;二是色彩好;三是质地好;四是文化含量高、信息量大,特别是名字起得好。

"烛龙"这一名字,是引用《山海经》的传说。何谓"烛龙"?《山海经》里记载,烛龙是一只人面蛇身、口中衔烛的神兽。能够呼风唤雨,威力极大。睁眼时普天光明,也就是白天;闭眼时天昏地暗,也就是黑夜。

龙是中华民族的象征,中华民族的精神是龙的精神:能屈能伸、不屈不挠、不畏强暴、驱恶扬善、勤劳勇敢、团结诚信。龙能下能上,能潜入海,能飞上天。中国的文化就是龙文化,玉猪龙——中国第一龙。中国有四大江河,传说都与龙有关,有很多龙的故事。红水河就有许多龙的地名,如龙滩、龙凤、龙鱼。红水河是一条桀骜不驯的龙,它潜伏在河里2亿多年,是一条潜龙,它在积蓄着力量,它在等待着时机;它又是一条飞龙,飞龙在天。它出水的时间很巧,早不出,晚不出,而在红水河梯级电站相继建起来的时候才出,大化电站1975年建,它不出;岩滩电站 1985 年建,它也不出,直到龙滩电站开始建,它才出水。"烛龙"出现,这是一个祥瑞之兆,它暗示着红水河这条经济巨龙的腾飞指日可待。因此,这个"烛龙"承载着十分丰富的文化内涵。

　　这块烛龙石的出现,具有三个特点:一是抬升了大化石的价格,一下子就把大化石的名声在中国赏石界提升了,大化石备受关注;二是同时也成就了高津龙的名声,高津龙原是一个房产商,在柳州名不见经传,但因为一块石头,高津龙的名字在全国声名鹊起,高津龙得这块石头后,取名为"烛龙"。因为他的名字也有龙字,得到这块石,高津龙便在石界这个领域成为名人了,中央电视台国际频道做了一期《大化石的投资与收藏》节目,介绍了高津龙与烛龙;三是使大化县成为首批"中国观赏石之乡",提高了大化县的知名度。

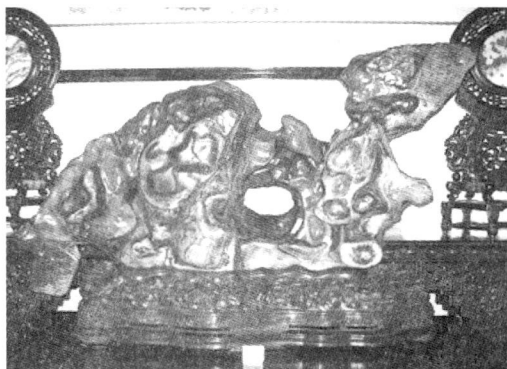

图 3-3-3　烛　龙

　　党的十七届六中全会,专门研究文化体制改革问题,全会通过了《中共中央关于深化文化体制改革推动社会主义文化大发展大繁荣若干重大问题的决定》。全会提出"弘扬中华优秀文化,大力发展文化事业和文化产业"。一个会议专门研究一个主题,这在中国共产党的历史上是罕有的,可见党中央对文化的高度重视。在党的十八大全会上,胡锦涛总书记指出:文化是民族的血脉,是人民的精神家园,实现中华民族伟大复兴,必须推动社会主义文化大发展、大繁荣。在十二届人大会议上,温家宝总理在政府工作报告中,强调要扎实推进文化建设,把文化改革发展纳入经济社会发展总体规划,列入各级政府效能和领导干部政绩考核体系,推动文化事业全面繁荣,文化产业快速发展。

　　在历史进入这个时期,党和国家如此重视文化事业,观赏石文化作为中华优秀文化一部分,将迎来一个前所未有的发展机遇,未来的十年,将会是观赏石发展的大好时期,观赏石文化繁荣的春天终于到来。

　　学习观赏石文化,最重要的是要有悟石的精神,石头的精神是什么? 是坚不可摧、宠辱不惊,实实在在、脚踏实地,默默无闻、甘作人梯的精神;更重要的还要有文化修养,有气质,有内涵,有品位。

　　（本章作者:莫雨翼,男,壮族,1955 年生,广西天峨县人,大学学历,广西作家协会会员,广西观赏石协会副会长,中国文化名家协会会员,中国观赏石协会会员,国家观赏石一级鉴评师。现任职于广西河池市政协。1997 年开始观赏石收藏。收藏以天峨石、龙滩彩玉石、大化彩玉石为主。部分藏石参加区内、外奇石大赛并获奖,其藏石和石文章及电视专题片在中央电视台、新华网、中国观赏石协会网、《报告文学》、《收藏》、《宝藏》、《鉴石》、《南国早报》、《赏石文化》、《赏石》等区内外媒体刊载播出。报告文学《空前绝后大化石》,在《河池日报》、中国百石欣赏网、《报告文学》杂志上发表刊载,由其撰写的电视脚本《空前绝后大化石》得到中国观赏石协会和中央电视台采用,拍摄成《石说华夏之大化彩玉石》专题片,在 2007 年 10 月 15 日和 2008 年 10 月 16 日在中央电视台中文国际频道《走遍中国》栏目两次播出。中央电视台科教频道编导和记者于 2010 年 1 月到河池拍摄莫雨翼宣传大化彩玉石、探秘红水河和田玉的专题片《大地史书》,于 2010 年 3 月 5 日在中央电视台《绿色空间》栏目播出。）

第四章 观赏石美学

第一节 观赏石的美学原理

在人类发展史中,石占据了我们生活的一部分,是不可或缺的,从城市艺术雕塑和厅堂、庭院的摆设都能足够明显地看出,它所蕴含的外在和内在意境使得审美的客体久久不能忘怀和激动。

赏是造美的过程,由体悟到认识,再体悟再认识的过程。但掌握其中的规律,就不是件容易的事。我们试论造美的原理,能得到创造性思维有所提升和帮助,立论与试想望同道之人,给予雅正。

观赏石要突显美的内涵,那就需要用"意境"来表达,追求人与自然的和谐统一,而作为美学的范畴,是多义性、模糊性和辩证统一性的。石的美学存在动态的变异性。"以物观物""以我观物"的哲学认知和审美认识两者交融相携观照。其特征为四个方面。

一、追求人与石的自然和谐统一

这个特征的形成与我国生存环境和生活方式有关。在古代,赏石文化的形成与发展,离不开政治环境的影响。中国古典的赏石文化脱胎于魏晋南北朝时期的山水文化,而山水文化又是中国独特的审美思想的源流。故在人与自然的关系上注重的是二者和谐一致并能自觉协调人与自然的关系。中华民族的创美在连续不断的记忆里一直在保留原始时期的经验。国人似乎把上古时期的石器、石雕与山水结合一直带到了今天的文明时代。先秦的天人合一,顺应自然,法天贵真的宇宙观和审美观正是自然思维的产物。先哲们认为,人生命活动的盛衰,和心灵世界的惨舒与天地自然同一性和同构关系。这种哲学思维的产生直接影响了石的审美领域,人们普遍认为,唯有顺应自然之道,在人与自然的统一中,人的思想,生命才能获得自由,才能真正地体验到石之美的所在。在赏石的实践中,着力体悟,以把握至表现这种同一性或同构关系,是中华赏石美艺术的最高境界。从古至今,大量的美的内涵采用诗、词、画结合庭院、厅堂来表现石与人、与自然交融冥和的意境和情味,符合自然又超越自然。人内在的生命力,搏动外在自然界石的生机和活动交感的统一,反映石之艺术美学的内涵,审美的美学特征,揭示中华赏石美学——审美范畴的辩证性质及其美学的内涵,石之艺术的意境美是赏石的美学的核心范畴,意境是以其强大的审美冲击力,将石作为客体,人作为主体内在生命的存在和创造出美的延伸乃至无限,使人在其中获得极度的精神愉悦的同时,还获得具有生命本体意义的真正超越。

二、赏石美学范畴的多义性、模糊性和辩证统一性

这一特征主要是我国古代唐宋时期古典赏石文化的影响,传统感悟式直觉思维方式不是依靠理性的分析,抽象思维,逻辑推理,而是通过诗、词的方式,从审美的感性活动中,自然山水和观赏石的艺术感性体验中,整体地领悟到审美客体所隐含的意韵,直接的把握自然风暴、山水、宇宙人生的真谛,达到一种审美的理想境界。明万历年间林有麟的专著《素园石谱》,采用了图文结构的文化反映方式。其中描写意境的诗文有"石尤近于禅,莞尔不言,一洗人间肉飞丝雨境界",把赏石意境从以自然景观的缩影和直观形象的美结合。以抽象思维来反映人与自然统一,偏重整体的直观把握,却忽视精确的内部构成规律与逻辑的关系。受传统观赏石美学的思维影响,内涵无明确的界定,因而常表现出多义的和模糊性的。

同时我国古代也有很多的辩证法,《易传》和《老子》构成中国辩证法传统的两大源头。由此,古代这朴素的辩证法思想影响一直延续至今,在这样的影响下,呈现了互相矛盾、互相依存、互相制约、互相转化的对立统一的关系。如"虚"与"实"、"情"与"景"、"形"和"神"、"韵"和"意"等。赏石的审美范畴的这种多义性,模糊性和辩证统一性,在"意境"这一美学范畴中也得到了体现。先秦时期围绕着"言"与"意"关系的各种主见,如火如荼的哲学争论播下了意境追求象外之象,味外之旨的种子。然而意境的突破是有限的,张文勋在《儒佛道美学思想探索》中说道:"境外之境虽然和前一个境有一定的内在联系并具有定向性,但它却不是固定的。"它完全是因为审美的主体不同而具有差异。比如白居易《花非花》所论:"花非花,雾非雾,夜半来,天明去,来如春梦几多时,去似潮云无觅处。"这样,时隐时隐,时虚时实,令人回味不已。同时意境即是情与景又是虚与实的统一,又具有唯证的统一性,意境往往能够化实为虚,借物寓情。达到心物交融一体,使石之艺术品产生强烈的艺术感染力。在赏石时,诗赋的表述,意与境、造景很重要,造景是使视觉感观力愉快的手段,景无情不发,情无景不生,在赏石诗歌创作时,我们务必做到,不以虚为虚,而要以实化虚,化景物为情思,情至理。内容与形式的高度的心境应合,神形兼备的艺术意象体系。并具有言外之意,弦外之音的艺术感染力,具有让人想象、联想的心理时空和进行艺术创造的无限天地。

三、赏石美学范畴的动态变异性

中国古典赏石文化美学意识起源于感性经验,经过了北晋、南北朝、唐、宋、元、明、清的过程,后又俗成代代相传沿用至今,逐渐明确、完善意境的范畴,也属于历史性的范畴,其内涵伴随时代的迁移,赏石艺术不断发展,新石种不断出现,其内涵有差异性、多义性,但又有历史连贯性、一致性,我们还是用"意境"来举例,意境的范畴其内涵伴随着时代的变化和推移,赏石艺术的发展不断更新和发展,在长期的艺术实践抽象概括出来的理论范畴,它的形成的背景可以上溯至南北晋朝,魏晋美学以及随唐佛学的本体来讨论,自魏晋到宋唐诗词,画等艺术有关"象"与"象"外、"言"与"意"外、"形"与"神"外、"虚"与"实"在、"情"与"景"种种关系的讨论,使意境这一概念在争鸣中发展、成熟。丰富更新了观赏石自身独立的内涵,唐宋、明清就已初见成效。意境作为理论的范畴在观赏石中,刚才提出,但它一定是中国赏石艺术中固有的审美特性,在唐宝历二年(827 年),白居易在苏州作《双石》诗有曰:"苍茫两片石,厥状怪且丑,俗用无所堪,时人嫌不取。一支可吾琴,一可贮吾酒,峭绝高数尺,坳泓宏容一斗。"后又有作一诗"回头问双石,许我为三友。"用石作为拟人化的友,情景、虚与实,深切的感悟,赏石精神所在,还有很多的诗人如牛僧儒、李得裕、柳宗元、杜缩等,赏石旨在于宇宙与天地之间人生的真谛,因而,"意境"的范畴,在漫长的赏石文化史中,已成为中国赏石古典美学的最具民族特色的范畴之一,也充分反映了内在的动态的变异性是存在的。

四、"以物观物""以我观物"的哲学认知和作为审美的认知方式交融的艺术观方式

"以物观物""以我观物"的哲学认知和审美认知方式,是中国赏石文化特有的艺术审美的方式,"虚静格物""以物观物"作为哲学认知的方式,就是体制,道家思想的哲学启示,道家认为宇宙的本源,本体是"道",而"道"依照自然的法则运行不息,周流不止,因而可获得绝对自由的方法通过"心斋""坐忘"的方法,消弭"物我"的界限,达到"静虚""无为"的精神状态,完全超越个体的自我,与宇宙同一境,方可通过"意境"的有无,深与浅来衡量、评价观赏石艺术的成败、优劣。作为观赏石的审美认识方式,就是体认到"物象"的美,把握住与物象的特征,所契合的象征化,物化的"人格""人情"以及一切与人"有关意义"的反应形式。中国古典赏石的艺术观照,就是"以物观物"的哲学观照,与"以物我观物"的审美观照的统一,中国哲学中的"虚静说"告诫我们要虚静、忘我,不能任情、任我。在古典赏石中,常常看到一些诗,比如杜甫《终南别业》"行到水穷处,坐看云起时",太湖石记中有"三山五岳",百洞千壑,甬见缕薐宿,尽在其中,百冈一拳,千里一瞬,坐而得之。这些诗都是以物观物的典范,中国美学还有"比德"说"移移说"使中国人素有"仁者见仁,智者见智",以我观物,所以有"泪花问花花不语,乱飞过千秋去",因我观物的审美观照,基于了外物的真实情形、特征,在哲学的认识之上,这就是"以物观物"和"以我观物"形成交融。出于观我者物于境,又可转变成观物者多于意,二者常互相错综在三维的《人间话》有曰:"以我观物,故物皆着我之色彩。"以物观物,故不何为我,何为物者,在虚静的状态中,情景相交,情与景会,采用审美的观照方式,就是两者之间的交融方式。中国传统古典的审美方式,其目的都创造出能够唤出赏析者的联想和幻想的空间,我们要把古代赏石的美学理念,结合当今众多石种的内涵,创造出具有现代和古典赏石美学的新理论,我们尊重古典赏石美学的特殊性,"意境"是中国古典美学独具民族特色的范畴,并且有足够的条件让后现代人去研究与达成共识。对于每个人都具有"后现代"审美的创造能力。共同作出观赏石美学的理论和实践的课题,追根溯源,继承开拓出中华民族特质的观赏石文化美学理论。

第二节　观赏石的形为根

石之形,表天地灵秀,千里泅湄,可清炼甘醇,辞华菁繁,鲜幽玄奥秘,石成不易,劳体成役,沥历艰辛,才修成形,形为赏之根基,融文化之。得形知贞淑,趣成慧彰,石性坚柔,以壮人魂,去噪心宁,达天人合一。余物不可及也。

每方有形的特质,也就是形的语言:石形表述的语言是非常丰富的。在"形"这个字意汉字的解释：为体表仪态、样子、表现、情形等。观赏石之形的理解，是表象和形状二者合一的两个基本特征。这是一个广而泛的概括，深究其"形"状有：奇、怪、玄、稀有、难得、特殊、瘦、漏、皱、透或禅等的个性特征。"表现"奇妙，出人意料，不可思议，亢奋，难忘，无物堪比的思维空间。

中国人对石产生的兴趣，主要是形的存在；它的外表和内涵，都有着人对石猎奇的因素，人产生了对石的好感是由于它涵富了艺术的气质。比如说特级品，是由于天然而成的石与人类某个思维物象的存在很像，或者是意象，产生了艺术的理念，是直觉或表象的表现。因为心灵只有借造，赋形，才会有直觉。特级艺术观赏石对赏析者是有强大冲击和震撼的直观感受的。比如说台湾戈壁的"红烧肉"和五代南唐宋宝晋堂的遗物叫"玄芝岫"的黑灵璧石，都堪称观赏石中无上的妙品。

"红烧肉"（图4-2-1）堪称台湾"故宫博物院"三宝之一，闻名世界。形似中国每日都在耳闻眼实的可餐的猪肉，石体完整，形象生动，色有锦黄之丽，皮细光亮，瘦肥分层清晰，皮之毛孔都能有惊人的相似。皮下之肉，仿佛与真正煮熟的肉有一模一样的甜腻之感，在朴实中能见拙憨。石贵天然，主要表现在于审美之物外在的形索意后让我们感受石美灵魂所在。

图4-2-1

"玄芝岫"（图4-2-2）这方灵璧石，是一件传统有序的石玩，香港苏富比拍卖公司2008年拍卖，此方石上面有米芾、元虞、明文徵明、文彭、文嘉等的铭文题字，曰：爱有异石，征自灵璧，匪金而坚，比玉而栗，音协宫商，采殊丹漆，形状怪异，不像一物；表面有水冲刷留下的水道，皱纹，沟壑纵横，脉络杂陈，不名一状，无本无根，初视之甚至令人有恐惧之感，简直就是一团黝黑，一团混沌。

形的存在，带给了观赏者感悟自然之灵逸而又惊叹天地自然方魔力。形是赏石的根本，好的石形，无论体积大小，但能感悟山川秀华在胸，养人之浩然之气，能让人感悟古木幽涧之静适。人以物象变化而产生情感，客体石与人主体相对时，形可以以石形体现，造人的心境，让人奋神而意蕴幽玄。赏石大多数都是以赏形为主，形越好艺术潜质越高。物此心造，一石多赏，在一石中赏出石的文气、大气、骨气、清气就是形好的石头。让观赏的人穷尽情思，襟袖飘然，忘乎所以，悟文、写诗、造画、奏乐，那一定是形的美、形的雄、形的奇、形的像产生的效果。石之形，是美哲之源，创作之根，所以说形为根应该为赏石的根本。

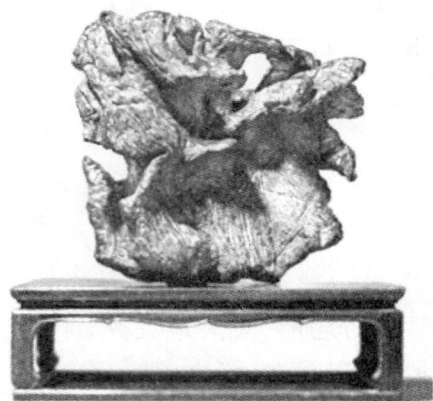

图4-2-2

第三节　观赏石的质为砖

质宝乃文显,型呈像而质,呈内敛之阴柔,其性温和,质气纯厚,石方显琬琰之美,色另有乾坤之德之意,无意秀天工之淑,而石承天德生万象,型质双馨乃佳品也。

石有矿物结构不一,如质自峥嵘,其赏无疑,其功别勋,质有载之意。型好质不符,绝非由质去定好坏,质次非石差,质出天工,质为石之载道殊情,质腻则图秀,质粗则意豪。质与型,纹色各载风骚,并驾齐驱,应按鉴评等分化之。

质指石的本质,是决定观赏石优劣的根本。质为砖之,质好肯定石佳。

质是指石的质地,质的文字表述往往是:玉质感,硅化好,结构缜密,质地坚硬,包浆浓郁,石皮厚,光洁度好,温润。在看了实物后,有表述:陶质感,蜡质感,或者用"光泽"来表述:土状光泽,瓷感光泽等,人与石的对话,石呈现了细腻,明亮的光泽,产生了雅美、秀美、晶莹剔透的感悟。

质地也是评判石质的重要因素,能将石和玉、玉和玉、石和石的不同矿物成分分解出来,给我们的价值判断会有重要的理论依据,要通过经验判断,科学仪器测量结合评估时限基准日来做系列的推敲和取值。

第四节　观赏石的色为藩

人悦色而意畅,色达物性。石无色不美。方可饰文移情,物无色非美,石色纯乃贵,犹人之着裳,人裳匹配,人美裳丽,石与色合美轮美奂,天成之色,当恭敬之,自然之朴,人当辨色娱情,石色当步自然之道,谓之神色也在观赏石的语境中,色成天然,乃之珍贵。石的色无奇不有,评石的表述当中,有色纯、色艳、色平淡、色纯度、鲜艳度,无论怎样的千姿百态的色泽,我们应该按极好(特级)、很好(一级)、好(二级)、一般(三级)来表述。

每个单体的观赏石都有不同的色种,我们在现实生活中,采用红、黄、黑、白、紫、蓝、青七大色系来归集它,在中国色的系统中,颜色的工具书列出了2000条以上的颜色术语。正常用肉眼辨别出的约150种,观赏石由于二氧化硅、铁、锰、铬、磷、低价铁、高价铁等等矿物侵蚀的因素,也会在很多时候产生复条或杂色。对于石体中,以什么样的色为主调与什么样的次色相携,我们在价格评估的表格作出说明就可以了。

颜色赋予了石的奇魂,可沁人心脾,赏石色可会心成趣,装饰石的形态更有亲和之感,将自然之色丽,揭秘石之矿物的成分,让我们石的文化更充满无限的魅力。

第五节　观赏石的纹为基

石纹乃石之艺术之基,造意之本。在甲骨、钟鼎古文中,它是原始时代"文身"的象形字,本意为"花纹之纹"。唐朝诗有曰:"浪滔犹见天纹在,一石揽尽太古风。"赏纹当去芜而求精粹,借纹之主题,扬美智根本,万纹皆通哲理,千纹勾形雄气奔,百纹幻星辰耀跃,解纹悟道者,思势出青溟之高,解天纹呼。天纹何物? 非人代天而宣,启思纹悟也。

观赏石中纹的形成原因非常复杂,不管以何种原因形成的纹,纵横交织,错落有致构成了形式之美。

纹的描述有很多:点、颗、片、粗、细、隐、显、凸、扭、转、离、合、连、条带等,由于天然的特性所在,给予了我们无限的想象空间。欣赏石纹,会让人有质感更强,空间感加大,动静、虚实等客观的感应。

比如说一方名为"岁月"(见图4-5-1)的来宾水冲石,石的形为老树根异之状,而纹如千年苍古古物,拙笨而自然的石体上,有细纹、粗纹盘绕,深浅回环,有剔空的洞穴附于其中。圈和洞线勾勒了树的纹理,自然和谐,纹的装饰显出苍劲有力,岁月之足迹艰难,形成不易之感。

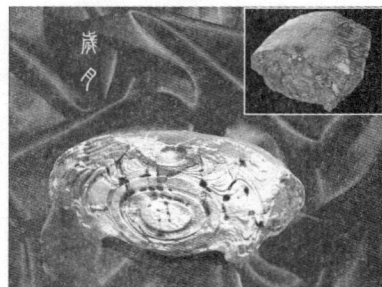

图 4-5-1

在评估纹理的表格描述时,我们根据实体石的纹,来看情况。比如大化石,基本上多是水草花纹,也有点颗状的纹,还有细、粗线组合并存的纹,这需要看石的主题思想反映来呼应效果。纹的艺术美,有些是难以让人想象的艺术韵味。

长江石(见图4-5-2)写意勾线状纹理;

戈壁石(见图4-5-3)不规则粗线条黑色与棕色的条带纹理;

大化石(见图4-5-4)片状棕色与浅灰色点状纹理、含锈红色细纹水线纹理。

图 4-5-2

图 4-5-3

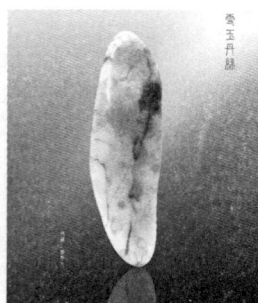

图 4-5-4

第六节　观赏石的意韵

所谓的"意"是指心所攀比的外物,意思非常接近。"意"和"象"是几乎完全相同;哲学家王弼予以折中说:"言生于象,故可以寻言已观象;象生于意,故可寻象以观意。"

所谓"韵"是指石体的表现,是石本身和"意象"的存在的转换,是赏析后形神合一的风姿、体态、风骨、刚柔之美的表述。

我们通常描述雄峻、清透、大气、高古、静谧、律动、风流、含蓄、飘逸、丑拙、儒雅、轻盈、富丽、畅神、朴美、富态、素雅、简约、秀逸等,都是有了"意"。取名得意,是综合了石的形、质、色、纹之意。需要观赏要素进行去粗取精、去伪存真,由表及里反复思索,在运用形象思维的同时,还要逻辑思维参与作用于心智和心力,人石合一,互动产生的主观意识,意韵往往是最难表述和捕捉的。

石"韵"的把握,在于韵者,隐迹立形,石形构成了物的存在,则韵似在其中,形得于意,占主导地位。"韵"才可以浮出,韵需有依石法则,运转变通,不质不形,默契神会,故有意韵内涵丰,寓意深刻,才能惊叹大自然超凡脱俗之感。

例一,一方"春水新荷"的河南梅花石(见图 4-6-1),通过赏而得意,石为图纹之石,点颗不规则纹理的石英,次生矿受铁、锰等矿物影响,有粉红、白色、绿色的花瓣点缀,纹呈此石,春水淡荷,石性秀丽清华,石纹的布局合理,如同绘画一般,浅淡相彰。石相自然秀灵,透着灵华、朴美的意韵,赏可舒展精神心志,清淳而和气,有风静烟澄的气韵。

图 4-6-1

例二,以表石之艺术描述:

命名:明镜(见图 4-6-2)

赋诗:淑雅青明镜,黛环携丽镶。

意韵:形如古镜,纹开黛环,翠黄镶丽,淑女梳妆之物。

形:形如镜,石体饱满。

质:质透瓷感,温润细滑。

色:色以翠黄为主调,棕墨相携。

纹:自然流畅,凸现主题。

石论:形明物象,纹呈展理。赏石方形现宽大丰盈,上凸出下凹进,左边稍斜宛秀,右边丽平慧圆。视物至明理,得形悟道。赏石知物性,意在彰贞淑华美。思畅可闺阁韶秀,对镜自盼。端庄贵宝,天成雅物。

例三,以表石之艺术描述:

图 4-6-2

命名:威仪(见图4-6-3)

赋诗:虎虎生威盛世旺,虎跃虎腾四海欢。

意韵:王者威仪超凡者,猛视概然神生风。图呈茂林,散英雄之气,兽中王者威震四方。

形:形饱丰伟,吉兆之赏。

质:质为陶感,包漆浓郁。

色:丽黄与棕黄相携,墨松染浸石体局部,过渡自然。

纹:图纹乃天成虎纹,图像清晰,似虎过丛林,隐身于草木之茂,健步于松岗之中。

图4-6-3

石论:赏纹识物,理推之逻辑。乃认识在于实践与理论之中。石有岐同,美之竟也,求大同去小意。成仁智。运心化。去杂芜而求精粹,乃赏石之精要之。

第七节　美与观赏石的关系

观赏石的价格评估离不开美。美是醉人的,是让人感动和主动想关注、拥有的,自从有了人类文明以来,不同时代的人们都在沿着美的踪迹,追求美的本质,探求美的秘密,用各种表达的方式,谱写美的乐章,有了对美的追求,空虚的精神世界充满了勃勃生机。观赏石是地球的母体,早就存在,本来无可稀奇。观赏石从水里打捞出来,从地上捡起来或用重金购回。一旦我们从美的视野去欣赏和审度它的时候,那石就有了文化艺术的生命。可依形、质、色、纹,掌握石之四大要素的关联性,形为根,质为砖,色为藩,纹为基,乃意境造化的客观之物,缺一不可。千人千赏,百人百观,如取意差之千里,何故,人文深浅,其思索而不一,人赏石乃悟道,得形取意,得质思宝,得色娱情,得纹鲜混沌开智,可言不足达意,却惋惜也。意韵综解石之逻辑,美之潜情,依人掘之。需功夫,思维严谨,意韵乃石外之功,无形无质,目为心境,文启心丰博,时空变化,细微揣摩,才能生浩气之灵感。如思无崎岖,意将无力,如思无奇,将文而平化也。诸众因合一体,凡将不凡,平将藏玄,韵才可巧夺天工,修石入骨,成正果也。天下艺术源自石为根本,石独占天地之精灵,其外物可谓比之?

要善于处理美和观赏石之间的关系:美无处不在,而对于很多人来说,只是缺少发现,不是缺少美。

在赏石的过程中,确实每一方石存在有很多美的内涵,但是要发现美,找到美,对石之美的追求"完美化"还需要有适应环境的特定空间,补充石的附加值,除了对四大要素的解读之外,配座、命名、灯光效果、影像、光碟辅助功能是不可以少的,追求艺术的完美是赏石艺术的至高境界。

良好的审美修养是观赏石的重要课题,早在唐宋时代,庭院、厅堂早就让石有了高贵、独立的展示平台,马克思在一百多年前就明确指出,如果你想得到艺术的享受,那就必须是要有美的修养。一个重要的原因在于人要按照美的规律来塑造对象和自身。审美意识是人类自我意识的重要表现形式。

人的活动与动物不同,动物的活动是无意识的,猴子出行,狼、企鹅等动物都是成群结队的,似乎很有组织,但只是他们的生物本能。蜜蜂的蜂巢尽管营造得很有次序和精妙,但是这种活动和存在仍然是其本能所为之。而人类在征服自然和改造自然的活动中,融入了一盒自有自觉的创造精神,实现了人类创造性的实践。在实践的基础上,又形成历史,形成了人对现实的各种精神关系。如瘦、皱、漏、透、形、质、色、纹、韵,论理的、人文的、宗教的关系,等等。而人对现实对象的审美关系,就是人们以情感观照的方式来把握现实的观赏石的美。人们通过审美的情感体验去反映客体石,去创造理解观赏石之理想表达形式,去按照美的规律,改造石的世界。1104 年,崇宁三年,宋叶梦得《石林燕语》记载:"(米芾在今安徽无为县北)知无为军,初入川廨,见立石颇奇。喜曰:'此足当君拜,遂命左右取袍笏拜之,每呼曰石丈',言事者闻之论之,朝廷亦传以为笑。"米芾还为拜石之事自画《拜石图》。元代倪瓒为此作《题米南宫拜石图》"元章爱砚复爱石,探瑰抉奇久为癖。石兄足拜自写图,乃知颠名不虚传。"这段话记载了米芾对石的审美对象的狂热,在诗人和画家的眼里,对美的理解是无处不在。(明)文震亨所作《长物志》,记载着以园林构想为依托,详尽设器物,是宏大而全,简约而丰堪称明士大夫生活的百科全书。"长"音"丈","长物",在那时说是多余之物也。沈春泽《长物志·序》中说:"于世为闲事,于身为长物,而品人者,于此观韵焉,才与情焉。"士子之人格乃是赖文化而生,在晚明那个政治黑暗而世人个性解放的时代,格心与成物构成了最精彩的景象。"长物"对启美而言,是其人格的寄托,是承受生命的意义载体,是一种绚烂至极而归于平淡的意境。《长物志·水石》说:"石令人古,水令人远,园林水石,最不可无,要须回环峭拔,安播得宜,一峰则太华千奇,一勺则江湖万里。"前句言石令人生反璞之思,引人做清隐之想,后句示于细微处览山水大观,意境深涧或玩家圭臬。

《长物志·水石》及《长物志》中描绘了审美世界中人与动物的关系,在诗人眼中,江湖、海、天空、山体、万千气象,是有生命自然存在,诗人、画家把变幻的自然景象与自己的美感与石交融在一起,从而达到了物我不分的统一境界,《素园石谱》记载,张秋真人所藏的研山,诗人赵孟頫咏:"泰山亦一拳石多,势雄齐鲁青巍峨。此曰却是小岱岳,峰峦无数生陂陀。千岩万壑来几山,中有绝涧横天河,粤从混沌元气判,自然凝结非镌磨,人间奇物不易得。一见大呼争摩挲……"这种境界正是人与石对象世界审美关系的体现。

审美活动是人类文化创造的重要形式,因此,也是人类自由精神的体现,在美的世界中,我们更能够体验出人生的意义与美好。中华赏石文化源远流长,具有独到的魅力,更是世界唯一的个性文化,中国赏石美学思想滥觞于六朝,至唐宋而显盛,降明清铸辉煌,而中国美学思想的萌芽,于西周末期,奠基于春秋战国时代,在当时百家争鸣的文化环境中,各种美学思想争奇斗艳,观点各异,后经过了漫长的实践,形成了儒家、道家、禅宗三种思想为主的三大源流。也形成了我国赏石文化始而至今的三个赏石阶段的转折点。美的起源始于石,美在赏石中的意境、意化、意韵是通过发现才能实现的,反映"真、善、美"是赏石的至高境界的反映。

第五章　观赏石鉴评

第一节　观赏石鉴评的标准化

一、观赏石鉴评标准化的意义

我国的赏石文化源远流长,观赏石以其特有的魅力,吸引着全社会越来越多的人欣赏、收藏和经营。而观赏石鉴赏、鉴评工作的标准化和规范化是赏石界一直以来极为关心的一件大事。中国观赏石协会成立后,即将制定《观赏石鉴评标准》列为重要工作。

2006 年,中国观赏石协会成立了《观赏石鉴评标准》研究制定小组,在参阅了有关赏析、鉴赏观赏石的文章与专著的基础上,认证研究关于标准制定的原则及观赏石定义、分类鉴评要素等问题,经过广泛征求意见和试行,不断修改完善。2007 年 9 月 14 日,《观赏石鉴评标准》作为部颁标准,由国土资源部正式发布,并于 9 月 20 日实施。2012 年至今,在部颁标准的基础上, 研究小组还在进行修改完善,争取申报成为国家标准。

二、观赏石鉴评要素

我国传统的观赏石鉴评要素"瘦、皱、漏、透",相传源于宋代书画家米芾总结出的"相石四法",这些观赏要素,强调了以赏形为主,这也是中国古代文人普遍的赏石方法。

自 20 世纪 80 年代以来,中国兴起的赏石文化热潮,彰显出赏石文化地域的广泛性、审美的多元性、流派的多样性,由此,传统的"瘦、皱、漏、透"等赏石鉴评要素,无法满足现代人的审美理念,从而逐步兴起了以"形、质、色、纹、韵"为鉴评要素的新的审美理念。

随着观赏石文化事业的不断发展,中国观赏石协会的成立,摆在工作主要位置的申报《观赏石鉴评标准》, 于 2007 年 9 月 20 日由中华人民共和国国土资源部颁布实施的中华人民共和国地质矿产行业标准《观赏石鉴评标准》,既明确了"观赏石"这个定义,也明确了观赏石鉴

评要素包括基本要素和辅助要素两大类,基本要素包括形态、质地、色泽、纹理、意韵,辅助要素包括命题、配座。

通过这几年的实践,根据赏石文化发展的需要,从 2012 年开始,又对《观赏石鉴评标准》进行修订完善,并申报为"国家标准"。其中,对观赏石鉴评要素和标准进行更合理的细化和完善,总体内容没有大的变化,具体类别归属更趋合理。分成自然要素和人文要素两大类。

(一)自然要素

指观赏石自身反映出来的物理、化学特征,具体表现为形态、质地、色泽、纹理四个要素。

形态:观赏石的外部形态,包括其体量、外形和石肤。鉴评主要根据石体形态奇特、形象生动、寓意深刻及石体的完整程度等。

质地:包括观赏石的硬度、润泽度和粗细度等,鉴评质地,一是对观赏石总体质地鉴评,即颜色、光泽、形态、完整度及质感等;二是指观赏石的质感,它的质量或致密程度,即石体的虚实、软硬、石肤、结构构造等。

色泽:指观赏石的色彩、光泽和透明度。鉴评色泽,单色要察其色度和饱和度,复色视其对比度和协调度,以色泽自然为美。

纹理:指观赏石上显示的花纹、图案或文字。鉴评主要考虑纹理清晰、图案精美、寓意深刻等。

(二)人文要素

人文要素主要体现人们对观赏石的认知、意会、感悟及艺术创作,包括观赏石的意韵、命题、配座与传承。

意韵:意韵是透过观赏石的形态、质地、色泽和纹理等要素综合反映出的神韵和意趣。鉴评主要考虑观赏石的形态生动、意韵深远和主题明确。

传承:指观赏石的交流、交易、换手的沿革过程。鉴评主要考虑其历史传承是否有序并有据可查,有历史文化内涵。

命题:命题是指观赏石的题意、主题思想。鉴评主要要求命题要贴切生动,寓意深刻,并有较强的艺术性、科学性和丰富的文化内涵。

配座:给观赏石配置几座。鉴评配座,要求座的材质优良、工艺精美,造型典雅并烘托主题。要顺其自然,相得益彰,不喧宾夺主。做到底座因"善解"而居功,赏石因底座而"立世"。

三、观赏石鉴评标准

我国的观赏石鉴评,自古以来只有鉴评理念和鉴评要素,没有建立明确的鉴评标准。2007 年颁布了《观赏石鉴评标准》,才确立了正规的标准。

观赏石的鉴评,依据观赏石的类别,结合形态、质地、色泽、纹理、意韵、传承、命题等要素综合评估,但同一鉴评要素在不同类别的观赏石中的标准也不尽相同,它们的权重(即分值)也不同。

(一)造型石鉴评标准

自然要素:形态 30 分,质地 15 分,色泽 10 分,纹理 5 分。

人文要素:意韵 15 分,命题 10 分,配座 10 分,传承 5 分。

（二）图纹石鉴评标准

自然要素：纹理 25 分，色泽 15 分，质地 10 分，形态 10 分。

人文要素：意韵 15 分，命题 10 分，配座 10 分，传承 5 分。

（三）色质石鉴评标准

自然要素：色泽 20 分，质地 20 分，形态 15 分，纹理 5 分。

人文要素：意韵 15 分，命题 10 分，配座 10 分，传承 5 分。

（四）矿物晶体鉴评标准

自然要素：形态 20 分，色泽 20 分，质地 20 分，组合 20 分，稀缺 10 分。

人文要素：命题 5 分，配座 5 分。

（五）生物化石鉴评标准

自然要素：品种珍贵 30 分，保存完整 20 分，生动美观 20 分，修复精细 20 分。

人文要素：命题 5 分，配座 5 分。

（六）陨石类鉴评标准

自然要素：品种珍贵 30 分，特征明显 30 分，体量硕大 20 分，形态美观 10 分。

人文要素：命题 5 分，配座 5 分。

第二节　观赏石自然要素的鉴评

按照《观赏石鉴评标准》和修订的方案，鉴评要素应能体现观赏石的完整性、美观性、生动性、神韵性，这是总的原则，观赏石鉴评的要素分为自然要素和人文要素，自然要素有形态、质地、色泽、纹理等。

一、观赏石形态的鉴评

（一）观赏石形态的概念

观赏石的形态，包括观赏石的体量、外形和石肤。体量是指观赏石在三维空间的几何尺寸。鉴评中主要考虑观赏石形态奇特、形象生动、寓意深刻及石体的完整程度。对观赏石形态评价以奇为绝，以巧为妙。

观赏石的形态，是由内动力地质作用育胚，外动力地质条件（风化、剥蚀、搬运、磨砺、溶蚀）等作用下形成的自然外观形状。观赏石的外观形态（包含造型石的形态和图纹石的图像，矿物晶体的晶形等）是否具有观赏价值、艺术价值及科学价值，要与人文、艺术、文化及科学研究结合加以观察，要用我们掌握的文化、艺术知识，以审美的观点去评价观赏石自然形成的形体美，才能得出客观的评价。

（二）观赏石形态的成因

观赏石的形态，是由内动力地质作用及外动力地质作用影响而形成的。

内动力地质的几个重要因素，一是岩石的矿物组分，二是岩石的物理、化学性质，三是岩石的结构、构造（致密程度），四是构造运动强弱不同（石体破碎的程度、体量大小）等是观赏石成"形"的基本条件。

外动力地质作用,则对观赏石"形"的形成起决定因素。日晒、雨水的剥蚀、风沙的吹蚀、流水的冲蚀等外力作用的强弱程度直接影响观赏石的形态。受外力地质作用形成的观赏石,有几种不同的形成环境及特点:

1. 风化残积、坡积型。一般指岩石受雨淋、日晒,产生裂隙,长期被溶蚀,形成漏、透、瘦、皱等不同外形,其特点是溶蚀后,石肤较粗,形态变化甚大,棱角尖锐。如灵璧石、太湖石、英石、墨石等。

2. 水、流水的洪积、冲积型。主要是地表水流动等作用,包括江、河、湖水在流动过程中产生对石体的搬运、翻滚、撞击,既磨蚀又溶蚀,使石形成各种形态,其特点是水洗度好,石肤润滑,有包浆。

3. 海浪型。海岸边的岩石经风化破碎,受流水搬运至潮间带,经潮汐海浪的冲蚀作用,石肤光洁度显得粗犷。

4. 风成型。在戈壁沙漠地带,受大陆性气候影响,寒暑剧变,空气对流强,风沙大,一是风的吹扬作用,二是风携带吹扬物质对石体的磨蚀作用,如风棱石(风励石)。其结果是石体棱角明显,有的有包浆(沙漠漆)。

5. 洞穴型。岩溶地区的洞穴,地下水的溶蚀作用形成形态万千的钟乳石,如石笋、石钟乳、石柱、石花等。

6. 结核型。即赏石中称"石胆",在沉积过程中的化学沉积中形成,有硅质、铁质、锰质等结核,形态多呈圆形,很少棱角状。

7. 矿晶型。即在矿床中有适宜空间,按各类矿物的结晶习性形成的具观赏性的矿物晶体。

(三)观赏石形态的观赏特性

观赏石的形态,有几个明显观赏特性。

1. 形状的怪异性。石体的外表特征十分奇或怪(怪异有具象、抽象和意象之分)。如果让人感到石的形状少见、难得、出人意料,顿觉喜欢(传统的"漏、透、瘦、皱",也体观赏石之怪异),这便是形状的怪异性。

2. 形象的生动性。即石体的形状与物体的相似程度。赏石者一般会用熟知的物象对照,看是否像什么,其实石本身是没有生命的,一旦见像什么,自然有新奇感,而且往往像得越逼真生动、活灵活现,就越感奇怪,这就使其产生生动感。

3. 形意的鲜明性。即石的形体特征是不是显出示意效果,表达了鲜明的象征意义,这就是抽象的意思,象征某种意思。这类观赏石,有一种是强调某物体的个别特征来象征该物体,要察其神韵,形意传神,有神就有韵。

4. 石体的完整性。石体各部位无缺损就是完整,同时整体构架要协调,结构要合理,没有崩、损,石体各部分比例合理,呼应有致,配置得当,整体协调。

(四)观赏石形态的鉴评

《观赏石鉴评标准》中对造型石的形态释文是造型奇特优美,婀娜多姿,观赏视角好,能以形传神;对图纹石的图像释文是图像清晰,画面完整,有整体感。

造型石的形态是立体的,有具象、抽象和意象三类:对于具象石来说,像到极致,像到逼真、传神,品位自高,具象到什么程度以及其稀缺性是评判等级的首要元素;而对于抽象的形,要求像出气质,像出风格,像出韵味,以其韵美为主要特色(柔美、阳刚、娴静、热烈、张扬、妖娆、端庄、俏皮……);对意象类的形,基于其形,察其神韵,形似而传神。

图纹石的形态是平面的,主要取决于石体表面的端正、圆满、工整、台阶及坑、洼、膈裂等,形成对图纹主题好坏的辅助作用,强化图纹主题即为好,而其纹理构成的形,要求画面清晰,形象完整,构图合理,有整体感。

1. 造型石形态的鉴评。

(1)具象类,以其造型奇特逼真为特色,即石体的表象特征与具体的物体或物象极为相似,求形象,赏其貌。

鉴评中,抓住具象类观赏石的突出要素——形态的奇特,具体像什么或像到什么程度。如果奇特到少见,观后有冲击力,使人感到诧异,非同一般,顿时喜欢。说明此观赏石具象很逼真,品位很高。

如《喜鹊登枝》(图 5-2-1),形态逼真,比例协调,形神兼备。喜鹊的外形特征明显,头、身、尾部大小、长短比例合适,上突的头部,尖出的喙,涨鼓的腹,向后长长伸展的尾,加上眼部和翅膀的纹理,与活体喜鹊形体相似无二;色彩柔和,背部褐棕色,腹部色稍浅,包浆厚,光泽润,质地致密坚实,更可贵是鹊头显得有神,尾部也活。喜鹊登枝,寓意深长,如意吉祥,观之喜润心田,现于眉梢。观察时,要选好角度。此件石品观赏角度佳,观之产生动感。

图 5-2-1 喜鹊登枝

如《慈航》(图 5-2-2),这是枚一眼看去就令人心驰神往的奇石。其独特的木质肌理,天然的木质卷纹遍布石体,恰似浮云,动感十足,气象万千;而其奇异苍朴、瑰丽华贵的色泽更令人遐想。水浪高脚架,动感飘逸,轻盈精巧,将木化石顺势托起,有如逐浪轻舟,意在千里,动静虚实之间令欣赏者有一种飘然若仙的感觉。整件作品很好地把握了虚实、平衡、动静、稳健的美学原理,给人的视觉享受是不言而喻的。

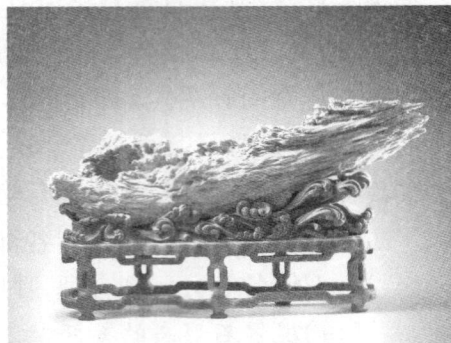

图 5-2-2 慈 航

(2)抽象类,以其神韵美为主要特色,其表象特征与具体物象或物体极不相像。这一类观赏石,是通过石体显现出的意蕴和神态来领悟其神韵美,求含蓄,赏其韵。

抽象石要抓住其个别特征象征某种物体或以整体气氛表现某种抽象概念,主体是察其神,能传神就有韵。

如《较量》(图 5-2-3)，显现的是一种抽象美。其造型似两位摔跤手在较量，一位两腿站稳用劲，另一位起一腿发起冲击力，力图将对手扳倒，十分形象，而色彩的配置也很得体。此藏品似一件精致的工艺品，从神韵方面品赏，两者僵持，又显得滑稽，虚实相托，观之回味无穷。

图 5-2-3　较量

如《佛光千手》(图 5-2-4)，体态大度，整体雍容，能容天地，大气雄浑，内显剔透玲珑，蕴秀灵，青黛嶙表，纹丽琼肌，幽壑灵秀，飘逸而不张扬，格调高雅而气度潇洒，通体显佛光，宝气呈祥瑞，灵岩神韵清淳而又雅致，给人感觉人天和谐，生机盎然。

(3)意象类，以其造型既像又不像为特色，即石体的表象特征与具体物体或物象介于像与不像之间，只是形似，但要传神。意象类观赏石求似像，赏其意。

鉴评意象类观赏石，要基于形，重于神，在观其形过程中察其神，有神就有韵，有韵就有思想和主题。

如《小天鹅》(图 5-2-5)，既像又不像，可以叫小天鹅，也可以称雏鸡、小鸭。该石特色非常明显，墨绿色，水洗度好，轮廓线条优美、流畅，奇特的形体中最称奇的是细脖子。相当重量的头部，是一个弯得十分优美的扁细脖子在支撑着，下部似身子显得十分稳重。正因为这个十分弯曲和张扬的脖子，

图 5-2-4　佛光千手

弧线的弯度甚大，加上有神的头部，使该石形神兼备，表现出一个活灵活现的小生灵，是那样的天真无邪，而又显闲逸。有神就有韵，有韵就有意，有意就有生命。此件藏品之所以珍贵，是石体头、脖、身的组成。那扁细脖子如何支撑起此石体，是在什么样复杂的环境下形成，过程之复杂，形成之神妙，充满神秘感，有一种极大的震撼力。

图 5-2-5　小天鹅

图 5-2-6　鲲鹏展翅

如《鲲鹏展翅》(图 5-2-6)，其色彩十分丰富，光泽突显，质感玉润，结构致密，恰如一件玉雕佳品，通体透出珠光宝气。此石纹理秀美，线条流畅，恰似雄奇的鲲鹏，昂首挺胸，脖子与前翅根部凹槽，展示出大鹏振羽待腾飞的姿态。近于具象的立面造型，仿佛雄大的鲲鹏屹立在祥

云缭绕的峰端,志在千里,目标高远,其神采流动,气韵高雅,体现出坚强精神和意志。

2. 图纹石形态的鉴评。图纹石以具有清晰美丽的各种纹理、层理、斑块为其主要特征,常在石面上构成艺术图案。根据图纹石的特征,对其"形"的鉴赏,主要有两个方面。

一是石之表象特征,即石之形体。因为图纹石的"形",尽管有些纹理是浮雕状的,但其"形"还是以平面形式来显现的。因此,要求石体本身的形态要端庄或者圆满,形体的变化与其石表的图纹要配置合理,画面位于石体中的位置要合比例,形体要互相呼应;石体中的凹凸部位,不能有损于画面的构成,石形的变化,要有助于画面图案的合理搭配,更能体现出图纹构成的主题。如果石体的形态,与画面的配置,观之使人感到自然、合理、浑然一体,有助于主题的体现,这种石形是好的。

二是石表纹理构成图案、画面的形。要求反差大,画面清晰,构成画面像形状物,形象要完整,章法合理,纹理不乱,粗细、疏密、浓淡等展布自然,主题明晰,这就是对图纹石画面形的要求。

图纹石中的"形",同样也体现出有具象类、抽象类和意象类,鉴赏时可参照造型石类中的这几种类型的特征。图案画面的表象特征与具体物体或物象极为相似,求形象,属具象类;图案画面的表象特征与具体物体或物象极不相像,是通过画面显现的意蕴和神态来领悟其神韵美,这是抽象类;图案画面的表象特征与具体物体或物象介于像与不像之间,只是形似,即为意象类。当然,图纹石要求画面与具体物体或物象多数为具象类,对极不相像的画面不能太牵强。太抽象就不一定能领悟其神韵了,画面太乱,构成体现不出其主题,就不要牵强其为抽象类,这与造型石类中的抽象类在鉴赏中是有不同要求的。因为造型石类的形是石体外形,有立面造型体现三维空间,而图纹石是通过平面的纹理构成来体现其三维空间的。

二、观赏石质地的鉴评

(一)观赏石质地的概念

观赏石的"质",有广义和狭义两种。广义的"质"是对观赏石的总体评价,指观赏石的颜色、光泽、形态、完整度及其质感等;狭义的"质"是指观赏石自身的质量,表现为石体本身的软硬、轻重程度、虚实、疏密、结构、构造、粗糙、致密及温润程度。

(二)影响观赏石质地的因素

决定观赏石"质"的因素是各类观赏石的物质组分及其结构、构造。"质"同时还取决于从原岩分离出来后的风化程度。

观赏石"质"的主要决定因素是其物质组成或化学成分。自然界各种矿物,按硬度分为10个等级。而从矿物本身性质看,一般分为硬质、次硬质、软质、最软质。目前已发现的观赏石,多数是硬质(主要含 SiO_2)矿物组成的岩石及软质岩石(主要含 $CaCO_3$)。硬质的观赏石是含石英多的石种,如黄河石、长江三峡石、雨花石、九龙璧、黄龙玉、三江红碧玉、大化石、彩陶石、来宾石、大湾石、马场石、黄蜡石等。软质的观赏石是以碳酸盐类形成的观赏石,一般可刀刻,如太湖石、英石、墨石、灵璧石等。观赏石的化学成分和矿物组成是相应的,SiO_2 成分的观赏石比较坚硬、致密、耐磨、抗腐蚀性强。$CaCO_3$ 成分的观赏石易磨、易溶蚀,形成"瘦、皱、透、漏"形态。化学成分与抗腐及抗风化能力有直接关系,化学成分稳定的,抗腐抗风化力强。

影响观赏石"质"的因素还有观赏石的结构构造。结构致密的岩石,耐磨性高,长期受流水、风沙冲刷磨蚀,表面光滑,手感细腻润滑,如雨花石、三峡石、九龙璧、大化石、乌江石等。而结构松散或颗粒粗的,岩石表面显得粗糙。岩石的构造,对观赏石外形的形成也是十分重要的因素,构造的均匀与不均匀,有层理的,裂隙构造发育的,形成各种不同形态的观赏石。观赏石的"质",由于受风化作用程度不同,形成观赏石的质感也不同。

(三)观赏石质地的鉴评

《观赏石鉴评标准》中对质地的释文是韧性大,石肤好或差异风化强,光洁细润。

观赏石的不同材质是形成不同石种的基础,但在同类石种中,观赏石的"质"仍客观存在等级,我们要学会分别看待。不同的"质"反映不同的观赏价值,会有高低之分。

如《清风绿玉》(图5-2-7),造型完整美观,线条流转顿挫,平和间富有韵律,动静皆宜,敦厚温婉;石肤润泽,质感细腻;色泽浓郁醇厚,墨绿、棕赭过渡自然,宛如唐三彩的釉面,神秘而优美;纵横交错的纹理流畅而多变,深刻浅划间营造出一种"清泉石上流"的光影效果。

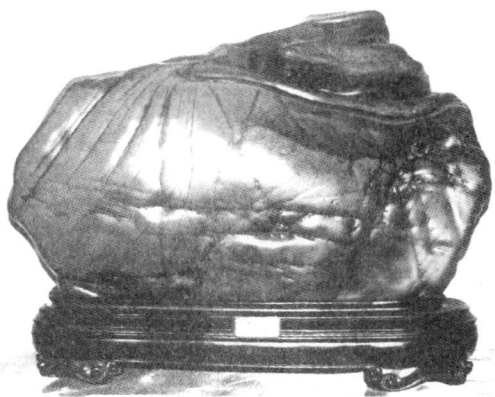

图 5-2-7 清风绿玉

如《沙祭》(图5-2-8),细腻温润,包浆醇厚,质感柔滑,波澜起伏间蕴涵着广博的韵律,具有非同一般的亲和力。有人说,它不仅仅是视觉、触觉的享受,就连嗅觉、听觉、味觉也会得到奇妙的感应。是岁月如何的洗练,才使得原本粗糙的石头出落得这般沉静与温柔,浅浅的,柔柔的,凝结成这一抹沙丘,微澜起伏间隐含着脉动。温和淡雅的色泽,甚至让人联想起极品巧克力的香醇。

(四)色质石质地的特色及鉴评

观赏石的质地,在现代的赏石理念中,占有十分重要的地位。一件石品,其形、色等要素基本相近,则首先选质好的,品石、论石,重在察其质地。因此,在修订《观赏石鉴评标准》时,色质石列一石种。

图 5-2-8 沙祭

从古到今,人类赏石,追求石之品质优良。从目前发现古人类的各种石器,包括工具、饰品、礼器,都是石质好的。如右江新石器时期的石器,多数是用百色硅石(透闪石软玉)制作的,石器之后发展为制作各种玉器。我国的玉雕艺术,历史悠久、工艺精湛。当然,收藏和鉴赏观赏石,并不是非玉质石不可,因为观赏石的质地美,是多种多样的,对观赏石的质地,有几个要求:

1. 坚硬。硬度高的观赏石,抗腐抗压,耐风化,利收藏,一般说,硬度高,韧性强,相对名贵,摩斯硬度7以上的都属宝石类,目前国内产出的名扬海内外的观赏石,如葡萄玛瑙、戈壁石、雨花石、大化石、彩陶石、来宾石、九龙璧、三峡石、黄河石、黄龙玉、黄蜡石等,摩斯硬度都在5以上。这些质地坚硬的观赏石中,葡萄玛瑙、雨花石、大化石、彩陶石、黄龙玉、黄蜡石便是色质石。

2. 密度大。观赏石内部结构致密细腻,质感好,细嫩、滑润。越致密的石体越坚硬。如九龙壁,角岩化、密度大;大化石、黄龙玉等密度也大。

3.润泽。凡结构致密的观赏石,经自然冲刷磨蚀后,石肤润泽。有的石种,如黄龙玉、黄蜡石、大化石等,在水中和沙泥物质中,长期受水中和沙泥中各种矿物质作用,"浸泡滋养",显得十分润泽。

4.纯净。指硅化或玉化程度高,成分单纯、杂质少,有的观之感到纯洁、素雅、清爽。

5.完整。整体感强,少隙或没有崩损,给人完整美观的感觉。

赏"质"首要的是:坚硬、细腻、温润、纯净,质地也必须与所反映的观赏主题相吻合、匹配,不然再好的"质"也不会为观赏石加分。

三、观赏石色泽的鉴评

(一)观赏石色泽的概念

观赏石的色泽,包括色彩和光泽以及透明度,两者既相互联系又有区别,都是自然界物质对光的作用的反映。光是一种微粒作波浪式运动的结果,人们肉眼看到的称可见光。可见光依其光波从短到长,所形成的颜色依次为紫、蓝、青、绿、黄、橙、红等,不同颜色的光具有不同的穿透力。作为受光体的不同物质,对光的吸收和反射能力也不同,又形成各自不同的颜色,同时,物体受光面不同引起对光的不同反应,给人以不同的光感,这就是光泽,所谓色彩和光泽就是这样来的。

(二)观赏石色泽的形成因素

观赏石的色泽,是由组成岩石的矿物所含的色素离子、致色元素和带色矿物的不同种类、分布状态及含量多少决定的。色有原生色(矿物元素的自然颜色)和次生色(风化后形成的颜色)两种。原生色是组成岩石的矿物元素原来固有的颜色,如金的金黄色,绿泥石的绿色,萤石的紫色或绿色,辰砂的鲜红色,碧玉的血红色或墨绿色,碳元素的黑色等。次生色是岩石、矿物经风化成的颜色,有的是原矿物颜色经风化失去,变成其他色,有的是元素致色或其他矿物的染色。

1.离子致色。即金属阳离子起成色作用,其中也有几致色作用,一是各种金属阳离子,各有特殊离子致色作用;二是同种金属阳离子以不同的化合价出现,也会出现不同的成色作用;三是双重离子致色,如观赏石中有的呈现几种颜色及色晕;四是在一件观赏石中,有的既有原生色,也有次生色,或者有双重离子致色,如果是多种致色作用,则出现丰富的色彩。

2.矿物元素致色。矿物元素有其固有色,属自然色,自然色可以使岩石致色,如黑色元素碳颜色稳定使岩石呈黑色。有些岩石的节理裂隙及毛细孔,遇到亚铁或高铁离子则可以致色成黄、褐、黑等多种颜色于孔隙中,形成一些草花等花纹图案。三峡的图纹石、国画石,广西的国画石等属于此类。矿物元素的颜色,使一些观赏石带有明显的原色,如铜离子使孔雀石成绿色,铜蓝为蓝色。黄龙玉,黄蜡石的黄色、金黄色,是铁离子染色的结果。风化作用对观赏石的颜色也起着重要作用,如湖北风化壳型的绿松石是含铜、含磷线性致色形成的,风化壳型矽卡岩铜、铁矿床线性风化壳形成绿色孔雀石,广东阳春及湖北产的孔雀石即是这种类型。从观赏角度讲,色泽的纯正、协调、美妙,能充分反映石种特征是最重要的。传统石种中的太湖石、灵璧石,都以素雅如水墨的色调赢得文人雅士的厚爱。尤其是灵璧石,其肌理细腻,滑润,浓黑隐黛,摩挲日久,光鉴夺人,须眉可鉴,石凸处内光外发,稍凹处温润含蓄,深凹处大朴内藏,令人折服。

然而,观赏石不可能永远追求一种色调,随着多元化的赏石人群参与,特别是改革开放以来,赏石文化的飞跃发展,新石种的不断发现,将现代赏石带入了一个色彩斑斓的缤纷世界。

其中色彩比较出挑的有:大化石,珠光宝气、富贵吉祥;彩陶石,沉静优雅、稳重端庄;沙漠漆,艳丽绝伦、逗人心动;戈壁石,变幻神奇、色彩斑斓;乌江石,素洁雅致、趣味十足;三江石,鲜艳夺目、热烈似火。各种观赏石争奇斗艳,演绎了观赏石舞台的满园春色。

(三)观赏石色泽的鉴评

《观赏石鉴评标准》中对色泽的释文是色泽艳美,柔顺协调,颜色对比度好,光泽感强。在赏石实践中,要注意其特色和影响因素。

观赏石的色泽美,有其特色:一是观赏石色泽,要求是石之自然本色,是其矿物组分原有的色泽,不能有任何人为改色;二是观赏石的固态物质,其自身硬重,石的颜色是实色,有不浮不飘的凝重感;三是观赏石之色,质色统一,不是浅和薄,而是从石体中透出的色泽,表里如一;四是观赏石矿物的复杂性和多重性,因而对光的反应是多样性,这也使色泽产生变幻,这些色彩的不同显现,使人感到新奇和妙蕴。

在鉴评观赏石色泽时,要注意一些影响因素。

观赏石色泽是否美,与石体表面的光洁润泽有关,光洁润泽的石体,对光反应敏感,会增强色彩的鲜艳度和光泽的丰满,粗糙的则反之。石肤是否光洁,取决于石的结构,还取决于石体被流水、风沙侵蚀的程度。

观赏石的色泽美,与石之纹理有密切关系,因为石的色泽变化,有的是通过纹理来体现的,美丽的色纹,同样是色泽美的重要组成部分。

观赏石的色泽美,与石质的致密不可分,质纯色正者,其色泽体现出秀丽雅致。

观赏石的色泽美,它的表现形式是多彩多姿的。色有单色,有复色,其色调有浓淡,就有艳丽与淡雅,色彩的变化,就会有巧变和变幻,其光泽有明暗,可显现宝光和土光,休整色相,也会有高贵和素雅之韵。

如《江山多娇》(图5-2-9),七彩构成的纹理,变化有序,粗细、宽窄、大小各异的弯度,走势流畅。一道道彩纹,似长江,像长城,如黄河,露黄山,现泰岳,异彩显现,锦绣中华,神州大地一派生机。赏色要看亮点,对于各种观赏石,对色必须分别对待:艳如桃花是美,浓妆艳抹是美,素淡清雅是美,浓墨隐黛是美,珠光宝气是美,沉静高雅还是美。而在评定色彩的等级时,则以色彩协调,最能反映该观赏石特征,使人解读不尽的色彩为极品。色彩鲜明绚丽,金、橙、朱、赤,变化细腻,在黛青底色上交相辉映,尤显璀璨,纹理自近至远由密至缓,界

图5-2-9 江山多娇

面清晰,重峦叠嶂有如秋日夕照之远山,层林尽染,风光无限。

如《钱源》(图5-2-10),此方孔雀石青翠可人,色泽浓郁而深邃;表面光泽柔和曼妙,受光衬出的晕圈随肌理由缓至密地升级而不断变化,宛如丝绒质感;造型奇巧如钱币堆砌的古井,层层叠翠,其中泉(钱)源暗涌,绵绵不断,使人联想起招财聚福的吉祥主题,让人爱不释手。孔雀石乃矿物石,一般都有采集断面,往往影响观赏效果。此方孔雀石的断面刚好在底部,因此四面可观,相成难度也很高。其配座工艺精巧,造型紧扣主题,整件作品相当完整。

图5-2-10 钱源

(四)色质石色泽的特色及鉴评

观赏石的色泽主要取决于石的物质成分、结构构造,岩石的不同物质成分对可见光光谱做选择性吸收和反射,使岩石呈现出不同的色彩。

观赏石的色彩,对人产生美感效应。当观赏石以它独特的色泽美进入人的视野时,人对色泽美的心理活动,愉悦之情随之而生。一件观赏石,以其鲜艳的色彩、和谐的色调、丰富多彩的色相,反衬清晰的物像突出的主题,给人一种自然美的感受。

色质石色泽的特色:

1. 浑然天成。追求天工的自然美是我们必须坚持的赏石审美理念,人为造色是违反赏石审美原则的。

2. 随类赋彩。无论具象或抽象的观赏石,只有当颜色与形态互相呼应,表达出造型艺术客观地接近原生状态时,天公作美之感,也就油然而生。

3. 纯正为上。纯正是一种品质,天然纯正的观赏石太难得,所以我们见到颜色纯正的观赏石会特别钟爱。

4. 巧色对比。颜色之间的调和,往往会产生美妙、协调的感觉,色与色之间的强烈对比所产生的视觉效果,较之单色更加完美。

四、观赏石纹理的鉴评

(一)观赏石纹理的概念

观赏石的纹理,指石体上显露出的花纹、图案或文字。有的是色纹,有的是石脉线条变化形成的花纹、斑块,也有线条、花纹、斑块共组的图案。

有的纹是石表纹,主要表现为:平、斜纹,点、线纹,粗、细纹,面、块纹,卷、直纹等,鉴赏时希望通过石纹的深浅、韵律来增加观赏石的看点;有的纹是由原岩的天然色彩,不同粗细、纹理、层次和板块构成的平面曲线图纹;还有的纹是由石表裂纹、凹凸以及矿液浸染而呈现出可供观赏的纹。造型石主要呈现第一、第三种纹;图纹石主要呈现第二、第三种纹。两者之间纹理的组成不同,看点不同,鉴评的分值也不同。

（二）观赏石纹理的成因

观赏石纹理的成因有以下几种：

1. 由沉积作用形成，即沉积物在沉积过程中，搬运有分选，物质有叠加，粗细、软硬更替，这样形成不同的层纹或色纹，如层理纹。

2. 由变质作用形成，变质作用矿物重结晶，不同成分有不同纹理以及色的不同形成的纹理，也有些置换矿物不同形成的纹理。

3. 由火成作用形成，火山喷发及岩浆侵入作用都可以产生纹理。

4. 由构造运动，褶皱、断裂形成的波状纹或构造岩的纹理。

5. 由风化作用、矿物色离子致色形成的纹理，如三峡石的图纹，国画石的图纹等。

（三）观赏石纹理的观赏特性

观赏石的纹理，一是显现的形式千姿百态；二是组合的形式千变万化。

1. 对石体图纹的观赏，有以下几个特性。

（1）纹理清晰。即纹理走势鲜明，要有层次感。

（2）示意明确。组成画面、象形状物，要让人觉得其构成有意思，或者有主题，不管是具象、抽象或意象，从不同角度能使人破解、玩味。

（3）画面协调。石上很多纹理是杂乱无章的，一些石体画面一旦出现有序或相当有序，就生美感。所以纹理的有序性和协调性是衡量图纹石的主要尺度。有序和协调，就是纹理要繁简得当，画面所在石体的位置要适中。

2. 图纹石强调意境高远，画面韵律感强，图面完整。像到极致，寥寥几笔和大写意，则可视为佳品。由于纹已成为欣赏的主题，分值含量大大提高，对纹的评价要考量的就更多。赏图纹石，只有源于自然而高于自然，能印证世界万物意韵，给人以美的享受、有艺术内涵的图纹石才能称为观赏石。赏图纹石一般都希望纹理丰富变幻，呈像逼真，纹中出趣，兼具内涵，自然清晰，神韵皆备。

3. 造型石的纹要与赏韵相结合，纹的艺术表象必须与主题相结合，造型石以赏形为主，纹为附属。石纹、图纹整体分析，分别欣赏，意韵结合，不要视而不见，也不能无限夸大整体图纹。

4. 打磨图纹及改形图纹石，鉴评图纹时需与书画艺术比较，要求更为严格。

赏图纹石时有一种观点需要纠正，那就是将石表纹、原岩色纹以及裂纹等搭放在一个主题里观赏。另外需注意的是，若以欣赏原岩图纹及浸染色纹为主，那就要求石面越干净越好；若欣赏的是以石表纹为主的图纹石，则要求其余杂色越少越好，也就是画面干扰越少越好。

（四）观赏石纹理的鉴评

《观赏石鉴评标准》中对纹理的释文是清晰流畅，自然别致，曲折有序。纹理的鉴赏、鉴评以具有清晰、美丽的图纹为主，同时要注意纹理真伪的鉴别。

按纹理构成，可分画面石、纹理石和文字石三类鉴评。

1. 画面石类鉴评。画面图案清晰，有画意，逼真别致，主题明确，能表达一定意境。景观求境，人物传神，动物有趣，抽象要耐观，有韵味。

画面石的特色，即图面逼真，浑然天成，意境清晰，寓意深远，形神兼备，色彩明快，对比度强，主题意韵明确，令人遐想。

如《云山》（图5-2-11），一般九龙璧石，造型石居多，尤其景观石类是其主要造型，画面石则较少。《云山》之画面，似一幅山水国画，近山、远山，中部是一大片云雾，布白占很大画面，虚虚实实，这正是中国山水画的章法，酷似一幅山水写意画。

2. 纹理石类鉴评。纹理石主体是由纹理组成，不一定构成有具象的画面，有一些有十分流畅又有韵味的纹理，还有的十分抽象，但有深远意境。

纹理石，其天然纹理，线条走势变化有序，自然流畅，特别是一些色纹是很难人为假造，但也有些纹理石，如卷纹石，有人为刻纹造假，这要细看纹的走势是否自然，还有凹纹是否有自然的"沁"。人为的也许有粉状物，是刻粉。而天然的是风化作用的"沁"，两者是不同的。

纹理石的特色，即纹理清晰，线条流畅，花纹别致，意境深远，形神兼备。

如《魁星》（图5-2-12），这方卷纹石的纹理流畅婉转，连绵不绝，层次清晰而富有动感，巧妙地勾勒出老者头面、身型、衣饰、袍带等重要的形态，使得造型完整立体，惟妙惟肖，极富趣味，真所谓鬼斧神工，让人感叹。

如《层峦叠嶂》（图5-2-13），这方三峡纹石石体基色纯白，黑色线条，反差明显，由近至远，从深到浅，层次感强，弧线柔顺，飘逸流动，清爽淡雅。

3. 文字石类鉴评。文字石是由不同矿物或不同色纹构成各种文字。一般呈现各种文字，字体与底色反差大，在石体的位置适中，图面比例协调，与现有文字书体越逼真，就越珍贵，品位越高。

文字石的文字，是由线纹组成。从目前见到的各种文字石的纹，多是石中的石英脉或方解石脉，也有一些其他矿物形成的脉。一般说，纹与基质，其凹凸变化是有不同的。石英脉较硬，耐风化，石面上多显为稍凸的纹；方解石较软，易风化，多为凹陷一些的纹。总之，画面不是很平整光滑的。

文字石的特色即字形逼真，结构完整，书有章法，笔

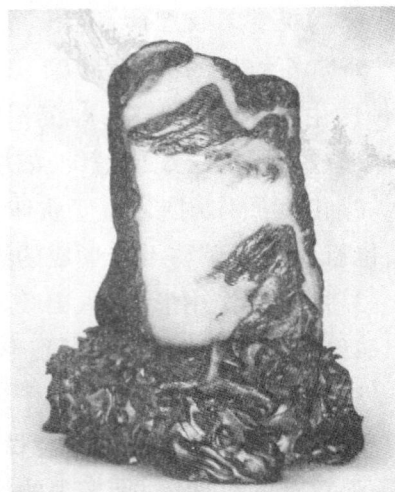

图5-2-11　云山

图5-2-12　魁星

图5-2-13　层峦叠嶂

力遒劲,色调明快,对比度好,字迹完美。

如《缘》(图 5-2-14),是大化彩玉石中极少出现的文字石。该石完整,色彩丰富,釉面润泽,"缘"字居于石面的中上方,位置适中,显得大气厚实。狂草笔画老练刚劲,飘逸洒脱,末尾如龙尾飞飘流畅,凸字色浅,如精刻于彩玉石上。再加上此石集大化彩玉石的各种优点,石的色彩有金黄、褐棕、金红、浅黄等,花纹浅现,浅色"缘"字构成画面极富图案韵味,"缘"字呈金黄色,加上该石大气,显得雍容华贵。

图 5-2-14　缘

如《福》(图 5-2-15),这方九龙璧石,墨绿的底色,金黄的纹组成文字"福"。字体笔法雄浑,庄重有力,字居石面之中,字笔法布局合理,反差大,也是典型的文字石代表。

第三节　观赏石人文要素的鉴评

赏石,是一种文化现象,人们在赏石过程中,首先是要通过鉴赏观赏石的形态、质地、色泽、纹理等自然要素,在这个基础上,结合观赏石的命题、配座、传承。综合这些要素,反映到人们的大脑,就会产生想象和分析,感悟出赏石的精神意韵,这个赏石过程,其实是赏石的人文要素在起作用。人文要素即观赏石的意韵、命题、配座、传承。

图 5-2-15　福

一、观赏石意韵的鉴评

(一)观赏石意韵的概念

赏石者在欣赏观赏石的形、质、色、纹这些外部特征时,最终是围绕"神韵"来感悟大自然鬼斧神工之魅力。所谓"神韵",是对观赏石"精、气、神"的感悟,同时还包括对观赏石命题、配座的感悟。

观赏石意韵,就是指通过其形态、纹理、色泽等所透出的精神韵意。要善于从有形感悟出无形的东西,真正领悟观赏石的神韵意趣。

(二)观赏石意韵的意会与感悟

赏石活动是人类的一种精神活动。石头本没有生命,而观赏者面对一件观赏石,其质、色、形、纹都会对感观产生刺激,反映到人的大脑,就会调动生活经验、文化修养、艺术悟性、鉴赏理念,进而产生联想、想象、分析、判断,此时,石头仿佛有了生命,思维活跃,各种观赏要素之间,也就流动着某种似乎可以感触的东西,即石的神韵和意趣。

1. 意韵的意会。东方的赏石理念,其实是有径可循的,如:

具象类,要求形象,赏其貌,察其是否形神兼备。观其形,察其貌是否有神、有形,惟神动气活者为上品,所以要细察石之气神韵貌。

抽象类,要求含蓄,赏其韵,要察是否貌韵生动、抽象。要知无形依然有貌,不以形传神,必以貌示韵。

老子说的"大音希声,大象无形",无形即有形,这个形,就是观赏石的整体面貌和风格。我们要透过其"貌"察其"韵",穿过其"风"审其"格",有韵有格,就是有神。《素园石谱》中明确指出:"石有形有神"、"至其神妙处,大有飞舞变幻之态。令人神游其间,是在玄赏者自得之"。这既肯定观赏石神韵客观存在,同时认为其神韵"飞舞变幻",是要靠自己的悟性了。

意象类,求似象,赏其意,察其是否真正神似。

古人言"不似为欺世,太似为媚俗",最好是"似与不似"之间,这是中国传统画论,确有道理。观赏石是天为的,很难做到每个局部都十分逼真,只能够传神,达到神似就不易了。有的石品,并不十分具象,但仍可以让人感觉生动活泼,神采流动,气韵高雅。我们不要拘泥于形,要能虚实相兼,意念与形象并存,基于形,重于神,赋神于形,促形现神。

2. 意韵的感悟。观赏一件石品,靠我们发掘、认识、领略观赏石所蕴涵的意韵,赏石者应从中得"意"。

得"意"全在于心。"石不能言",主要是靠石之形态语言、纹理语言、色泽语言及其组合。我们要对各种观赏要素,运用形象思维的同时,还要逻辑思维的参与,要用心智和心力,特别对那些观赏石要素繁复、似此又彼、似无又有、似显又隐、似是又非的意思,要形象、唯物、思辨,谓之心德,有心德才能有心得。

得"意"还在于径。也就是说要循着观赏石之意的显现规律去探幽。观赏石之意不仅是多隐的,还是多重的,即有层次的。赏其意由浅入深即:意趣、意境、意义。

意趣,指意味和情趣。好的观赏石应是意味深长,情趣盎然,相石时,从观察石表特征进一步品析石中包含的意味和情趣。

意境,指情调和境界。好的观赏石应是情调雅致,境界高尚。这是在获得观赏石意趣的基础上,进一步对观赏石内涵的把握。

意义,指思想和主题。好的观赏石应该是思想明确,主题积极。观赏石的主题思想,是其意趣、意境的进一步集中概括。而主题思想,也总是会反映在相应的意趣、意境之中。观赏石是天然艺术品,艺术品一般都有寄兴遣怀、比赋影射等表达之意。观赏石能表达动人的题旨,更能引起观赏者的共鸣,这是每位赏石者所追求的。

(三)观赏石意韵的鉴评

《观赏石鉴评标准》中对意韵的释文是文化内涵丰厚,意境深远,形神兼备,情景交融,含蓄回味。

如《红河魂》(图 5-3-1),大气磅礴,像一头醒狮,霸气十足;也像一位极目远视的老者,神采奕奕。它又如神秘的红水河,越过云贵高原的崇山峻岭,永不停息地奔腾而来;它又以其突显的珠光宝气,集红水河产出的众多名扬海内外的石种优点之大成,从石体的质感、机理、加上视觉和触觉感观,集

图 5-3-1 红河魂

中体现了大化彩玉石形奇、质优、色美、纹丽、内涵丰富的特色于一身,蕴含河之韵,更是石之魂。魂,是一种精神,体现红水河的一种伟大精神。特别是其玉一般的质地,丰富的色彩,润泽的肌肤,由内往外透出的珠光和色泽,神奇妙蕴,达到极佳的境地。

如《舞动》(图5-3-2),此石形体轻灵,纹理变化复杂。作者抓住其"舞动"的主题,用轻巧的紫檀苏式几架,顺势托起了一处空灵的咏叹。在亘古不变的岁月面前,懵懂顽石亦可洒脱如此,人又当如何领悟呢?这充满张力的造型,虚怀若谷的风范,承载得起世人的任何礼赞。

再如《笑纳天下》(图5-3-3),说它笑口常开,天庭饱满,德慧充盈,大腹能容,开怀永乐,心态平常,既是人格化表述,更寄托一种精神。象征中华民族,平凡而不平庸,柔韧而不懦弱,自信而不张扬,高贵而不傲慢,唯愿世间太平,和谐共处。

图 5-3-2　舞动

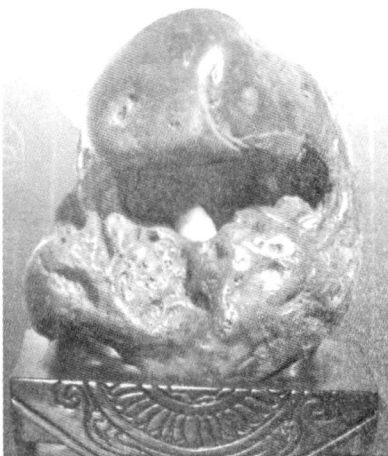

图 5-3-3　笑纳天下

二、观赏石传承的鉴评

(一)观赏石传承的概念

观赏石的传承,是指观赏石的交易、换手的沿革过程,也包括在历史传承过程中的人文因素。

(二)观赏石传承的意义

传承,是一种文化现象,是观赏石历史演进过程的真实记录,具有历史意义;而各个历史时期,又存在赏析者的不同观点的取向,有不同的文化内涵;观赏石的交易、换手,也能反映观赏石各个阶段的价值体现和人们不同的赏石理念。

(三)观赏石传承的文化内涵

观赏石,从被人们觅石发现那一刻始,就记录着它的演进和传承的历史,人们发现观赏石,绝大多数都经历交换、交易、换手、展示或收藏,每个过程都沉淀着它的历史印记和文化内涵。

1. 观赏石的发现,首赋其文化内涵。发现者首先初识它的神奇之处,也许是其形态的奇特,也许是它质地之优良,也许是它色彩的协调佳美,或许是它的图纹秀雅,这些要素透出观赏石的神态和意韵,有神有韵,就有思想和主题。

2. 通过交流或交易,获得者给它配座、题名,这些是人们赋予的文化内涵。

3. 在赏析、鉴评、交流过程中,人们又有新的发现,赋予其新的内涵。

4. 在交易、交流过程中,记录着其演进的历史,这里又发生很多故事,也彰显出其深层的文化。

(四)观赏石传承的鉴评

观赏石的传承受中国传统文化的影响,有不少典型的例子。如瑞云峰、冠云峰、玉玲珑、邹云峰等都是观赏石传承的范例,这也是先贤们留下的宝贵的文化印迹。

观赏石传承的鉴评,着眼点应是其沿革过程的鉴评:

1. 产地、发现的年代应有记载;

2. 交易、交换的记载;

3. 各个历史传承记载是否有序;

4. 传承的历史是否有据可查。

我国幅员辽阔,观赏石品种繁多,目前发现的就有几百种,还有很多亚种。浩瀚的、以千万计的观赏石,要做到每件观赏石都建档是很难的,这给观赏石的传承带来很多困难。而观赏石的传承又是不可或缺的,我们有义务共同努力,让观赏石文化世代传承。一是每一石种,从发现到演进,应该有相应的记载;二是中国的名石,都应立档传承;三是入选《中国石谱》的名石,都应有传承记载,各个省(市、区)的石谱中,每方石也应有传承的记载;四是一些未能上石谱的名石,也应有传承的记载;五是中国观赏石协会和各省市赏石协会,应创造条件建立主要石种档案。

第四节 观赏石鉴评标准的应用

《观赏石鉴评标准》是现行的行业标准,我们应该认真学习,提高对观赏石的鉴赏水平,在各种活动中准确应用,促进观赏石鉴评工作的标准化和规范化。

一、观赏石的等级

观赏石鉴评的等级,即鉴评标准。在鉴评工作中,要依据观赏石的类别,结合形态、质地、色泽、纹理、意韵、传承、命题、配座等鉴评要素进行综合评估。同一鉴评要素在不同类别的观赏石中的标准有所不同,按不同的鉴评要素定出不同权重(即分值),总分为100分。

(一)等级划分

观赏石等级的划分,按百分制作分级标准:

1. 特级:总计评分在91~100分。

2. 一级:总计评分在81~91分。

3. 二级:总计评分在71~80分。

4. 三级:总计评分在61~70分。

(二)等级鉴别

观赏石等级的鉴别,根据不同的石种,其级别鉴评及分值级别是不同的。

1. 形态的级别鉴评及分值级别参考。

(1)形态的级别。

特级:毫无人为加工、天然有根;造型生动、变化独特(相对一个石种本身而言稀少);大小适中(相对该石种最能够体现韵味的尺寸),前后、左右、上下比例均匀;摆放角度多样;四面可视,独具神韵。

一级:天然完整,无人为加工;造型奇特,四面可视;石势均衡,重心稳定;左右、上下比例均匀,有韵味。

二级:造型特别;主视面完整,平衡、稳定,上下比例可以;背、侧面略有破损。

三级:造型完整,有变化,上座方便,比例不够协调,而且观赏面单一,或局部有破损、修改痕迹。

(2)分值的级别。

观赏石的形在实际鉴评的打分过程中,我们通常可将分值分为五等,按特级、一级、二级、三级、等外来表示。其中特级品的分值应达到指标总分值的91%~100%(即如果形总分为50分,那么达到特级品的形的分值在45~50分之间,以下类推);一级为81%~90%;二级为71%~80%;三级为60%~70%;等外品级为总分值60%以下。

观赏石的形,内涵是十分丰富的。形是鉴赏、鉴评观赏石的首要基本要素,在鉴评标准中形的评分分值占总分值的40%和50%,我们在赏石时,要做到全方位观察形,认真研究形,细心品赏形。

2. 观赏石质地级别划分参考。

观赏石的不同材质是形成不同石种的基础,但在同类石种中,观赏石的质仍客观存在等级,并且是要学会分别看待的。不同的质反映不同的观赏价值,会有高低之分。

特级:石质坚韧、石肌紧密、自然风化有包浆、有水洗度、有磨圆度、质地脂润、纯净、细腻、无杂质。

一级:石质坚硬,石肌富有特点、自然风化、基本无杂质、温润细腻。

二级:石质坚硬,石肌特征鲜明、自然风化度稍有不够或有崩。

三级:石质坚脆,石肌干涩、有部分扎手的棱角或破损、崩口,有影响观赏的杂质。

3. 观赏石色泽鉴评级别划分参考。

特级:色彩鲜明,绚丽协调,最能反映该观赏石特征;色泽浓郁沉静高雅,使人解读不尽。

一级:色彩特殊,柔顺、清晰、稀少、协调。

二级:色泽和美、悦目、亮丽。

三级:色彩平淡、协调、有杂色。

4. 观赏石纹理鉴评级别划分参考。

特级:造型石纹理圆润光滑,变化强烈,突出主题意境;图纹石图纹有韵,清晰明了,画面生动。

一级:纹理、图纹清晰明了富有变化,布局合理生动传神,景物突出有诗情画意。

二级:布局稍有不足,主景突出,较清晰,具有诗情画意。

三级:布局不平衡,图面不完整,画形不达意。

对图纹石的评分,就像给字画打分,对鉴评者的艺术素养要求很高,不但要有很好的美学基础、书法基础,还要深谙观赏石形、质、色等要素的分辨等级。

5. 观赏石意韵级别划分参考。

意韵在观赏石作品中,主要体现在有与没有、好与一般之间,故可将"意韵"分为四级。

特级:鉴赏观赏石作品时,令人产生不可名状的冲动,惊叹大自然神奇,回味无穷,使人念念不忘。

一级:鉴赏观赏石作品时,使人有身临其境,心旷神怡,超凡脱俗之感。

二级:鉴赏观赏石作品时,使人感到协调、均匀、有美感。

三级:鉴赏观赏石作品时,使人感到基本协调,能体会美感,不唐突。

二、鉴评工作的组织

观赏石鉴评,是一项严肃认真的工作,必须按照《观赏石鉴评标准》严格组织实施。一是培育观赏石鉴评师队伍,通过培训使鉴评人员真正掌握观赏石鉴评的知识和方法,并在实践中不断提高鉴评水平。二是建设观赏石鉴评专家队伍,并建立观赏石鉴评专家库。三是在鉴评工作开展前,成立观赏石鉴评委员会或评审小组,评委最少由 3 人组成,按照鉴评工作量大小,数量可适当调整;评委队伍应考虑专业的配套。四是鉴评委员会制定好鉴评的具体实施办法,并且组织评委学习《观赏石鉴评标准》,熟悉鉴评办法。五是认真组织评委对参评观赏石逐一进行鉴评,统计评分,定出观赏石的等级,并作出鉴评工作总结。

三、鉴评标准的实施

观赏石鉴评工作,是鉴评标准的实施过程,观赏石鉴评标准的实施,有几个步骤。

步骤一:根据观赏石鉴评标准及鉴评工作的要求,制定出鉴评工作实施方案。按照需要鉴评的实物工作量,选择不同的鉴评办法及确定鉴评评委人选,同时按照鉴评的目的,对每件石品进行鉴评定级或评奖做出选择。如果是评奖,按要求评出各个奖项确定级别或名次(奖项),并对鉴评人员提出具体要求。

步骤二:选择好鉴评方法。鉴评方法有相对排序法及权重评估法。

1. 相对排序法:在参评观赏石的数量特别大的情况下,应采取相对排序法进行鉴评,一般情况下,评奖的多数采用此方法。

相对排序法:①初步海选。首先由鉴评人员对所有参评的观赏石进行初步筛选,然后以 1.5 倍或 2 倍得奖数量确定最终入选目标。②相对排序。经初步筛选确定入选目标后,由鉴评人员对每一件观赏石给出相对优先序次排号,最终由以下公式计算出它们各自的序次。

$$N=\frac{1}{M}\sum_{i=1}^{M}n_i$$

式中:n_i——每个委员给出的排序号($n=1,2,3,4,5,\cdots,s$)

M——参评人员的数量

N——最终的排序号($N=1,2,3,4,5,\cdots,s$)

此方法以 N 值最小者为优。该方法适用各类观赏石展会及相应的评奖活动。

2. 权重评估法:权重评估法主要依据《观赏石鉴评标准》,由鉴评人员对每一个鉴评要素进行评分、求和,然后依据所有鉴评人员总分的平均值来确定最终分值。

$$T=\frac{1}{M}\sum_{j=1}^{M}\sum_{i=1}^{N}W_{ji}$$

式中:W_{ji}——每个鉴评要素的得分;

N——鉴评要素的数量;

M——参评人员的数量；

T——最终得分

此方法工作量大,主要适合观赏石的评选与等级的确定。

步骤三:通过鉴评,最后决定奖项及观赏石的等级,依据鉴评结果出具鉴评证书或报告书。

四、鉴评工作的总结

鉴评工作完成后,要出鉴评报告书,而鉴评的最终结果是为参评的观赏石颁发鉴评证书。鉴评证书必须具备以下几个标志:

1. 统一编号:号码中应能反映鉴评组织单位、鉴评时间以及所在地等。

2. 观赏石的产地:观赏石产地,以县为最小行政单位,省市一级的可以到乡(镇)。

3. 观赏石类别、名称及几何尺寸(以厘米为基本单位)。

4. 鉴评等级,标明由专家或评审委员会确定的等级。

5. 鉴评时间。

6. 鉴评地点。

7. 防伪标识,加注二维防伪码标志。

8. 主办单位,应有主办单位或鉴评委员会签字盖章方能有效。

第五节　观赏石的辨伪

观赏石的造假已屡见不鲜,在全国各地都有出现,这无疑给赏石文化事业的发展带来一些负面影响。我们有义务去抵制这种行为,更重要的是我们在鉴评观赏石时,应懂得一些基本方法去识别真伪。

观赏石真伪的鉴别,有的要通过科学的方法去鉴别,作为赏石者,要掌握一些作假、制假的技法。有几点值得注意,一是对各地观赏石的特点要熟悉,真伪容易对照;二是要懂石质,造假多采用凿、切、粘、酸浸、切底、电钻、挫、喷沙等,对硅质岩类则采取描画、染色、打磨等方法;矿晶类则采取拼凑、染色等方法;化石类则采取模具、水泥、沥青倒模,残缺采取移拼、刻制、画等造假方法等;三是要懂一些地学知识,不同的矿物组分,不同结构、构造的石体,有人为的造型、添画线纹,其自然天成的原生态会受破坏则必有造假;四是要积累一些赏石经验,如观察石肤、包浆的不同,手感、水洗度的不同,天然纹理与人工纹的不同,天然色彩与添加色相的不同等。

观赏石的造假五花八门,总体说有以下几种现象:切割、钻孔、拼接、黏合、酸蚀、喷沙、雕琢研磨、描绘、填料填色、蜡染、染色、修补、模铸、粉胶合成、化学结晶等。

一、岩石类观赏石的辨伪

岩石类观赏石包括造型石、图纹石、色质石等。

(一)造型石的辨伪

造型石主体是其形态的奇特，人为造假主要是刻形、凿洞、粘缀、喷沙等(图5-5-1、图5-5-2)。

具象类观赏石，因其特点是逼真，所以对其真伪的鉴别很重要。太逼真，会不会有人为的现象，就要特别注意那些关键部位是否有切、磨、喷沙等。首先看石肤是否去包浆，还要用手触摸，是否磨得特别光滑。如果都没有包浆，要看不同硬度的矿物风化后的不同表象。一般说，硬的有凸出感，软的易风化会凹深一些，可用10倍放大镜来仔细观察。自然的形态是不允许人为造型的，人为造型就变成工艺石了。

抽象类观赏石，其真伪的鉴别，要抓住体现石体神韵的某些特征地方是否有人为痕迹。如抽象的摩尔石特别飘逸之处，或特别急骤变换的部位；又如灵璧石中的空灵部位以及嶙表和沟槽，有没有人为造势。一要看是否有包浆，包浆不明显时，要看那些嶙表线条走势是否自然，人为的纹线一般显得不自然或留下刻槽的刀痕。天然凹沟的粗、细变化自然，人为的则显得很少变化。如有些龙胜红碧玉或大化石，酸蚀或人为将破损部位修平。表象不易辨时，可用热水洗净，干后那些人为打磨过的部位会返白，破坏原石包浆的地方就可以看出来。南方有些地方产出的黑珍珠，有一部分打磨得很光亮，还有一些打磨成各种抽象的或具象的造型，都没有包浆，石表特别光滑黑亮，这一类石多为山石或岸边石的加工品，没有水石那种水洗冲刷的自然韵味，只能作为工艺石玩赏。

意象类观赏石辨真伪，侧重其像的部位，即传神部位是否有人为加工。鉴别也可用前述具象类和抽象类观赏石鉴别方法。

(二)图纹石的辨伪

图纹石观赏的主体是其纹理构成的图案、画面或文字，天然的纹理，在其构图中表现为在变化中是统一的，在统一中也是变化的。天然的图纹是石质的结构根据纹理的不同而显各异，石质纹理里外一致，而假的图纹，石质结构不会因纹理变化而不同，纹理仅表层显现。

图纹石造假，多数采用化学褪色或者染色，包括蜡染或染发剂(图5-5-3、图5-5-4)。甚至彩石也加色，不构成物像的添彩加纹。如黄河石，有的造假日月星辰，是用化学褪色或钻孔镶嵌办法；有的石上花纹，如菊花石的"花"，是人工刻出

图5-5-1

图5-5-2

图5-5-3

图5-5-4

来的。

（三）色质石的辨伪

色质石的造假,主要是色泽方面的造假。一般说,石体的成分、结构构造是难以造假的,但从表象特征来看,可以通过一定手段增强石的质感,如黑灵璧及墨石,经一定量的酸浸,会出现一层黑亮的表皮现象,但时间长了会变。有的灵璧石通过染上黑漆,也有亮黑感觉,有的通过煮胶,也会增强石体光泽。

观赏石的色彩和光泽,是分不开的。观赏石要求是自然色彩,自然色彩有原生色和次生色。而目前,某些观赏石有人为的造色现象,主要表现在:有的石体碰损,为了补缺,损伤部位抛光后上色,如果细观察,也不难发现;还有一种是花纹图案添色,使构图完美。要辨别真伪,首要的要看是否有原石的包浆,包浆是不易伪造的,加色部位如果没有原石包浆,就说明是假色;再察看石肤是否磨光,用手触摸能感觉不同,色彩有不协调的,光泽也不同,如果是图纹,要察看关键部位,不同矿物的原生色是不同的,同一种矿物突然出现不同色,就要细察是不是添加上的色。如果用放大镜观察,原生色中颗粒和粒间是有不同深浅色的,人为加的则往往是同一色,关键是色表的光泽,原生色和人为加色是不同的,如已上油,则要去油后细观察,同时可见改色部位,因动其石皮,没有原来石肤,会现出"反白"现象。有的石肤染色,色只在表层,轻刮即去,也可以鉴别。

二、矿物类观赏石的辨伪

矿物类观赏石的造假,主要是进行人工晶造、人工染色(图5-5-5),或采用树脂合成等手段造假。有的把基岩置于硫酸铜溶液里浸泡,可结晶成"晶体"。这一类造假石,其整体造型过于规整,而且无杂质。有的晶簇,是用单体水晶黏结而成。目前,数量相当大的"水晶洞"就可以用人工结晶造出来。染色方面,有的大块水晶有红、蓝、绿等,很鲜艳,也是加色的。染色的黄、蓝的胆矾晶簇,水洗便褪色。有的葡萄玛瑙是人工加工成并且染色的。有的晶洞因为按斤计价,就用水泥加厚增加重量。菊花石用人工雕刻成朵朵菊花,然后再用白色石粉掺胶填充而成。绿松石则是用塑料、绿松石粉、树脂或其他材料拌而加工成,也有用其他材料染色的。绿松石的颜色,基本是蓝绿色色调、青色,还有其特有的细胞状"结构",有的像猪脑,其颜色深浅变化自然,太单一是不正常的。矿物类观赏石,一般要求晶体生长在基岩(围岩)上,有的是星散单体粘在基岩上,这也属造假行为。

图 5-5-5

三、化石类观赏石的辨伪

古生物化石的造假现象较严重,各式各样的化石都有(图5-5-6)。如贵州龙、恐龙蛋、海百合、鱼龙、鱼、龟、三叶

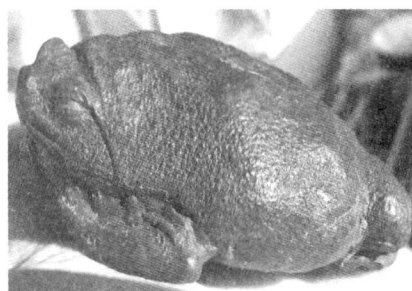

图 5-5-6

虫、植物等假化石。贵州龙化石除了在石板上刻的，涂上漆补外，也有用沥青铸成造型，再加上处理。如用火烧，可闻到沥青味。恐龙蛋可用水泥和土制成蛋状，外皮贴上恐龙蛋碎片。化石有一定体型，有的用石膏、水泥、树脂等材料，通过铸模、拼接、刻画、描绘，造出各种动物化石，有的在石板上用树脂压模制成，还有的用移植办法，如将不完整的化石，移到另外不完整的化石上黏合。如海百合有的有茎，就用其他的冠移接。贵州龙化石不完整的，用其他骨或其他材料粘上。有的假琥珀中所谓"化石"，是用松香与现代的一些昆虫粘成。模树石是含铁、锰质形成的图案，不是真化石，还有钙化的现代生物，也不能归属化石。而头发石，是现代海洋生物在石体生长，也不属化石。木变石是石棉变质形成，不属于硅化木化石。

四、陨石的鉴定和识别

（一）陨石的概念和品种

陨石是指太空物质穿过地球大气层而陨落到地球表层的天然固态物体。

由外星物质陨落所形成的观赏石中主要有铁陨石、石陨石、石铁陨石等。

月球陨石

火星陨石

图 5-5-7

陨石是自然界馈赠给人类的太阳系"考古样品"，有十分重要的科学意义。

（二）陨石的特征和形成机理

石陨石的成分最复杂，主要由硅酸盐矿物（橄榄石、辉石和斜长石）和少量金属铁微粒组成。根据结构，石陨石又可分为球粒陨石和无球粒陨石。球粒陨石根据成分可再分出不同种类。

铁陨石主要由金属铁（85%~95%）和金属镍（5%~20%）组成，含有少量的碳化物、硫化物和磷化物。

铁石陨石的成分介于石陨石和铁陨石之间，主要由金属铁、金属镍和硅酸盐矿物组成。

三大类陨石中以石陨石最常见（占陨石总量的 95% 以上），铁陨石少见（约占 3%），铁石陨石最为罕见。石陨石中的炭质球粒陨石也很少见，且有重要的科学意义。

陨石是公认的"天外来客"，实际上它是与地球一起位于太阳系之中。19 世纪初才知道火星与木星之间有一个小行星带，陨石来自这个小行星带。

20 世纪 70 年代中后期,在南极、阿曼、利比亚和西撒哈拉沙漠找到了来自月球的陨石,80年代又在南极、阿曼、摩洛哥、埃及等地发现了来自火星的陨石。从此,陨石有了多源性,对太阳系的成分、结构和成因也有了多渠道的了解。

陨石的年龄大多是 46 亿年左右,可以代表太阳系和地球的早期年龄。由于小行星没有像地球这样经过分异,形成地壳、地幔和地核,因而保持了原始太阳系的物质状态、成分和年龄。

陨石还能帮助我们探索宇宙中生命分子——碳和各种氨基酸,使人类有机会探讨地球上生命的起源。

(三)陨石的鉴定和识别

刚刚陨落的石陨石表面有一层灰黑色或蓝灰色的"烟尘",是经过大气层时表面被烧蚀的熔壳,轻轻刮掉熔壳,出现大大小小的气印。在观察陨石时,应注意其密度,铁陨石的密度最大。

最主要的是应该以化学分析确定其化学成分。因为陨石中的矿物和元素与地球上的岩石基本一样;唯金属态的 Fe、Ni 是陨石所特有,特别是 Ni,它在陨石与地球的岩石中的含量截然不同,是鉴别陨石与岩石的重要指标。

将陨石样品切磨成薄片或光片,在光学显微镜下观察,石陨石的薄片中会显示只有陨石才具备的特殊的结构、构造。八面体铁陨石(铁陨石的一种)光片经稀盐酸和酒精溶液腐蚀后,会出现特殊的维斯台登像。

在鉴定陨石时必须认真、慎重,特别是石陨石相对数量较多,很难用肉眼与地球上的基性岩(超基性岩)进行区别;不结合野外产状,不进行详细的室内研究,甚至一些专家也有看走眼的时候。

雷州半岛湛江市附近、海康县和徐闻县,以及海南省的文昌县至琼海县一带,有一种黑色的玻璃陨石,早在唐代就有记载。因为黑色,"扣之铮然,光莹可爱"而颇受青睐,人称雷公墨。一般重几克至一二十克,最重百余克,形状有水滴状、球棒状、球状、薄管状、哑铃状、纽扣状和不规则状;断面犹如流线型的机翼状;表面有特征的凹坑和线纹。

陨石收藏要求存世稀少、特征明显、体量大、形态美观。稀少,即品种珍稀。特征明显就是有熔壳(指石表有一层偏黑色的被烧蚀的玻璃质的熔壳)、气印(刮掉熔壳,外表会有如拇指印一样的痕)、球粒(在交叉条带状的网状花纹,即称"威斯台登图案")(图 5-5-8),铁陨石有强磁性和比重等特征。体量要越大越珍贵,还要求形态美观,越完整越好,最好有寓意。

图 5-5-8

第六章　观赏石价格形成的主要因素

第一节　影响观赏石价格形成的外部因素

影响观赏石价格形成的外部因素主要包括成本、供求关系、国家经济政策等。

一、成本

观赏石价格由重新购置与待估观赏石类似的观赏石的直接费用、间接费用和利润三个部分构成。其中，前两个部分共同构成了观赏石的成本（在流通领域还包括流通费用），必须通过观赏石销售在价格中得到补偿。把观赏石作为商品正常情况下也要从价格中产生利润。因此，观赏石价格是由直接费用、间接费用、利润三个部分所组成。其中，直接费用加上间接费用就是成本。

成本构成观赏石价格的基础。从目前观赏石价格构成的经验数据表明，特级观赏石成本占价格构成的 10%~30%，一级观赏石成本占价格构成的 30%~60%，二级观赏石成本占价格构成的 60%~90%。因此，成本的变化同样是影响观赏石价格变化的重要原因。在一般情况下成本与价格成同方向变化，观赏石成本上升，价格也会上升，观赏石成本下降，价格也会随之下降。

从商家的角度看，成本实际上是资金的消耗。当一个经营周期结束时，通过出售观赏石，收回货币，资金的消耗才能得到补偿，并获得利润。一个商家的预付资金能否得到补偿，关键是看观赏石价格与成本的关系。在不考虑利润等因素的前提下，只有观赏石价格等于成本，资金消耗才能得到完全的补偿。如果价格低于成本，资金消耗就得不到补偿，预付资金就会减少，商家就会亏损。一般情况下，商家的观赏石价格至少要高于成本，只有这样，商家才有可能得到利润。所以说，成本是制定观赏石价格的最低经济界限。

但是，强调成本是制定价格的最低经济界限，并不意味着在任何情况下，任何商家的观赏石价格都应高于或等于成本。在市场经济条件下，观赏石价格也往往并不能由商家来决定，常常只能被动接受市场的决定，对于小商家来说尤其如此。在这种情况下，少数商家由于经营不善等原因，成本可能会出现大于市场价格的情况，商家就会面临倒闭或破产。

二、供求关系

市场经济条件下，观赏石的供给方和需求方以市场为纽带、以价格为中介，形成供求关系。观赏石供求的变化与观赏石价格的变化互为因果，并以相反方向循环往复。

110

具体表现为：

1. 供给和需求变化引起价格变化：如果供给大于需求，观赏石价格下降；如果供给小于需求，观赏石价格上升。

2. 观赏石价格变化又会作用于观赏石供给和需求的变化：如果观赏石价格上升，会使观赏石供给增加，需求减少；如果观赏石价格下降，会使观赏石供给减少，需求增加。

3. 这种关系表现为供给或需求的增加会变为减少，价格的下降又会变为上升，原来不平衡的供给大于需求通过市场竞争和价格变动，在一定情况下会转化为需求大于供给的新的不平衡。

价格下降←————————供给＞需求

↓　　　　　　　　　　↑

需求＞供给————————→价格上升

图6-1-1　供求变化与价格变化关系示意图

所有经济问题的根源在于稀缺。人们的欲望不可能永远完全得到满足。观赏石总体上珍贵的资源是供不应求的，这种供不应求的状况，包括石种的稀有和形、质、色、纹、韵的特殊性，也包括赏石投资、收藏队伍的不断扩大，有强劲的需要。但具体到某一石种、某一市场时，有部分石种是供过于求的，有部分石种是供求平衡的，多数石种是供不应求的。我们在进行观赏石价格评估时要具体情况具体分析。经验数据表明：

1. 石种资源特别珍贵的：①供不应求的鉴评级别相同的石种，一个月内的价格修正系数为100%；超出一个月的，每增加一个月价格修正系数调高1%~3%，特殊情况可超过3%。②供求平衡的鉴评级别相同的石种，一个月内的价格修正系数为100%；超出一个月的，每增加一个月价格修正系数调高0.5%~1%，特殊情况可超过1%。

2. 石种资源比较珍贵的：①供不应求的鉴评级别相同的石种，一个月内的价格修正系数为100%；超出一个月的，每增加一个月价格修正系数调高0.5%~1%，特殊情况可超过1%。②供求平衡的鉴评级别相同的石种，一个月内的价格修正系数为100%；超出一个月的，每增加一个月价格修正系数调高0.1%~0.5%，特殊情况可超过0.5%。

3. 石种资源不甚珍贵、供求基本平衡的：鉴评级别相同的石种，六个月内价格修正系数为100%，超过六个月供求仍基本平衡的价格修正系数仍为100%。

4. 石种资源珍贵性一般且比较充足的：鉴评级别相同、供过于求的石种，一个月内价格修正系数为100%；超出一个月的，每增加一个月价格修正系数调低0.5%~1%，特殊情况可超过1%。

5. 石种资源既不是珍贵品种，资源也特别充足的：鉴评级别相同的品种，一个月内价格修正系数为100%；超过一个月的，每增加一个月价格修正系数调低1%~3%，特殊情况可超过3%。

三、国家经济政策

在社会主义市场经济条件下,既要充分发挥市场在资源配置中的基础性作用,又要克服市场机制的局限性,因此,政府的干预和调节成为必然的选择。政策对经济活动的干预和调节主要是通过制定和实施一系列的经济政策实现的,这些经济政策对观赏石价格的形成有着不可忽视的影响。

(一)国家经济政策对观赏石价格形成的间接影响

国家经济政策对观赏石价格形成的间接影响,主要表现在国家某些经济政策的执行会引起观赏石成本及市场供求等因素的变动,从而引发价格的变动。如中共中央作出文化大发展的决定,大批企业、企业家、个人参与到观赏石赏玩、投资和收藏队伍来,文化事业将面临强劲发展机遇,观赏石作为中华文化的一部分,也势必会在国家政策的支持下迎来一个前所未有的好时期。

还有工资政策对观赏石价格的影响。一方面职工工资是生产经营成本的组成部分,工资增加就会使得成本增加,从而导致价格上升;另一方面,社会群体人员的工资是形成社会购买力的重要来源,工资水平的提高使得居民购买力得到相应的提高,观赏石的社会有效需求由此增加,在其他条件不变的情况下,观赏石的价格就会上涨。

货币政策也会对观赏石的价格有影响。货币政策是国家为了实现其宏观经济目标所采取的调节和控制货币供应量的一种金融政策,它有三种类型:扩张性货币政策、紧缩性货币政策和中性货币政策。实行何种货币政策,直接关系到货币供应量的多少,从而关系到币值的升降,进而影响观赏石价格的形成。

(二)国家经济政策对观赏石价格形成的直接影响

国家经济政策对观赏石价格形成的直接影响,主要是通过价格政策这一渠道实现的。我国历来重视价格问题,国家为此制定了一系列的物价方针和政策,如稳定物价的方针、等价交换和缩小剪刀差的政策、按质论价政策、价格补贴政策、农产品收购保护价及粮食顺价销售政策等。这些方针和政策直接关系到某些产品价格的确定。

国家经济政策对观赏石价格形成的直接影响主要表现在国家对观赏石价格的直接费用、间接费用发生变化来实现的。如汽油、柴油价格涨跌等,这些政策直接关系观赏石运输等价格的形成与确定。

第二节　影响观赏石价格形成的内部因素

一、质地价值因素

质地,即石质,包括石性、细腻坚硬和柔润光滑的程度。根据观赏石质地的特色及鉴评的要求,我们制定以下评价表:

表 6-2-1　岩石类观赏石"质地"价值评价等级表

等级	等级标准描述	评分标准	价格修正系数
特级	石质坚韧,密度大,质感好,自然风化有包浆,有水洗度,有磨圆度,质地润泽,纯净,硅化或玉化程度高,成分单纯、基本无杂质	91~100	
一级	石质坚硬,较致密细腻,自然风化,质感较好,石块较润泽,硅化或玉化程度较高、杂质较少	81~90	
二级	石质相对坚硬,石肌特征鲜明,相对致密细腻,质感相对可以,石块相对润泽,有一定量的杂质,有隙或程度不大的崩损	71~80	
三级	石质坚脆,石肌干涩,有相对多的杂质,有较大的缝隙、裂口和崩损	61~70	

表 6-2-2　矿物晶体类观赏石"质地"价值评价等级表

等级	等级标准描述	评分标准	价格修正系数
特级	晶体纯净,透明度高,晶莹剔透	91~100	
一级	晶体较纯净,透明度较高,较晶莹	81~90	
二级	晶体纯净度和透明度一般,稍有瑕疵,有晶莹感	71~80	
三级	晶体纯净度和透明度较差,有瑕疵或杂质	61~70	

表 6-2-3　化石类观赏石"质地"价值评价等级表

等级	等级标准描述	评分标准	价格修正系数
特级	天然形成的,石化质坚	91~100	
一级	天然形成的,石化质较坚	81~90	
二级	天然形成的,石化质一般	71~80	
三级	天然形成的,石化质松散	61~70	

表 6-2-4　陨石类观赏石"质地"价值评价等级表

等级	等级标准描述	评分标准	价格修正系数
特级	铁陨石,近期"陨落陨石",保存特有结构特别好	91~100	
一级	石铁陨石,近期"陨落陨石",保存特有结构比较好	81~90	
二级	石陨石,近期"陨落陨石",保存特有结构好,铁陨石、石铁陨石是"寻获陨石"	71~80	
三级	石陨石,"寻获陨石",保存特有结构一般	61~70	

等级修正计算公式如下:

比较实例质地价值比准价格=比较实例成交价格×等级价格修正系数

$$等级价格修正系数 = \frac{比较实例观赏石等级分数}{待估观赏石的等级分数}$$

二、艺术价值因素

艺术的定义为:通过塑造形象以反映社会生活、满足人们精神需求的比现实更有典型性的一种社会意识形态。艺术包括了文学、绘画、雕塑、音乐、舞蹈、戏剧、电影、曲艺、建筑等方面。艺术是一种很重要、很普遍的文化形式,有着非常复杂而丰富的内容,与人的实际生活密切相关。艺术作为一种精神产品,具有无限发展的趋势,并在整个社会产品中占有越来越大的比重。艺术的欣赏就是人对艺术品的价值进行发现和寻找,是欣赏者、创作者及表演者之间的情感交流与情感共鸣。

艺术品一般指造型具有艺术性的作品。一般的艺术品可视为含有两个成分:一是作品上的线、形、色、光、音、调的配合,通常称为"形式的成分"或"直接的成分";二是艺术创作题材,通常称为"表现的成分"或"联想的成分"。

所谓艺术性,美国经济学家哥德哈伯曾指出:"如果你用美术数量测量一个艺术家的生产力,你会发现,最引人注意的艺术家最赚钱。"他认为,艺术的目的就是吸引注意力。成功地吸引注意力是艺术存在的全部意义。因此,艺术吸引力是衡量观赏石价值高低的重要因素,艺术吸引力与市场价格成正比。

观赏石的艺术价值不仅应在外形上"更逼真",而且应通过形式表现心理活动。观赏石的艺术因素包含了形态、色泽、纹理、意韵四个方面。

(一)形态

造型石主要是在各种地质作用下,由岩石、矿物等形成的奇形怪状的石体。

表 6-2-5　岩石类观赏石形态价值评价等级表

等级	等级标准描述	评分标准	价格修正系数
特级	石体十分完整,构架协调,石体有神韵,形象生动传神,使人有顿觉诧异感,能吸引人的注意力	91~100	
一级	石体比较完整,构架较协调,石形较端庄典雅,造型奇特、与众不同,有韵味,使人有欣喜之感	81~90	
二级	石体基本完整,主视面完整、平衡、稳定,形状怪异、有生动感,无不协调之感	71~80	
三级	石体有一定具象、抽象、意象表现,但比例不够协调,局部有破损	61~70	

表 6-2-6　矿物晶体类观赏石形态价值评价等级表

等级	等级标准描述	评分标准	价格修正系数
特级	晶形十分完整,晶体硕大且保存完好,晶簇造型特别优美、奇特、组合协调	91~100	
一级	晶形完整,晶体硕大且保存较好,晶簇造型比较优美、奇特、组合较协调	81~90	
二级	晶形较完整,晶体较大且无明显损坏,晶簇有较好的造型、组合尚协调	71~80	
三级	晶形不十分完整,有稍微缺损,但不影响整体美观,晶簇有一定造型	61~70	

(二)色泽

物体的颜色是由其组成物质对光的吸收、反射、折射、干涉等光学效应形成的,通常瑰丽多彩的颜色要优于单调的颜色。

表 6-2-7　观赏石色泽价值评价等级表

等级	等级标准描述	评分标准	价格修正系数
特级	色彩十分丰富、纯正,色泽艳美,层次分明,浓淡有致,光泽感强,颜色均匀、典雅,构型不同部位的颜色对比度好,能表达不同的情感,给人喜悦的心情,使人解读不尽	91~100	
一级	色彩比较丰富,柔顺、清晰,有层次感、光泽感,颜色珍稀,构型不同部位的颜色有一定的对比度,总体协调	81~90	
二级	色彩一般,悦目、亮丽,总体大致协调	71~80	
三级	有一定的颜色,但色彩平淡,有杂质,无光泽感、层次感,总体无明显能给人喜悦之感	61~70	

（三）纹理

纹理是指观赏石外表呈现出来的花纹。

表 6-2-8　观赏石纹理价值评价等级表

等级	等级标准描述	评分标准	价格修正系数
特级	纹理十分自然、清晰,线条流畅,变化强烈,主题突出,花纹别致,示意明确构图合理协调,刻画细致入微,画面生动,寓意悠远	91～100	
一级	纹理比较清晰、自然流畅,构图较合理,富有变化,与整体造型较匹配,刻画细致,有诗情画意,有一定寓意	81～90	
二级	纹理自然,线条较流畅,整体布局稍有不足,主景突出较清晰,能表达一定含义	71～80	
三级	局部清晰、流畅,有别致的纹理,布局不平衡,图面不完整,画形不尽达意	61～70	

（四）意韵

意韵是指文化内涵丰厚、意境深远、含蓄回味、形神兼备、情景交融或生态背景和特有活动迹象鲜明,生物组合多样。

表 6-2-9　观赏石意韵价值评价等级表

等级	等级标准描述	评分标准	价格修正系数
特级	情景交融,形神兼备,意境深远,含蓄并耐回味,内涵丰富,寓意深刻,主题明确,令人产生不可名状的冲动,惊叹大自然的鬼斧神工,使人念念不忘	91～100	
一级	形象生动,情景交融,有一定的神韵。有一定的意境和内涵,能发人深省,主题较明确,有超凡脱俗之感	81～90	
二级	情景和谐,形神稍有欠缺,但有一定的内涵和寓意,协调、均匀、有美感	71～80	
三级	局部情景交融,使人感到基本协调,能体会美感,不唐突	61～70	

等级修正计算公式如下:

比较实例艺术价值比准价格=比较实例成交价格×等级价格修正系数

$$等级价格修正系数 = \frac{比较实例观赏石等级分数}{待估观赏石的等级分数}$$

三、文化价值因素

就"文化"二字来说,文就是花纹花样一类的意思,化则是改变的意思,那么文化大概就是用蛮力而能改变别人的东西。对一种文化要从思想、行为、表现三个层面切入,抓住真、善、美三个主题内容,使用选择排序、表现形式、区别特征三个关键要素来进行认识。

表 6-2-10　观赏石文化价值评价等级表

等级	等级标准描述	评分标准	价格修正系数
特级	反映特别重要的人文或历史事件,具有特别重要的纪念意义或文化含义	91~100	
一级	反映重要的人文或历史事件,具有重要纪念意义或文化含义	81~90	
二级	反映比较重要的人文或历史事件,具有比较重要的纪念意义或文化含义	71~80	
三级	反映较小的人文或历史事件,具有一定的纪念意义或文化含义	61~70	

等级修正计算公式如下:

比较实例文化价值比准价格=比较实例的成交价格×等级价格修正系数

$$等级价格修正系数 = \frac{比较实例观赏石等级分数}{待估观赏石的等级分数}$$

四、科学价值因素

1888 年,达尔文曾给科学下过一个定义:"科学就是整理事实,从中发现规律,作出结论。"观赏石的科学价值,主要是探究观赏石具有的科学研究价值及客观效用价值。科学是反映客观事实真相的学说,价值是对于确定的主体或事物所具有、所释放的有序化能量或作用。观赏石的科学价值,是指可以用作人们感观(即人体器官眼、耳、手、鼻、脑的观、听、触、闻、悟)品赏的天然石质艺术品——石头,具有反映自然、社会、思维等客观规律的知识和凝结在石品中社会必要劳动以及在各领域具有积极向上效用的综合价值。观赏石的科学价值的研究对象主要是观赏石的形成、结构、外观、内涵等,以及社会、经济、生活、科研和效用方面的内容。

表 6-2-11　观赏石科学价值评价等级表

观赏石	等级标准描述	评分标准	价格修正系数
特级	石种十分珍稀,奇石能准确体现其成因、形状、纹理等,严格受着自然规律的制约,体量相对硕大,石体完整,形成难度特别大,无损伤和作假,具有特别重要的科研价值	91~100	
一级	石种比较珍稀,奇石能比较准确体现其成因、形状、纹理等,严格受着自然规律的制约,体量较大,石体较完整,保留原貌,形成难度较大,可有轻微损伤,无作假,具有重要的科研价值	81~90	
二级	石种相对较多,奇石能在一定程度上体现其成因、形状、纹理等,严格受着自然规律的制约,体量中等,形成有一定难度,石体有轻微损伤或不完整,无作假,具有比较重要的科研价值	71~80	
三级	品种量大面广,奇石能局部体现其成因、形状、纹理等,严格受着自然规律的制约,体量一般较小,石体有损伤或不完整,不能完全反应原貌,无作假,具有一定的科研价值	61~70	

等级修正计算公式如下:

比较实例科学价值比准价格=比较实例成交价格×等级价格修正系数

$$等级价格修正系数 = \frac{比较实例观赏石等级分数}{待估观赏石的等级分数}$$

第七章 市场法

根据替代原理,市场法是收集有关可以比较观赏石的近期销售资料并将这些资料与正被评估的观赏石进行比较的过程。

第一节 市场法简介

一、市场法的概念

市场法的理论渊源是马歇尔的均衡价格理论。均衡价格是供给价格等于需求价格时的价格。它是指通过比较被评估观赏石与近期出售类似数个观赏石的异同,并将这些类似标的市场价格进行调整,从而确定被评估观赏石价值的一种价格评估方法。其基本公式为:

价格评估标的价格=参照物的现行市价±价格评估标的与参照物比较的差异金额

二、市场法的步骤

市场法一般包括五个步骤。第一步,出具待估观赏石鉴评报告。第二步,针对那些可以与观赏石标的进行比较的类似观赏石,收集有关的近期销售资料。第三步,分析这些销售资料并将它们与被评估观赏石标的进行比较。分析销售情况的目的是为了发现那些在确定价格的过程中起着重要作用的特征,这些过程包括两个部分:第一部分是找出各项类似观赏石销售实例之间的不同以及销售实例与被评估观赏石标的之间的不同。重要差异通常包括销售目的、销售条款、销售条件、销售日期、市场资源供求状况、质地价值、艺术价值、文化价值、科学价值等差异。销售分析的第二部分就是将可比实例的销售价格差异与被评估观赏石特征的差异相比较。第四步,调整销售实例与观赏石标的之间的差异。这一步骤的目的是为了调整每个可比实例的价格,这样就可以反映在销售实例与观赏石标的更类似的情况下价格将会怎样。第五步,根据已调整的销售实例得出被评估观赏石市场价值的估算值。

三、市场价值

市场价值:《国际评估准则》(International Valuation Standards)中,对市场价值定义如下:自愿买方与自愿卖方在评估基准日进行正常的市场营销之后,所达成的公平交易中某项资产应当进行交易的价值的估计数额,当事人对方应当各自精明、谨慎行事,不受任何强迫压制。

四、替代的重要性

替代原则对市场法尤其重要。如果消息灵通的买方对某一观赏石感兴趣,那么一般情况下,他将不会支付高于获取另一满意替代观赏石所应支付的价格。这样的替代做法常常被买方或卖方采用:买方对上市清单上众多有竞争性的观赏石进行比较并根据观赏石的特征和上市价格选择自己最喜欢的一个。而卖方则常常根据近期交易中买方为类似观赏石所支付的价格来确定上市价格。

五、可操作性强

市场法比成本法、收益法更简单易于操作,其计算的过程也不多。

第二节　收集可比销售数据

一、选择可比销售

一个销售要成为有效的可比对象应满足三个标准。第一,类似观赏石应该是竞争性的商品。第二,销售应该具备公开市场交易的资格。第三,假设一个当前的估价日,销售应在近期发生。具体来说:

(一)可比实例选取的数量要求

由于观赏石的特殊性和唯一性,可比实例与待估对象之间总是存在一定的差异,而实际估价中信息不完全又使得这种差异不可能完全得到修正。因此,依据大数法则,为了减小估价误差,必须选取多个可比实例。但是受到交易实例数量的限制,同时也为了减小后续处理的工作量,一般选取 3 个以上(含 3 个)、5 个以下(含 5 个)可比实例即可。当然可比实例越多,价格评估结果越接近于真实价格。

(二)可比实例选取的质量要求

选取可比实例主要有四点质量要求:可比实例观赏石应是估价对象类似的观赏石,可比实例的价格类型应与估价目的相吻合,可比实例的成交日期应尽量接近估价时点,可比实例的成交价格应尽量为正常市场价格。

1. 可比实例是与估价对象类似的观赏石。所谓类似观赏石是指与估价对象相同或类似石种、相同或相近的鉴评等级,并处在同一供求范围内,在用途、供求、质地、艺术等方面与估价对象相同或相似的观赏石。

2. 可比实例的价格类型应与估价目的相吻合。观赏石价格评估的目的主要包括投资、转让、抵押、拍卖、投保等。在实际估价中,评估目的不同会导致估价对象所得出的评估价格有一定的价格差异。

3. 可比实例的成交日期应尽量接近估价时点。一般选取的可比实例的成交日期距估价时点的间隔越短,在进行交易日期修正时的准确性越高。因此,最好选择近期或三个月内成交的交易实例作为可比实例。

4. 可比实例的成交价格应尽量为正常市场价格。所谓正常价格,是指在公开的观赏石交易市场上,交易双方均充分了解市场信息,以平等自愿的方式达成的交易实例价格。如果市场上正常交易实例较少,不得不选择非正常交易实例作为可比实例时,也应选取交易情况明了且可修正的实例。

二、市场法的基本前提

1. 要有一个公开、公平、活跃的观赏石交易市场。公开市场是一个较成熟的市场,市场交易比较活跃,有相当规模观赏石商品的卖家和买家,他们之间的交易是平等的、公开的。市场形成的观赏石价格能够基本反映价值、反映供求。

2. 公开市场上要有一定数量的观赏石交易活动案例。观赏石及交易的可比性,是指选择的可比观赏石及其交易活动在一定时期内公开市场上已经发生过的案例,成交价是可以确知的、真实的市场价格。

3. 类似观赏石与评估对象在效用上具有可比性,用途相同或相似的参照物与评估对象的市场供求、竞争状况和交易条件接近等。

4. 类似观赏石市场成交价格案例可以公开市场或通过一定途径调查能收集到。

三、市场价格信息的收集

(一)收集交易价格信息的途径

1. 向评估观赏石标的当地市场交易当事人和经营商户了解观赏石交易的买价、卖价和成交价格等交易情况资料。

2. 向观赏石经营大户了解相同或类似观赏石石种产、供、销和主要市场行情及价格趋势预测情况。

3. 向相关石种产地、主要销售市场观赏石协会了解评估基准日时观赏石产销地的市场行情。

4. 价格评估同行之间相互提供。价格评估人员、价格评估机构如价格认证中心、各价格评估公司等组织,可相互交流观赏石交易实例和经手的估价案例资料。

5. 参加重要的奇石展、观赏石交易博览会等活动,了解观赏石现时的价格行情和有关信息。

6. 利用报刊、网络、电视、电台等有关媒体查找观赏石出售的市场行情信息。

7. 查阅观赏石、类似艺术品近期的拍卖市场成交价格。

8. 向政府观赏石资源行政主管部门了解该类观赏石的资源状况。

9. 其他。

(二)收集价格信息的内容

1. 价格政策信息。主要包括价格方针、政策、法规、法律、措施以及重要商品与收费调定价与调定原则等。

2. 与观赏石相关的价格形成信息。主要包括工资、成本、税收、利息、利润、运杂费等情况,以及凡是引起这些情况变化的各种因素。

3. 价格动态信息。主要包括观赏石市场价格信息和观赏石市场产、供、销情况,市场需求情况,货币流通状况,人们的消费心理,以及整个社会或局部地区的经济、政治、文化、交通、运输等信息。

4. 个案价格信息要明确、具体、全面。

(1)交易观赏石的基本状况。交易观赏石的基本状况包括观赏石命名、产地、名称、石种、规格、颜色、图片、市场供求、质地、形状、重量、等级、交易时间等。

（2）交易双方的基本情况及交易目的。交易双方的基本情况包括交易双方的名称、性质、法人代表、住址等基本情况以及交易双方有无利害关系等，以便进一步判断交易是否属正常交易。交易目的包括转让、抵押、拍卖、合作等。

（3）成交价格及付款方式。成交价格应注意价格类型，如拍卖价格、协议价格、币种及货币单位等，如美元、日元、港元等。付款方式包括一次性付款、分期付款、抵押贷款的方式及比例等。

收集交易实例时应注意内容的完整性和统一性，以及资料归档的规范性。交易实例及其内容的真实性、可靠性是提高估价准确性的必要保证。

第三节　观赏石市场价格数据的处理

一、交易情况修正

由于观赏石市场的特殊性质，市场的不完全性，其交易价格参数是随个别交易案例形成的，往往容易受当时的一些特殊因素的影响形成偏差，不宜直接作为比较对象。正常交易情况价格修正系数为100%，其他状况的经验数据表明：

1. 有特殊关系的人们互相之间的交易。如师生之间、父子之间、关联企业之间等的交易，一般情况下略低于正常市场价格10%~20%，或超过20%。

2. 急于变现的交易。如短期强制变现的观赏石，一般情况下略低于正常市场价格的20%~30%，特殊情况超过30%以上。

3. 交易双方或一方有特殊动机或偏好的交易。如生肖的图纹石或者各种动物的造型石组合，一般情况下，分开单个卖的观赏石的价格要高于各个组合石价格之和的10%~20%。

4. 受债权债务关系影响的交易。一般情况下，观赏石设立抵押权、典权按原设定的价格进行评估。

5. 知名度极高的名品交易。如观赏石是精品中的精品，且在更广范围、玩石界圈内名气特别大的交易，一般情况下要比类似知名度略低的观赏石价格高100%~300%。

6. 特殊交易方式交易。一般情况下，如招标、拍卖等形式交易的价格由于容易受现场气氛、情绪的影响而使价格往往会偏高20%~30%，特别情况超30%以上。

比较实例交易情况比准价格=比较实例成交价格×交易情况价格修正系数

$$交易情况价格修正系数 = \frac{比较实例交易情况的价格系数}{正常情况价格系数}$$

二、市场供求情况修正

观赏石大多数石种具有稀性，但也有一定数量的品种、一定规模销售主渠道市场存在供过于求的情况。因此，作为商品的观赏石价格同样因为供求变化而变化，供求基本平衡时六个月内修正系数为 100%。

将观赏石的供求情况分为七级,逐级排列分别是:资源特别珍贵且供不应求的石种、资源特别珍贵且供求平衡的石种、资源比较珍贵且供不应求的石种、资源比较珍贵且供求平衡的石种、资源供求基本平衡的石种、资源比较充足且供过于求的石种、资源特别充足且供过于求的石种。

市场供求情况修正经验参数如下:

	观赏石供求状况	一个月内的修正系数	每超出一个月调整的系数
一	资源特别珍贵且供不应求的石种	100%	调高 1%~3%,特殊情况可超过 3%
二	资源特别珍贵且供求平衡的石种	100%	调高 0.5%~1%,特殊情况可超过 1%
三	资源比较珍贵且供不应求的石种	100%	调高 0.5%~1%,特殊情况可超过 1%
四	资源比较珍贵且供求平衡的石种	100%	调高 0.1%~0.5%,特殊情况可超过 0.5%
五	资源供求基本平衡的石种	100%	100%
六	资源比较充足且供过于求的石种	100%	调低 0.5%~1%,特殊情况可超过 1%
七	资源特别充足且供过于求的石种	100%	调低 1%~3%,特殊情况可超过 3%

比较实例市场供求状况比准价格=比较实例成交价格×市场供求价格修正系数

$$市场供求状况价格修正系数 = \frac{比较实例供求情况的价格系数}{一个月内的价格系数}$$

三、交易日期修正

日期修正是指参照物交易时间与被评估观赏石评估基准日相差时间所影响的被评估观赏石价格的差异。一般情况,交易日期一个月内观赏石正常情况下价格系数为 100%,其他时间经验数据如下:

交易日期时间超过一个月以上六个月以内可适当调整价格系数。一般情况,经济平稳发展,每增加一个月调高 1%~4%,经济大发展等因素,一个月以上六个月以内可适当调高 5%~20%,特别情况可超 20% 以上;一个月以上六个月以内经济萎缩等因素,可适当调低 1%~4%,经济萎缩严重,一个月以上六个月以内可适当调低 5%~20%,特别情况可超过 20% 以上。

采取观赏石指数的变动率来进行交易日期的价格计算公式如下:

比较实例在估价基准日时的比准价格=比较实例在成交日期时的价格×交易日期价格修正系数

$$交易日期价格修正系数 = \frac{比较实例成交日期到评估基准日时间价格系数}{一个月内正常情况价格系数}$$

四、质地价值修正

根据观赏石的质地等级分数来对比确定质地价值修正系数,经验数据表明:同级比较实例观赏石系数为100%,增加或减少一个分值,特级品、一级品调高或调低系数为10%~30%,特别情况可超30%以上;二级品、三级品调高或调低系数为5%~10%,特别情况可超10%以上。

五、艺术价值修正

在赏玩过程中,由于观赏石角度的调整,感悟到新的认知,再重新搭配底座,其艺术价值会有不同,观赏石价值也随之发生改变。根据观赏石的艺术等级分数来对比确定艺术价值修正系数,经验数据表明:同级比较实例观赏石系数为100%,增加或减少一个分值,特级品、一级品调高或调低系数为10%~30%,特别情况可超30%以上;二级品、三级品调高或调低系数为5%~10%,特别情况可超10%以上。

六、文化价值修正

根据观赏石的文化等级分数来对比确定文化价值修正系数,经验数据表明:同级比较实例观赏石系数为100%,增加或减少一个分值,特级品、一级品调高或调低系数为10%~30%,特别情况可超30%以上;二级品、三级品调高或调低系数为5%~10%,特别情况可超10%以上。

七、科学价值修正

根据观赏石的科学等级分数来对比确定科学价值修正系数,经验数据表明:同级比较实例观赏石系数为100%,增加或减少一个分值,特级品、一级品调高或调低系数为10%~30%,特别情况可超30%以上;二级品、三级品调高或调低系数为5%~10%,特别情况可超10%以上。

八、评估目的修正系数

观赏石价格评估目的不一样,评估结果会不一样。经验数据表明:正常交易目的价格系数为100%;强制短期变现价格系数为80%~60%,特别情况可低于60%以下;定向特殊交易价格系数为80%~70%;特殊需要的客户价格系数为110%~130%;拍卖价格系数为120%~130%,特别情况可超130%以上。

第四节　市场法中的具体评估方法

一、直接比较法

直接比较法,是指利用参照物的交易价格,以评估对象的某一若干基本特征与参照物的同一及若干基本特征直接进行比较,得到两者的基本特征修正系数或基本特征差额,在参照物交易价格的基础上进行修正从而得到评估对象价值的一类方法。

参照物比准价格=参照物成交价格×交易情况价格修正系数×市场供求价格修正系数×交易时间价格修正系数×质地价格修正系数×形态价格修正系数×色泽价格修正系数×纹理价格修正系数×意韵价格修正系数×文化价格修正系数×科学价格修正系数

评估对象价值=(参照物 A 比准价格+参照物 B 比准价格+⋯+参照物 m 比准价格)/m×交易目的修正系数

直接比较法直观简洁、便于操作,但通常对参照物与评估对象之间的可比性要求较高。参照物与评估对象要达到相同或基本类似的程度。

二、间接比较法

间接比较法也是市场法中最基本的评估方法。该法是利用观赏石的国家鉴评标准作为基础,分别将评估对象与类似艺术品参照物对比打分从而得到评估对象和参照物各自的艺术分值。再利用参照物艺术品的市场交易价格,以及评估对象的分值与参照物的分值的比值(系数)求得评估对象价值的一种评估方法。该法并不要求参照物与评估对象必须是同种物品或者基本一样,只要参照物与评估对象在大的方面基本相同或相似,通过评估对象和参照物与观赏石国家鉴评标准的对比分析,掌握参照物与评估对象之间的差异,在参照物成交价格的基础上调整估算评估对象的价值。

当前,由于书画和陶瓷艺术品市场比较成熟,市场成交价格得到认可的程度高,而观赏石艺术品与书画、陶瓷艺术品的成交价格相比较时,经验数据表明:

1. 待估观赏石为特级,其价格占参照物价格的比例为 30%~60%;

2. 待估观赏石为一级,其价格占参照物价格的比例为 20%~30%;

3. 待估观赏石为二级,其价格占参照物价格的比例为 10%~20%;

4. 待估观赏石为三级,其价格占参照物价格的比例为 1%~10%。

以其他艺术品做参照物的,待估观赏石价格占参照物价格的比例为 100%,特殊情况可适当调整。

参照物艺术品的比准价格=参照物成交价格×交易情况价格修正系数×交易时间价格修正系数×艺术价格修正系数×参照物艺术价值比例系数×文化价格修正系数×科学价格修正系数

评估对象价格=(参照物 A 比准价格+参照物 B 比准价格+⋯+参照物 m 比准价格)/m×交易目的价格修正系数

第五节 市场法应用举例

一、直接比较法案例

(一)待估观赏石信息表(彩图见附录一 图7-5-1)

<table>
<tr><td colspan="9" align="center">待估观赏石性状实物调查登记表</td></tr>
<tr><td>编号</td><td>类型</td><td>石种</td><td>题名</td><td>规格(长×宽×高 m³)</td><td>产地</td><td>等级</td><td>基准日</td><td>评估目的</td></tr>
<tr><td>1</td><td>造型石</td><td>都安石</td><td>龙腾虎跃</td><td>2.28×2.10×2.10</td><td>都安</td><td>一级</td><td>2013-03-07</td><td>拍卖</td></tr>
<tr><td rowspan="2" colspan="2" align="center">照片</td><td colspan="7"></td></tr>
<tr><td colspan="7"></td></tr>
<tr><td rowspan="7" align="center">鉴评基本要素描述和分数</td><td>质地</td><td colspan="6">比较细腻,石肤光滑,成分属于碳酸钙,有一定的硅化,摩斯硬度4~4.5</td><td>85</td></tr>
<tr><td>形态</td><td colspan="6">形体变化大,凹凸协调,呼应有致,有传统的透、皱、漏赏石理念的韵味,整个石体完整度好</td><td>90</td></tr>
<tr><td>色泽</td><td colspan="6">色为灰色,色较纯,石肤有包浆</td><td>81</td></tr>
<tr><td>纹理</td><td colspan="6">轮廓线条圆滑流畅,石中有些其矿物质斑点</td><td>81</td></tr>
<tr><td>意韵</td><td colspan="6">形体的造型变化大,象形,虚实相映,奇峰嵯峨,逶延起伏,形体的变化显得灵动。独具龙腾虎跃之神韵,生机盎然蓬勃向上</td><td>90</td></tr>
<tr><td>文化</td><td colspan="6">无明显文化特征</td><td>—</td></tr>
<tr><td>科学</td><td colspan="6">无明显科学特征,形成难度大</td><td>—</td></tr>
<tr><td colspan="9">调查日期:xxxx-xx-xx   调查地点:xxx   调查人(签名):xxx   审核人(签名):xxx</td></tr>
</table>

（二）参照物观赏石信息表

1. 参照物 A。（彩图见附录一　图 7-5-2）

参照物观赏石信息登记表

编号	类型	石种	题名	规格 （长×宽×高 m³）	产地	等级	交易日期	市场成 交价格	成交价 格形式
2	造型石	都安石	虎啸河山	2.63×1.48×1.50	都安	一级	2013-04-21	330万元	正常 交易

| 照片 | ||||||||| |

鉴评基本要素描述和分数	质地	比较细腻,石肤光滑,成分属于碳酸钙,硅化	88
	形态	形体变化大,凹凸协调,呼应有致,有传统的透、皱、漏赏石理念的韵味,整个石体完整度好	89
	色泽	色为灰黄色,色较纯,石肤有包浆	90
	纹理	轮廓和线条明显,石中有些其他矿物质斑点	85
	意韵	形体的造型变化比较大,虚实相映,形体的变化显得灵动,蓬勃大气	88
	文化	无明显文化特征	—
	科学	无明显科学特征,形成难度大	—

2. 参照物 B。(彩图见附录一　图 7-5-3)

<table>
<tr><th colspan="11">参照物观赏石信息登记表</th></tr>
<tr><td>编号</td><td>类型</td><td>石种</td><td>题名</td><td>规格
(长×宽×高 m³)</td><td>产地</td><td>等级</td><td>交易日期</td><td>市场成
交价格</td><td>成交价
格形式</td></tr>
<tr><td>3</td><td>造型石</td><td>都安石</td><td>大鹏展翅</td><td>2.40×2.50×2.20</td><td>都安</td><td>一级</td><td>2013-01-06</td><td>290万元</td><td>强制变现</td></tr>
<tr><td rowspan="8">照片</td><td colspan="9"></td></tr>
<tr><td>质地</td><td colspan="7">比较细腻,水冲刷形成,石肤光滑,成分属于碳酸钙,硅化</td><td>89</td></tr>
<tr><td>形态</td><td colspan="7">形体变化大,凹凸协调,呼应有致,有传统的透、皱、漏赏石理念的韵味,整个石体完整度好</td><td>90</td></tr>
<tr><td>色泽</td><td colspan="7">色为灰色,色较纯,石肤有包浆</td><td>85</td></tr>
<tr><td>纹理</td><td colspan="7">轮廓线条圆滑流畅,石中有些其他矿物质斑点</td><td>85</td></tr>
<tr><td>意韵</td><td colspan="7">形体的造型变化大,象形,虚实相映,形体的变化显得灵活生动,造型栩栩如生</td><td>90</td></tr>
<tr><td>文化</td><td colspan="7">无明显文化特征</td><td>—</td></tr>
<tr><td>科学</td><td colspan="7">无明显科学特征,形成难度大</td><td>—</td></tr>
</table>

鉴评基本要素描述和分数

128

3. 参照物 C。(彩图见附录一 图 7-5-4)

参照物观赏石信息登记表

编号	类型	石种	题名	规格 (长×宽×高 m³)	产地	等级	交易日期	市场成交价格	成交价格形式
4	造型石	都安石	海纳百川	2.00×2.10×2.38	都安	一级	2013-02-26	310 万元	拍卖

照片						

鉴评基本要素描述和分数	质地	比较细腻,石肤光滑,成分属于碳酸钙,硅化	90
	形态	形体变化大,凹凸协调,呼应有致,整个石体完整度好	88
	色泽	色为黄色,色较纯,石肤有包浆	90
	纹理	轮廓线条圆滑,石中有些其他矿物质斑点	86
	意韵	形体的造型变化大,属抽象形,形体的变化显得大气威严	85
	文化	无明显文化特征	—
	科学	无明显科学特征,形成难度大	—

（三）修正系数

1. 交易情况修正系数。

A 案例属正常交易，交易情况修正系数为 100%；

B 案例为强制变现，按高于成交价格 20%计算，交易情况修正系数为 120%；

C 案例是拍卖，按正常市场价的 80%计算，交易情况修正系数为 80%。

2. 供求情况修正系数。

A 案例为资源特别珍贵的供不应求、级别相同的石种，时间超过一个月，供求修正系数为 103%；

B 案例为资源特别珍贵的供不应求、级别相同的石种，时间超过二个月，供求修正系数为 105%；

C 案例为资源特别珍贵的供不应求、级别相同的石种，时间在一个月内，供求修正系数为 100%；

3. 交易日期修正系数。

A 案例交易日期超过一个月经济大发展，交易日期修正系数为 115%；

B 案例交易日期超过二个月经济大发展，交易日期修正系数为 120%；

C 案例成交价格在一个月内，交易日期修正系数为 100%。

4. 质地、艺术、文化、科学价值修正系数。因待估观赏石和参照物观赏石均无明显的文化和科学价值，因此在系数调整时统一将其修正系数定为 1。

修正系数			
	参照物 A	参照物 B	参照物 C
质地	0.966	0.955	0.944
形态	1.011	1	1.023
色泽	0.9	0.953	0.9
纹理	0.953	0.953	0.942
意韵	1.023	1	1.059
文化	1	1	1
科学	1	1	1

5. 评估目的修正系数。待估观赏石评估目的为拍卖方式出售,确定系数为120%。

(四)待估观赏石的评估价格确定

参照物 A 比准价格=330×1×1.03×1.15×0.966×1.011×0.9×0.953×1.023×1×1=334.96(万元)

参照物 B 比准价格=290×1.2×1.05×1.2×0.955×1×0.953×0.953×1×1×1=380.31(万元)

参照物 C 比准价格=310×0.8×1×1×0.944×1.023×0.9×0.942×1.059×1×1=215.02(万元)

评估对象价值=(334.96+380.31+215.02)/3×1.2=372.11(万元)

二、间接法案例

(一)待估观赏石信息表(彩图见附录一　图7-5-5)

<table>
<tr><td colspan="11" align="center">待估观赏石性状实物调查登记表</td></tr>
<tr><td>编号</td><td>类型</td><td>石种</td><td>题名</td><td>规格
(长×宽×高 cm³)</td><td>产地</td><td>等级</td><td>评估基准日</td><td>艺术分数</td><td>评估目地</td></tr>
<tr><td>1</td><td>造型石</td><td>三江彩玉</td><td>富贵鸟</td><td>78×45×43</td><td>三江县</td><td>特级</td><td>2012-09-02</td><td>96</td><td>正常交易</td></tr>
<tr><td>照片</td><td colspan="9"></td></tr>
<tr><td>艺术鉴评</td><td colspan="9">此观赏石石肤光滑细腻,石体完整,大标准石体量,造型别致传神,栩栩如生,色彩丰富,色泽鲜艳,光泽感强,构型不同部位的颜色对比度好,总体协调,颇具神韵,属特级品</td></tr>
</table>

调查日期：xxxx-xx-xx　　　调查地点：xxx　　　调查人(签名)：xxx　　　审核人(签名)：xxx

(二)其他艺术品参照物信息表

1. 其他艺术品参照物 A。(彩图见附录一 图 7-5-6)

其他艺术品参照物信息登记表

编号	类型	作者	名称	规格 (长×宽 cm²)	交易日期	成交价格 (元)	艺术分数	成交价格 形式
3	画作	张大千	仿宋人笔古木幽禽立轴	131×59	2012-06-03	18 975 000	96	拍卖

照片	
艺术鉴评	此幅作于 1947 年,乃仿宋代宫廷画师李迪之本。此时期是张大千工笔花鸟画的巅峰时期,不仅笔墨纯熟,且格调高雅。画面上,枯枝翠竹相映生辉,雀鸟独立枝头,构图疏空,意境清幽。竹枝、翠竹以及雀鸟的描绘均带有装饰性,但仍不失优雅的书卷气和唯美的情趣,既在笔墨和设色上得古人精华,又以独特的审视角度赋予物象新的生命

2. 其他艺术品参照物 B。（彩图见附录一　图 7-5-7）

其他艺术品参照物信息登记表

编号	类型	作者	名称	规格 （长×宽 cm²）	交易日期	成交价格 （元）	艺术分数	成交 价格形式
3	画作	八大山人	荷花翠鸟图	121×66	2012-07-07	10 925 000	95	拍卖

照片	
艺术鉴评	八大山人善于画荷花,本画描绘了荷塘之中的三茎荷叶与一只水鸟,水鸟立在一块石头上,侧身回望荷叶,其惊弓之态,好像是随时准备仓皇逃窜,形象生动。在画法上,荷叶深者以阔笔浓墨压出叶瓣,浅者则以淡墨从中扫出,反露荷叶则以粗笔勾出经脉,荷茎用篆书笔法,花瓣则圈写。水面则以残根、水波与水鸟点缀,衬托出空间的变化。整个画面虽然寥寥数笔,但见笔见墨,尤其是通过大片荷叶表现出了墨色微妙的韵味,这是其他花卉题材很难具有的造型优势

3.其他艺术品参照物 C 。（彩图见附录一　图 7-5-8）

				其他艺术品参照物信息登记表				
编号	类型	作者	名称	规格 （长×宽 cm²）	交易日期	成交价格 （元）	艺术分数	成交价格 形式
3	画作	华嵒	好鸟栖高枝	85.5×37	2012-06-04	4 715 000	92	拍卖
照片								
艺术鉴评	《好鸟栖高枝》为华新罗晚年得意之作。简洁空灵的画面，道劲有力的树枝，栩栩如生的小鸟，清新喜人，春意盎然。可谓华嵒最得意之笔："南田、八大二家之长合于一手。非新罗不辨，非最得意笔不得也。山水不可取，花鸟真空绝也。"							

（三）修正系数

1. 交易情况修正系数。A、B、C 案例均是拍卖,按正常市场价的 80% 计算,交易情况修正系数为 80%。

2. 交易日期修正系数。

A 案例交易日期超过二个月经济大发展,交易日期修正系数为 120%;

B 案例交易日期超过一个月经济大发展,交易日期修正系数为 115%;

C 案例交易日期超过二个月经济大发展,交易日期修正系数为 120%。

3. 艺术修正系数。

A 案例的修正系数为 96÷96=1

B 案例的修正系数为 96÷95=1.011

C 案例的修正系数为 96÷92=1.043

4. 待估观赏石为特级,其与书画的价格比例取 50%。

5. 评估目的修正系数。待估观赏石评估目的为正常交易,确定系数为 100%。

（四）待估观赏石的价格确定

参照物 A 比准价格=18 975 000×0.8×1.2×1×0.5=9 108 000（元）

参照物 B 比准价格=10 925 000×0.8×1.15×1.011×0.5

$\qquad$ =5 080 780（元）

参照物 C 比准价格=4 715 000×0.8×1.2×1.043×0.5=2 360 517（元）

评估对象价格=（9 108 000+5 080 780+2 360 517）/3×1=5 516 432（元）

第八章 成本法

成本法以替代原则为基础,它是对于被评估的观赏石理想市场替代物总成本进行估算的一种方法。

第一节 成本法简介

一、成本法的概念

成本估价法简称成本法,是以替代原则为基础,从重新取得观赏石的角度来反映资产价值。

成本法是以价格评估基准日重新购买与待估观赏石类似观赏石的所有花费的成本为基础,乘以类似观赏石可比值再乘以外部因素变化值来确定待估观赏石价值的方法。

二、成本的含义

所谓"成本",包括了各项实际发生的成本、费用、利润等。成本有多种形态,从价格形成的角度可分为以下两种:

(一)个别成本

所谓个别成本是指各个企业生产某种产品所花费的实际成本,反映了该企业生产过程中物质资料和人工费用的实际支出,是企业自身用来核算经济效益的重要指标,也是考核、衡量各个企业经营管理情况的重要依据。

(二)社会成本

所谓社会成本是指同一产业部门内部不同企业生产同一产品的平均成本,所以,又称部门平均成本,它是用一个产品部门内产品的总成本除以该产品的总产量而获得的。在一个国家,某生产部门有多少个企业就可能有多少个个别成本,但部门平均的社会成本却只有一个。

(三)中等成本与社会成本的区别

在搜集不到社会成本,并且供求情况比较正常的情况下,可以用中等成本作为定价依据。但是中等成本习惯上是以中等生产条件的企业的个别成本为代表的,而社会成本是由同一产业部门内生产同种商品的不同企业的个别成本加权平均而来的,因而两者不一定相当。在供求大体平衡的条件下,社会成本会随着不同条件下生产商品数量的变化而变化。在供求极不平衡时,劣等条件或优等条件的个别成本就会决定社会成本。

(四)正常成本与非正常成本的区别

正常成本是指在现有生产条件下,正常生产、合理经营情况下的成本。非正常成本是指因停工待料、产品滞销、停水停电、自然灾害、内部管理混乱或政治事件影响等因素造成的偏大或偏小的成本。制定价格应以正常成本为计算依据,这样制定的价格才能反映真实的成本开支情况。如果以非正常成本作为定价依据的话,就会造成价格扭曲。

三、成本法的基本公式

参照物观赏石的比准成本=参照物直接成本×交易情况修正系数×供求情况修正系数×交易日期修正系数×质地修正系数×艺术修正系数×文化修正系数×科学修正系数+间接成本

待估观赏石评估价格=参照物观赏石比准成本平均值÷待估观赏石成本占价格构成的百分比×目的修正系数

四、理论依据

成本法评估观赏石价格理论依据是生产费用价值论——商品的价格是依据其生产所必需的费用而决定的。从卖方的角度来看,观赏石的价格是基于过去的"成本费用",重在过去的投入,低于成本就会亏本;从买方的角度看观赏石的价格是基于社会上的"成本费用"类似市场价值中的替代原理,根据替代原理待估的观赏石的价格可以由重置一个相同使用价值的观赏石来衡量。市场上,只要是有理性的人,对于购买观赏石所愿意支付的价格,不会高于其他重置类似观赏石的价格。因此,一个是要补偿已开支的成本费用,一个是要不高于预计重新购置类似观赏石的代价,买卖双方可以接受的共同点必然是由正常的成本费用利润构成。

五、应用成本法的前提条件

1. 可以搜集所有的相关资料。类似观赏石所发生耗费相关资料是明确具体的,可以通过调查获得。

2. 类似观赏石价格的耗费全部是该类似观赏石所发生的。如有其他观赏石或其他事项发生的费用,应分摊出来。也可采用当地观赏石行业平均发生费用水平来测算。

3. 通过国土资源部发布的《观赏石鉴评标准》出具观赏石鉴评报告来确定与待估观赏石的可比值。现有的观赏石与类似观赏石要有可比性。包括石种、鉴评等级相同或接近,造型、图纹、矿物、化石、特种石越类似,观赏石成交时间、市场、规格越近,可比性越强;反之,可比性越弱。

4. 通过调查当地经济社会数据来确定外部因素变化值。例如,文化大发展大繁荣观赏石价值会大幅增加;经济不景气观赏石价值会大幅下降。

5. 观赏石行业是高风险行业,变现相对不易,行业成本利润率比其他行业要明显偏高。

六、成本法的适用范围

1. 一级市场。即观赏石产出地,如水石在江湖海边打捞现场,山石在产出处现场,沙漠漆等在大漠产出地。

2. 不能用市场法、收益法价格评估的所有观赏石石种。

第二节　观赏石成本价格的构成

　　通常商品价格是由生产商品中耗费的生产资料费用、人工费用和劳动者创造的剩余价值即利润三个部分构成。观赏石不同于一般的商品,它不是企业生产出来用于销售的产品,而是大自然的天然产物,无需人工生产,因此观赏石的成本价格中不包含生产成本。但是观赏石作为一项自然资源,成本的计算应涵盖国家法定的矿产资源的开发利用成本,而观赏石作为一种流通的商品,有人经营买卖,就有为采购和销售商品而支出的费用成本,如采购运输费用、搬运费用、寻找路途费用、工资费用等直接成本和宣传费用、房租费用等间接成本,这部分属于商家的投入,必须通过商品销售在价格中得到补偿。同时商家在销售过程中还要赚取一部分额外的利润,因此,观赏石作为一种特殊的商品,进行观赏石价格评估时,其成本价格是由直接成本、间接成本和利润三部分所组成。

一、直接成本

　　直接成本是指费用发生时,能直接计入某一观赏石成本计算对象的费用。某项费用是否属于直接计入成本,取决于该项费用能否确认与某一成本计算对象直接有关和是否便于直接计入该成本计算对象。观赏石的直接成本主要包括了原石的开采使用权、采购费用、运输费用、石体维护费用、配座费用、流通费用、人工费用等。

二、间接成本

　　间接成本是指费用发生时,不能或不便于直接计入某一观赏石成本计算对象,而需先按发生地点或用途加以归集,最终选择一定的分配方法进行分配后才计入有关成本计算对象的费用。

　　观赏石的间接成本就是与观赏石的销售和服务难以形成直接量化关系的资源投入成本,主要包括管理人员的工资、销售门面或市场建筑的折旧、租赁费、修理费、物料消耗、水电费、办公费等。

　　将观赏石成本分为直接成本和间接成本,并选择合理的分配标准对间接计入成本进行分配,对正确计算观赏石商品成本具有重要意义。凡是能够直接计入商品成本的费用,都应尽量直接计入商品成本。间接计入成本的分配标准应与被分配费用的发生具有密切的关系,否则将影响间接计入成本分配的合理性,影响商品成本计算的正确性。

三、利润

　　利润是指企业销售观赏石的收入扣除成本价格以后的余额。在不同的社会条件下,利润的内涵不同,体现的社会关系不同。利润是一种颇为特别的经济学概念,它有两种含义:

　　经济利润:总收入和总成本之间的差额。

　　正常利润:成本的一个组成部分,支付给企业家资本投资的报酬。

　　观赏石价格组成中的利润通常指的是经济利润,也就是总收入和总成本之间的差额。

　　通常情况下成本是构成观赏石价格的基础,目前观赏石价格构成的经验数据表明:特级观赏石成本占价格构成的 10%~30%,一级观赏石成本占价格构成的 30%~50%,二级观赏石成本占价格构成的 50%~70%,三级观赏石成本占价格构成的 70%~90%。

四、调整系数

(一)交易情况修正

	观赏石交易情况	每超出一个月调整的系数
一	正常交易	100%
二	有特殊关系的人们互相之间的交易	调低 10%~20%,特殊情况可超过 20%
三	急于变现的交易	调低 20%~30%,特殊情况可超过 30%
四	交易双方或一方有特殊动机或偏好的交易	调高 10%~20%,特殊情况可超过 20%
五	特殊交易方式交易	调高 20%~30%,特殊情况可超过 30%

待估观赏石交易情况比准价格=比较实例成交价格×交易情况价格修正系数

$$交易情况修正系数 = \frac{比较实例交易情况价格系数}{正常交易情况价格系数}$$

(二)市场供求情况修正

	观赏石供求状况	一个月内的修正系数	每超出一个月调整的系数
一	资源特别珍贵且供不应求的石种	100%	调高 1%~3%,特殊情况可超过 3%
二	资源特别珍贵且供求平衡的石种	100%	调高 0.5%~1%,特殊情况可超过 1%
三	资源比较珍贵且供不应求的石种	100%	调高 0.5%~1%,特殊情况可超过 1%
四	资源比较珍贵且供求平衡的石种	100%	调高 0.1%~0.5%,特殊情况可超过 0.5%
五	资源供求基本平衡的石种	100%	100%
六	资源比较充足且供过于求的石种	100%	调低 0.5%~1%,特殊情况可超过 1%
七	资源特别充足且供过于求的石种	100%	调低 1%~3%,特殊情况可超过 3%

比较实例供求状况比准价格=比较实例成交价格×供求状况价格修正系数

$$供求情况修正系数 = \frac{比较实例供求情况时间价格系数}{一个月内的价格系数}$$

(三)交易日期修正

交易日期情况	经济发展情况	调整系数
一个月内	—	100%
一个月以上6个月以内每超出一个月调整的系数	经济平稳发展	调高 1%～5%
	经济大发展	调高 5%～20%，特别情况可超 20%以上
	经济萎缩	调低 1%～5%
	经济萎缩严重	调低 5%～20%，特别情况可超过 20%以上

比较实例比准价格比较实例=比较实例交易日期成交价格×交易日期价格系数

$$交易日期价格修正系数 = \frac{比较实例成交日期时到评估基准日时间价格系数}{交易日期一月内价格系数}$$

(四)质地价值修正

	观赏石质地情况	每增加或减少一个分值
一	特级	调高或调低系数为 10%～30%，特别情况可超 30%以上
二	一级	调高或调低系数为 10%～30%，特别情况可超 30%以上
三	二级	调高或调低系数为 5%～10%，特别情况可超 10%以上
四	三级	调高或调低系数为 5%～10%，特别情况可超 10%以上

比较实例比准价格=比较实例成交价格×等级价格修正系数

$$交易日期价格修正系数 = \frac{比较实例观赏石等级分数}{待估观赏石的等级分数}$$

(五)艺术价值修正

	观赏石艺术情况	每增加或减少一个分值
一	特级	调高或调低系数为 10%～30%，特别情况可超 30%以上
二	一级	调高或调低系数为 10%～30%，特别情况可超 30%以上
三	二级	调高或调低系数为 5%～10%，特别情况可超 10%以上
四	三级	调高或调低系数为 5%～10%，特别情况可超 10%以上

比较实例艺术比准价格=比较实例成交价格×等级价格修正系数

$$等级价格修正系数 = \frac{比较实例观赏石等级分数}{待估观赏石的等级分数}$$

（六）文化价值修正

	观赏石文化情况	每增加或减少一个分值
一	特级	调高或调低系数为 10%~30%,特别情况可超 30%以上
二	一级	调高或调低系数为 10%~30%,特别情况可超 30%以上
三	二级	调高或调低系数为 5%~10%,特别情况可超 10%以上
四	三级	调高或调低系数为 5%~10%,特别情况可超 10%以上

比较实例文化价值比准价格=比较实例成交价格×等级价格修正系数

$$等级价格修正系数 = \frac{比较实例观赏石等级分数}{待估观赏石的等级分数}$$

（七）科学价值修正

	观赏石科学情况	每增加或减少一个分值
一	特级	调高或调低系数为 10%~30%,特别情况可超 30%以上
二	一级	调高或调低系数为 10%~30%,特别情况可超 30%以上
三	二级	调高或调低系数为 5%~10%,特别情况可超 10%以上
四	三级	调高或调低系数为 5%~10%,特别情况可超 10%以上

比较实例科学价值比准价格=比较实例成交价格×等级价格修正系数

$$等级价格修正系数 = \frac{比较实例观赏石等级分数}{待估观赏石的等级分数}$$

（八）评估目的修正

	评估目的情况	修正系数
一	正常交易目的	100%
二	强制短期变现	80%~60%,特别情况可低于 60%以下
三	定向特殊交易	80%~70%
四	特殊需要的客户	110%~130%
五	拍卖	120%~130%,特别情况可超 130%以上

第三节　成本法应用举例

一、案例一

(一)待估观赏石信息表(彩图见附录一　图 8-3-1)

待估观赏石性状实物调查登记表								
编号	类型	石种	题名	规格(长×宽×高 cm³)	产地	交易日期	等级	评估目的
1	晶簇	方解石	硕果	60×40×20	广西	2012-10-18	二级	正常交易

	照片			
鉴评基本要素描述和分数	质地	晶体纯净度和透明度一般		76
	形态	晶形较完整,晶体较大且保存完好,晶簇有较好的造型		74
	色泽	晶体颜色为白色偏黄绿色,有一定光泽感,总体颜色一致,无明显杂色		76
	组合	无伴生		71
	稀缺	有一定存世量,包裹体或晶形一般,无特别奇特之处		73
	文化	无明显文化特征		—
	科学	保留了原貌,无作假,有一定的科研价值		75

调查日期:xxxx-xx-xx　　调查地点:xxx　　调查人(签名):xxx　　审核人(签名):xxx

（二）参照物观赏石信息表

1. 参照物 A 。（彩图见附录一　　图 8-3-2 ）

<table>
<tr><th colspan="13">参照物观赏石性状实物调查登记表</th></tr>
<tr><th>编号</th><th>类型</th><th>石种</th><th>题名</th><th colspan="2">规格
（长×宽×高 cm³）</th><th>产地</th><th>交易日期</th><th>等级</th><th>直接成本（元）</th><th>间接成本（元）</th><th>成交价格形式</th></tr>
<tr><td>2</td><td>晶簇</td><td>方解石</td><td>红岩</td><td colspan="2">55×35×20</td><td>广西</td><td>2012-11-26</td><td>二级</td><td>15 000</td><td>1000</td><td>正常交易</td></tr>
<tr><td rowspan="9">照片</td><td colspan="12"></td></tr>
<tr><td rowspan="8">鉴评基本要素描述和分数</td><td>质地</td><td colspan="9">晶体纯净度和透明度一般</td><td>71</td></tr>
<tr><td>形态</td><td colspan="9">晶形较完整,晶体较大且保存完好,晶簇有较好的造型</td><td>75</td></tr>
<tr><td>色泽</td><td colspan="9">晶体颜色为暗红色,有一定光泽,总体颜色较一致</td><td>72</td></tr>
<tr><td>组合</td><td colspan="9">有伴生,主次较分明,色彩、造型与围岩相互衬托</td><td>73</td></tr>
<tr><td>稀缺</td><td colspan="9">有一定存世量,包裹体或晶形一般,无特别奇特之处</td><td>75</td></tr>
<tr><td>文化</td><td colspan="9">无明显文化特征</td><td>—</td></tr>
<tr><td>科学</td><td colspan="9">保留了原貌,无作假,有一定的科研价值</td><td>76</td></tr>
</table>

调查日期:xxxx-xx-xx　　　调查地点：xxx　　　调查人（签名）：xxx　　　审核人（签名）:xxx

2. 参照物 B。（彩图见附录一　图 8-3-3）

参照物观赏石性状实物调查登记表

编号	类型	石种	题名	规格 （长×宽×高 cm³）	产地	交易日期	等级	直接成本（元）	间接成本（元）	成交价格形式
3	单晶	方解石	几何	60×25×20	湖南	2012-08-06	二级	23 000	1000	强制变现

照片			

鉴评基本要素描述和分数	质地	晶体纯净度和透明度一般	73
	形态	晶形较完整，晶体较大且保存完好，双锥形	74
	色泽	晶体颜色为白色偏黄红色，稍有光泽感，总体颜色一致，稍有杂色	73
	组合	无伴生	71
	稀缺	有一定存世量，双锥形态不变	76
	文化	无明显文化特征	/
	科学	保留了原貌，无作假，有一定的科研价值	78

调查日期：xxxx-xx-xx　　　调查地点：xxx　　　调查人（签名）：xxx　　　审核人（签名）：xxx

3. 参照物 C。(彩图见附录一 图 8-3-4)

<table>
<tr><td colspan="12" align="center">参照物观赏石性状实物调查登记表</td></tr>
<tr><td>编号</td><td>类型</td><td>石种</td><td>题名</td><td>规格
(长×宽×高 cm³)</td><td>产地</td><td>交易日期</td><td>等级</td><td>直接成
本(元)</td><td>间接成
本(元)</td><td>成交价
格形式</td></tr>
<tr><td>4</td><td>晶簇</td><td>方解石</td><td>栀子</td><td>60×28×40</td><td>湖南</td><td>2012-11-03</td><td>一级</td><td>31 000</td><td>1000</td><td>拍卖</td></tr>
<tr><td colspan="4" rowspan="2" align="center">照片</td><td colspan="7"></td></tr>
<tr><td colspan="7"></td></tr>
<tr><td rowspan="7" align="center">鉴评基本要素描述和分数</td><td>质地</td><td colspan="8">晶体较纯净,半透明</td><td>79</td></tr>
<tr><td>形态</td><td colspan="8">晶形较完整,晶体较大且保存完好,晶簇有较好的极状造型</td><td>78</td></tr>
<tr><td>色泽</td><td colspan="8">晶体颜色为白色,有光泽感,总体颜色一致,无明显杂色</td><td>78</td></tr>
<tr><td>组合</td><td colspan="8">无伴生</td><td>71</td></tr>
<tr><td>稀缺</td><td colspan="8">有一定存世量,极状晶簇发育较好</td><td>75</td></tr>
<tr><td>文化</td><td colspan="8">无明显文化特征</td><td>—</td></tr>
<tr><td>科学</td><td colspan="8">保留了原貌,无作假,有一定的科研价值</td><td>75</td></tr>
<tr><td colspan="12">调查日期:xxxx-xx-xx　　　调查地点:xxx　　　调查人(签名):xxx　　　审核人(签名):xxx</td></tr>
</table>

(三)修正系数

1. 交易情况价格修正系数。

A 案例属正常交易,交易情况价格修正系数为 100%;

B 案例为强制变现,按高于成交价格 20% 计算,交易情况价格修正系数为 120%;

C 案例是拍卖,按正常市场价的 80% 计算,交易情况价格修正系数为 80%。

2. 供求情况修正系数。

A 案例为资源特别稀有供不应求的级别相同的石种,时间超过一个月,供求价格修正系数为 103%;

B 案例为资源供求平衡的级别相同的石种,时间超过二个月,供求修正系数为 105%;

C 案例为资源特别稀有供不应求的级别相同的石种,时间在一个月内,供求修正系数为 100%;

3. 交易日期修正系数。

A 案例交易日期超过一个月,经济大发展,交易日期修正系数为 115%;

B 案例交易日期超过二个月,经济大发展,交易日期修正系数为 120%;

C 案例成交价格在一个月内,交易日期修正系数为 100%。

4. 质地、艺术、文化、科学价值修正系数。因待估观赏石和参照物观赏石均无明显的文化价值,因此在系数调整时统一将其修正系数定为 1。

修正系数			
	参照物 A	参照物 B	参照物 C
质地	1.070	1.041	0.962
形态	0.987	1	0.949
色泽	1.056	1.041	0.974
组合	0.973	1	1
稀缺	0.973	0.961	0.973
文化	1	1	1
科学	0.987	0.962	1

3. 评估目的修正系数。待估观赏石评估目的为正常交易,确定系数为 100%。

(四)待估观赏石的价格确定

参照物 A 的比准成本 $= 15\,000 \times 1 \times 1.03 \times 1.15 \times 1.070 \times 0.987 \times 1.056 \times 0.973 \times 0.973 \times 1 \times 0.987 + 1000$
$= 19\,515$(元)

参照物 B 的比准成本 $= 23\,000 \times 1.2 \times 1.05 \times 1.2 \times 1.041 \times 1 \times 1.041 \times 1 \times 0.961 \times 1 \times 0.962 + 1000$
$= 35\,840$(元)

参照物 C 的比准成本 $= 31\,000 \times 0.8 \times 1 \times 1 \times 0.962 \times 0.949 \times 0.974 \times 1 \times 0.973 \times 1 \times 1 + 1000 = 22456$(元)

待估观赏石的成本 $= (19\,515 + 35\,840 + 22\,456)/3 = 25\,937$(元)

待估观赏石为二级观赏石,其成本约占价格构成的 75%;其评估目的为正常交易,价格修正系数为 100%

待估观赏石价格=25 937÷0.75×1=34 582(元)

二、案例二

(一)待估观赏石信息表(彩图见附录一 8-3-5)

<table>
<tr><th colspan="10">待估观赏石性状实物调查登记表</th></tr>
<tr><td>编号</td><td>类型</td><td>石种</td><td>题名</td><td>规格(长×宽×高 m³)</td><td>产地</td><td>交易日期</td><td>等级</td><td colspan="2">评估目的</td></tr>
<tr><td>1</td><td>造型石</td><td>黄蜡石</td><td>金碧辉煌</td><td>2.95×1.93×2.15</td><td>广西三江</td><td>2012-10-18</td><td>特级</td><td colspan="2">正常交易</td></tr>
<tr><td rowspan="1">照片</td><td colspan="9"></td></tr>
<tr><td rowspan="7">鉴评基本要素描述和分数</td><td>质地</td><td colspan="7">石肤光滑细腻,石质坚硬,摩斯硬度6.5~7</td><td>94</td></tr>
<tr><td>形态</td><td colspan="7">石体完整,造型别致传神,栩栩如生</td><td>93</td></tr>
<tr><td>色泽</td><td colspan="7">色彩黄色、自然,光泽感强,总体协调</td><td>94</td></tr>
<tr><td>纹理</td><td colspan="7">轮廓线条圆滑</td><td>93</td></tr>
<tr><td>意韵</td><td colspan="7">形象生动,颇具神韵,有一定的意境,主题明确</td><td>93</td></tr>
<tr><td>文化</td><td colspan="7">无明显文化特征</td><td>—</td></tr>
<tr><td>科学</td><td colspan="7">无明显科学特征,凹凸不变、形成有一定难度</td><td>—</td></tr>
<tr><td colspan="10">调查日期:xxxx-xx-xx　　调查地点:xxx　　调查人(签名):xxx　　审核人(签名):xxx</td></tr>
</table>

（二）参照物观赏石信息表

1. 参照物 A。（彩图见附录一 8-3-6）

<table>
<tr><td colspan="12" align="center">参照物观赏石性状实物调查登记表</td></tr>
<tr>
<td>编号</td>
<td>类型</td>
<td>石种</td>
<td>题名</td>
<td>规格
（长×宽×高 m³）</td>
<td>产地</td>
<td>交易日期</td>
<td>等级</td>
<td>直接成本
（万元）</td>
<td>间接成本
（万元）</td>
<td>成交价
格形式</td>
</tr>
<tr>
<td>2</td>
<td>造型石</td>
<td>黄蜡石</td>
<td>茶壶</td>
<td>3.18×1.68×2.20</td>
<td>广西三江</td>
<td>2012-11-26</td>
<td>特级</td>
<td>120</td>
<td>12</td>
<td>拍卖</td>
</tr>
<tr>
<td rowspan="2">照片</td>
<td colspan="10"></td>
</tr>
<tr><td colspan="10"></td></tr>
<tr>
<td rowspan="7">鉴评基本要素描述和分数</td>
<td>质地</td>
<td colspan="9">石肤光滑细腻，水冲度较好，摩斯硬度 6.5~7</td>
<td>91</td>
</tr>
<tr>
<td>形态</td>
<td colspan="9">石体完整，造型别致传神</td>
<td>93</td>
</tr>
<tr>
<td>色泽</td>
<td colspan="9">色彩明亮，光泽感强</td>
<td>91</td>
</tr>
<tr>
<td>纹理</td>
<td colspan="9">轮廓线条圆滑，石中有些其他矿物质斑点</td>
<td>93</td>
</tr>
<tr>
<td>意韵</td>
<td colspan="9">形象生动，颇具神韵，有一定的意境，主题明确</td>
<td>92</td>
</tr>
<tr>
<td>文化</td>
<td colspan="9">无明显文化特征</td>
<td>—</td>
</tr>
<tr>
<td>科学</td>
<td colspan="9">无明显科学特征，形成有一定难度</td>
<td>—</td>
</tr>
<tr>
<td colspan="12">调查日期：xxxx-xx-xx   调查地点：xxx   调查人（签名）：xxx   审核人（签名）：xxx</td>
</tr>
</table>

2. 参照物B。（彩图见附录一　图8-3-7）

<table>
<tr><td colspan="12" style="text-align:center">参照物观赏石性状实物调查登记表</td></tr>
<tr><td>编号</td><td>类型</td><td>石种</td><td>题名</td><td>规格
（长×宽×高 m³）</td><td>产地</td><td>交易日期</td><td>等级</td><td>直接成本
（万元）</td><td>间接成本
（万元）</td><td>成交价
格形式</td></tr>
<tr><td>3</td><td>造型石</td><td>黄蜡石</td><td>金屋</td><td>3.12×2.61×3.40</td><td>广西
三江</td><td>2012-09
-06</td><td>特级</td><td>150</td><td>15</td><td>正常
交易</td></tr>
<tr><td rowspan="2">照片</td><td colspan="10"></td></tr>
<tr><td></td><td></td><td></td><td></td><td></td><td></td><td></td><td></td><td></td><td></td></tr>
<tr><td rowspan="7">鉴评基本要素描述和分数</td><td>质地</td><td colspan="8">石肤光滑细腻,摩斯硬度6.5~7</td><td>92</td></tr>
<tr><td>形态</td><td colspan="8">石体完整,造型别致传神,栩栩如生</td><td>92</td></tr>
<tr><td>色泽</td><td colspan="8">颜色较深沉,光泽感强,总体协调</td><td>91</td></tr>
<tr><td>纹理</td><td colspan="8">轮廓线条,纹理凹凸有序</td><td>91</td></tr>
<tr><td>意韵</td><td colspan="8">形象生动,颇具神韵,有一定的意境,主题明确</td><td>92</td></tr>
<tr><td>文化</td><td colspan="8">无明显文化特征</td><td>—</td></tr>
<tr><td>科学</td><td colspan="8">无明显科学特征</td><td>—</td></tr>
<tr><td colspan="12">调查日期:xxxx-xx-xx　　调查地点:xxx　　调查人（签名）:xxx　　审核人（签名）:xxx</td></tr>
</table>

3. 参照物 C。（彩图见附录一 8-3-8）

参照物观赏石性状实物调查登记表

编号	类型	石种	题名	规格（长×宽×高 m³）	产地	交易日期	等级	直接成本（万元）	间接成本（万元）	成交价格形式
4	造型石	黄蜡石	吉祥	4.25×2.88×2.30	广西三江	2012-11-03	特级	200	10	强制变现

照片		

鉴评基本要素描述和分数	质地	石肤光滑细腻,摩斯硬度 6.5~7	95
	形态	石体完整,造型别致传神,栩栩如生	96
	色泽	色泽鲜艳,光泽感强,总体协调	95
	纹理	轮廓线条,和石提内纹理变化有致	93
	意韵	形象生动,颇具神韵,有一定的意境,主题明确	93
	文化	无明显文化特征	—
	科学	无明显科学特征	—

调查日期：xxxx-xx-xx　　调查地点：xxx　　调查人（签名）：xxx　　审核人（签名）：xxx

（三）修正系数

1. 交易情况价格修正系数。

A 案例是拍卖,按正常市场价的 80% 计算,交易情况价格修正系数为 80%;

B 案例属正常交易,交易情况价格修正系数为 100%;

C 案例为强制变现,按高于成交价格 20% 计算,交易情况价格修正系数为 120%。

2. 供求情况价格修正系数。

A案例为资源特别珍贵的供不应求的级别相同石种,时间超过一个月,供求价格修正系数为103%;

B案例为资源特别珍贵的供不应求的级别相同石种,时间超过一个月,供求价格修正系数为103%;

C案例为资源特别珍贵的供不应求的级别相同石种,时间在一个月内,供求价格修正系数为100%。

3. 交易日期修正系数。

A案例交易日期超过一个月,经济大发展,交易日期价格修正系数为115%;

B案例交易日期超过一个月,经济大发展,交易日期价格修正系数为115%;

C案例成交价格在一个月内,交易日期价格修正系数为100%。

4. 质地、艺术、文化、科学价格修正系数。因待估观赏石和参照物观赏石均无明显的文化价值,因此在系数调整时统一将其修正系数定为1。

修正系数			
	参照物A	参照物B	参照物C
质地	1.033	1.022	0.989
形态	1	1.011	0.969
色泽	1.033	1.033	0.989
纹理	1	1.022	1
意韵	1.011	1.011	1
文化	1	1	1
科学	1	1	1

5. 评估目的修正系数。待估观赏石评估目的为正常交易,确定系数为100%。

(四)待估观赏石的价格确定

参照物A的比准成本=120×0.8×1.03×1.15×1.033×1×1.033×1×1.011×1×1+12
=134.67(万元)

参照物B的比准成本=150×1×1.03×1.15×1.022×1.011×1.033×1.022×1.011×1×1+15
=210.94(万元)

参照物C的比准价格=200×1.2×1×1×0.989×0.969×0.989×1×1×1×1+10
=237.47(万元)

待估观赏石的成本=(134.67+210.94+237.47)÷3=194.36(万元)

待估观赏石为特级观赏石,其成本约占价格构成的18%;其评估目的为正常交易,价格修正系数为100%

待估观赏石价格=197.82÷0.18×1=1080(万元)

第九章　收益法

收益法的理论是预期原则,根据该原则,观赏石的价值可以被定义为未来权益的现值。

第一节　收益法简介

一、收益法的概念

收益法,是指将价格评估观赏石在未来的预期收益,按设定的折现率折算成现值,借以确定价格评估观赏石价格的一种方法。收益法的理论基础就是现代金融理论。它是基于预期原理,即未来收益权利的现在价值,是建立在货币具有时间价值的观念上的。采用收益法进行价格评估确定的观赏石的价格,是指为获得该项资产以取得预期收益的权利所支付的货币总额。这里不难看出,资产的价值与效用密切相关,资产的效用越大,获利能力越强,它的价值就越大,市场表现出来的价格就越高。

针对陈列于各大石馆、展览馆等收费参观的盈利场所的观赏石,因所陈列的观赏石并不是通过市场销售而获利,而是通过向参观者销售门票等而获利,此类观赏石可以通过其展出获得的收益,来考虑使用收益法进行价格评估。

二、预期收益

预期收益,也称为期望收益,是指如果没有意外事件发生时根据已知信息所预测能得到的收益。通常未来的资产收益是不确定的。不确定的收益可以用多种可能的取值及其对应的概率来表示,这两者的加权平均,即数学期望值,就是资产的预期收益。

三、现值

现值,指资金折算至基准年的数值,也称折现值或在用价值,是指对未来现金流量以恰当的折现率进行折现后的价值。指资产按照预计从其持续使用和最终处置中所产生的未来净现金流入量折现的金额,负债按照预计期限内需要偿还的未来净现金流出量折现的金额。

四、运用收益法的基本前提

从收益法的概念可以看出,运用收益法必须具备的前提条件是:

1. 价格评估观赏石必须是具有获利能力的单项观赏石或企业整体观赏石,未来预期收益能够用货币衡量。

2. 观赏石所有者所承担的风险也必须是能够用货币衡量的。

应当注意的是,运用收益法进行观赏石价格评估时,是以观赏石投入使用后连续获利为基础的。如果观赏石没有未来的预期收益或者预期收益很少而且又很不稳定,则不能采用收益法。

3. 所有被估观赏石场需出具观赏石鉴评结论。

五、运用收益法的优缺点

(一)优点

1. 在所需参数比较准确的前提下,可以比较简便地计算出价格评估观赏石的价格,并且结果科学可靠,尤其是对企业整体观赏石进行价格评估时,更能显示其简便的优点。

2. 与投资决策相结合,应用此法评估观赏石价格,易为买卖双方所接受。

3. 能够解决成本法或市场法等方法难以解决的一些问题,如对无形资产的估价等。

(二)缺点

1. 预期收益额预测和折现率的确定难度较大,受较强的主观判断和未来不可预见因素的影响,从而导致运用收益法得出的价格评估结论不准确。

2. 适用范围有一定的局限性,无独立收益能力,或不是连续性收益,或收益达不到一定水平的观赏石,都不宜采用此法。

第二节　收益法的应用

收益法的应用,实际上是对观赏石未来预期收益以适当的折现率进行折现的过程。具体应用有以下几种情形。

一、一般情形

未来收益在具有特定时期的情况下,通过预测各年的收益,并以适当的折现率折算成现值后求和取得价格评估值。各年收益的折现值之和,即为观赏石的评估价格。其基本公式为:

$$P=\sum_{i=1}^{M}\frac{R_i}{(1+r)^i}$$

$$或:P=\frac{R_1}{1+r}+\frac{R_2}{(1+r)^2}+\frac{R_3}{(1+r)^3}+\cdots+\frac{R_n}{(1+r)^n}$$

式中:R_i——第 i 年的纯收益;

n——收益年限;

r——折现率;

P——价格评估值。

二、未来收益无限年且年收益保持不变

未来收益年金化的情形。在这种情况下,首先预测其年收益额,然后对年收益额进行年金化处理,即可确定价格评估值。其基本公式为:

$$\text{评估价格} = \frac{\text{年收益额}}{\text{本金化率}} = \frac{A}{r}$$

上述公式实际上是预期收益折现值求和的特殊形式,即在年收益保持不变、收益年限为无限年的情形。

三、未来收益有限年且年收益保持不变

其基本公式为:

$$P = \frac{A}{r} \times \left[1 - \frac{1}{(1+r)^n} \right]$$

式中:A——年纯收益;

n——收益年限;

r——折现率;

P——价格评估值。

上述公式是在年收益保持不变、收益年限为有限年的情形。

四、未来收益有限年且年收益不等额

这种情形下,首先要预测未来若干年(通常为 5 年)的各年收益额;再假设若干年后年收益保持不变;最后将未来预期收益进行折现和本金化处理。其基本公式为:

$$P = \sum \left\{ i \frac{t}{1} \frac{R_i}{(1+r)^i} + \frac{R_t+1}{r} \times \left[1 - \frac{1}{(1+r)^{n-t}} \right] \times \frac{1}{(1+r)^t} \right\}$$

式中:R_i——第 i 年的纯收益;

R_{t+1}——第 $t+1$ 年的纯收益;

N——收益年限;

r——折现率;

p——价格评估值。

应当指出,确定后期年金化收益的方法,一般是以前期最后一年的收益作为后期永续年金收益,也可以预测后期第一年收益作为后期永续年金收益。

除以上几种情形外,还有未来收益按固定速率递增(递减)情形、按固定值增加(减少)情形等。

第三节　收益法中各项指标的确定

科学、合理地确定收益法中的各项指标,是应用该方法的重要条件。

一、收益额

收益法运用中,收益额的确定是关键。收益额是指价格评估观赏石在使用过程中产生的

超出其自身价值的盈余额。对于收益额的确定,应把握两点:

1. 收益额是指观赏石使用过程中带来的未来预期收益值,该收益值是通过预测分析获得的。判断该观赏石是否有价值,首先应判断该观赏石是否有收益。价格评估时对其收益的判断,不仅仅是看其现在的获利能力,更重要的是预测未来收益能力。

2. 收益额必须是由价格评估观赏石直接形成的,不是由该项观赏石形成的收益应分离出来。

关于收益额的构成,以企业为例,目前有几种选择:一是税后利润,即净利润;二是净现金流量;三是利润总额。

至于选择哪种作为收益额,价格评估人员应根据价格评估标的类型、特点以及评估目的决定,重要的是准确反映观赏石收益,并与折现率或本金化率口径保持一致。

二、折现率或本金化率

折现率是将未来收益折成现值的比率。由于货币的时间价值的作用,相同收入或收益的价值,未来的比现在的要低,并表现为随着收入或收益实现时间的延长而有规律地减少。因此,通过计算,可以把未来收入或收益的价值按照一定比率即折现率折换为现值。确定折现率,不仅应有定性分析,还应寻求定量方法。折现率与利率不完全相同。利率只表示观赏石本身的获利能力,而与使用条件、占用者和使用用途没有直接联系,折现率则与观赏石及其使用者使用效果有关。一般来说,折现率应包括无风险利率、风险报酬率和通货膨胀率。无风险利率是指观赏石在一般条件下的获利水平;风险报酬率是指冒风险取得的报酬与观赏石价值的比率,通常要根据社会、行业、企业和价格评估标的的收益水平综合确定。而且,折现率选择时,还要注意所选收益额的计算口径与折现率或本金化率口径保持一致。折现率的具体确定方法,视不同观赏石价格评估的性质而定。

本金化率与折现率本质上是没有区别的,只是使用场合不同。折现率是将未来预期收益折算成现值的比率,用于有限期预期收益还原。本金化率则是将未来永续性预期收益折算成现值的比率。

三、收益期限

收益期限是指观赏石收益的期间,通常指收益年限。收益年限的确定要考虑未来获利情况、损耗情况、法律或契约、合同等的规定来确定。

第四节 收益法的应用举例

设定某地有一处观赏石馆占地面积 46000 平方米建筑面积 12800 平方米,拥有观赏石共 3000 方,有大化彩玉石、灵璧石、都安石、来宾卷纹石、摩尔石、合山彩陶石、黑珍石、长江石、三江县彩卵石、贵州乌江石、国画石、戈壁石、葡萄玛瑙石、沙漠漆、矿物晶体等国内众多名石。其中经鉴评有大化彩玉石《傲视天下》、彩陶石《威仪》、《螭龙》、来宾金纹石《龙凤呈祥》等 30 方为特级;大化彩玉石《佛寿》、三江石《一掌定乾坤》、葡萄玛瑙《坐看云起》、磷氯铅矿《草原》等观赏石 1500 方为一级;有长江石《春》、黄蜡石《一枝独秀》等 1470 方为二级;该馆 2009 年 1 月 1 日创建。2009 年门票收入为 2600 万元,扣除成本纯利为 2200 万元;2010 年门票收入为 2950 万元,扣除成本纯利为 2600 万元;2011 年门票收入为 3300 万元,扣除成本纯利为 2900 万元。该馆所展观赏石均不出售,产权清晰,合同还有 5 年,现该馆要扩大规模向银行贷款抵押,需评估现有观赏石价格,价格评估基准日为 2012 年 12 月 31 日。

一、部分特级和一级、二级观赏石信息和图片列表(见附录一　图 9-4-1)

二、观赏石性状实物调查登记表(节选之一)(彩图见附录一　图 9-4-2)

编号	收藏者	题名	类型	石种	规格 (长×宽×高 m³)	产地	产出状况	岩性	分值	等级
8	xxx	佛寿	造型石	大化彩玉石	2.10×1.20×2.15	大化	产自河床中的水冲石	钙质硅质岩	82.5	一级

岩性描述	属硅质岩夹钙质硅质岩,有些为透闪石化,主要成分二氧化硅和碳酸钙,可见透闪石脉顺层穿插	
鉴评基本要素	形态	形体变化显出抽象的美感。具浮雕状,石形较完整
	质地	质地细腻,硅化程度高,有些部位有透闪石化,比较坚硬
	色泽	色为浅绿灰色,有些部位浅褐色
	纹理	有浮雕纹状,局部有冰裂纹
	意韵	综合上述几点,抽象形体,仙翁头部,高凸额部,面部有神,凸部显憨态慈祥的神态。阔额圆形头部似睿智高僧,神形相济,有老者慈眉目祥之神韵

调查日期:xxxx-xx-xx　　调查地点:xxx　　调查人(签名):xxx　　审核人(签名):xxx

(节选其中一方观赏石,余下部分略)

三、评估值测算过程

价格评估公司根据有关材料并经调查后确定该馆以下相关数据：

(一)纯收入所占比例

1. 特级观赏石占纯收入 70%。

2. 一级观赏石占纯收入 20%。

3. 二级观赏石占纯收入 10%。

(二)折现率定为 6%

(三)确定该馆未来 5 年的预期纯收入并计算价格评估值

	纯收益额(万元)	折现率	折现系数	收益折现值(万元)
第一年	2950	6%	0.9434	2783
第二年	3000	6%	0.8900	2670
第三年	3050	6%	0.8369	2553
第四年	3100	6%	0.7921	2456
第五年	3150	6%	0.7473	2354
合计				12 816

四、确定观赏石特级、一级、二级价格

1. 30 方特级观赏石评估价格为：12 816×70%=8971.2 万元

2. 500 方一级观赏石评估价格为：12 816×20%=2563.2 万元

3. 1470 方二级观赏石评估价格为：12 816×10%=1281.6 万元

五、全馆观赏石 3000 方观赏石，在评估基准日(2012 年 12 月 31 日)时的评估价格为 12 816 万元(大写:壹亿贰仟捌佰壹拾陆万元整)

第十章 专家咨询法

第一节 专家咨询法概述

专家咨询法实际上是对市场法的一种模拟方法，它将专家设定为市场上潜在的购买者，利用其专业知识、经验等对待估观赏石的价值进行分析、判断，最终确定待估观赏石的价格。

在进行观赏石价格评估时，某些类型的观赏石比较稀少，市场上没有或极少有类似观赏石的交易案例，也不具有独立、连续的获利能力，其价值高低又不主要取决于成本，价格评估很难采用成本法、收益法、或符合规范要求的市场法进行。在这种情况下可以采用专家咨询法。

专家咨询法也存在着一定的优缺点，优点是简单易行、应用方便，在难以应用市场法、成本法、收益法的时候可以采用专家咨询法进行价格评估；缺点是专家咨询法受人的主观因素影响较大，如专家的专业水平、心理状态、外界环境对专家的引导等，都有可能影响到价格评估结论的准确程度。

专家咨询法是出现较早且应用较广的一种评估方法。它是直接在观赏石估价表上给出估价金额，其结果具有数理统计特性。其最大的优点在于，能够在缺乏足够统计数据和原始资料的情况下，做出估价结论。

专家咨询法的特点

一、简便

估价程序相对固定，容易推广使用。

二、主观性强

专家咨询法的准确程度主要取决于专家的阅历以及知识丰富的广度和深度，要求参加的各类专家对观赏石价值具有高的专业水平和丰富的实践经验。一般来说选定的专家，应是在观赏石领域有权威地位的人士。

三、具有一定科学性

采用在观赏石领域有权威话语权的政府主管官员、地质工程师、赏石协会资深人士、艺术家资深观赏石经营户、观赏石鉴评师、价格评估专业人士进行估价，落实少数服从多数的原则，吸收众人智慧，具有一定的科学性。选择专家时，一要收集相关专家专业水平相关资料，确保专家有较高的估价水准；二要注意选择当地经营此类观赏石的大户及长时间经营者的资深人士；三要注意选择政府地矿部门主管官员、当地观赏石协会资深人士、地质工程师等了解此类观赏石产销情况;四要选择艺术家参与,分析观赏石在形、色、纹、韵的艺术水准。

四、客观性不足

主要依靠各类专家的知识和经验进行判断,没有足够依据支撑其判断结果,存在一定的缺陷。

第二节　专家咨询法的计算方法

专家针对价格评估标的价格提出意见或建议后,价格评估人员应运用统计分析方法对专家意见进行分析处理,形成价格评估人员自己的意见。常用的方法有:

一、简单算术平均法

指对专家提出的价格建议,采用算术平均法,即将每位专家估定的观赏石价格相加后除以专家总人数,得出的平均值作为观赏石价格评估值。

计算公式为:

待估观赏石价格 $=(M_1+M_2+\cdots\cdots+M_n)/n$

其中,M 为每位专家估定的观赏石价格,n 为专家人数。

二、加权平均法

各位专家对待估观赏石的价格作出估定后,比较重要和权威的专家所估观赏石的价格在平均值中所占比值的权数做适当提高,一般专家的估价在平均值中所占比例的权数做相应的减少,然后采用加权平均数的方法计算出观赏石最终的评估价格。

计算公式为:

待估观赏石价格 $=(M_1\times F_1+M_2\times F_2+\cdots\cdots+M_n\times F_n)/n$

其中,M 为每位专家估定的观赏石价格,F 为每位专家估价所占比例的权数值,n 为专家人数。

第三节　专家咨询法的主要步骤

1. 被估观赏石应根据国土资源部《观赏石鉴评标准》出具鉴评结论报告。

2. 根据评价对象的具体情况由专家直接确定估价金额。

3. 统计各位专家的估价结论,运用简单算术平均法或加权平均法计算出被估观赏石评估价。

专家估价的准确程度,主要取决于专家的阅历经验以及知识丰富的广度和深度。要求参加评价的专家对评价的系统具有较高的学术水平和丰富的实践经验。总的来说,专家咨询法具有使用简单、直观性强的特点,但其理论性和系统性尚有欠缺,有时难以保证估价结果的客观性和准确性。

采用专家咨询法进行观赏石价格的评估,在专家的选择上,怎样才能保证专家的权威性和专家小组成员组成合理性,需要在实际中不断总结改进。

第四节　专家咨询法应用举例

一、简单算术平均法(彩图见附录一　图10-4-1)

<table>
<tr><td colspan="11" align="center">待估观赏石专家估价登记表
(简单算术平均法)</td></tr>
<tr><td>编号</td><td>类型</td><td>题名</td><td>石种</td><td>规格
(长×宽×高 m³)</td><td>产地</td><td>等级</td><td>评估基准日</td><td>专家
人数</td><td>评估
目的</td></tr>
<tr><td>1</td><td>造型石</td><td>龙腾盛世</td><td>都安彩玉石</td><td>4.85×1.68×2.63</td><td>都安</td><td>特级</td><td>2013-05-23</td><td>7</td><td>正常
交易</td></tr>
<tr><td colspan="5" align="center">照片</td><td colspan="5" align="center">观赏石鉴评</td></tr>
<tr><td colspan="5"></td><td colspan="5">此观赏石体型大、石体完整,凹凸有致,形成难度高。岩性为硅化灰岩,石肤光滑有包浆,色为黄色和灰色,形态变化大,颇显灵动,独具龙腾盛世之神韵,生机盎然,蓬勃向上</td></tr>
</table>

专家估价	1	2	3	4	5	6	7	平均值(万元)
	3200	3500	3800	3600	3900	3500	3700	3600
专家签名	×××	×××	×××	×××	×××	×××	×××	—

计算待估观赏石评估价=(3200+3500+3800+3600+3900+3500+3700)÷7
=3600(万元)

二、加权平均法（彩图见附录一　图10-4-2）

<table>
<tr><td colspan="11" align="center">待估观赏石专家估价登记表（加权平均法）</td></tr>
<tr><td>编号</td><td>类型</td><td>题名</td><td>石种</td><td>规格（长×宽×高 cm³）</td><td>产地</td><td>等级</td><td>评估基准日</td><td>专家人数</td><td>评估目的</td></tr>
<tr><td>1</td><td>造型石</td><td>丹凤朝阳</td><td>石胆石</td><td>28×19×8</td><td>来宾</td><td>特级</td><td>2013-07-25</td><td>7</td><td>正常交易</td></tr>
</table>

照片	观赏石鉴评
	此观赏石体态匀称，石质细腻，石肤光滑有包浆，色为暗红和黄色，线条优美，纹理线条流畅，与造型较匹配，造型灵活生动，独具韵味

专家编号	1	2	3	4	5	6	7	加权平均值
权数值	120%	120%	100%	100%	80%	80%	80%	499.14 万元
专家估价	520	460	480	510	540	550	570	
专家签名	×××	×××	×××	×××	×××	×××	×××	—

计算待估观赏石评估价

=[（520×120%）+（460×120%）+（480×100%）+（510×100%）+（540×80%）+（550+8%）+（570+80%）]÷7

=（624+552+480+510+432+440+456）÷7

=499.14（万元）

第十一章 观赏石价格评估程序

第一节 观赏石价格评估的程序概述

一、观赏石价格评估程序的定义

观赏石价格评估程序,是指观赏石价格评估人员执行观赏石价格评估业务所履行的系统性工作步骤。观赏石价格评估程序由具体的工作步骤组成,不同的观赏石价格评估业务由于评估对象、评估目的、观赏石评估资料收集情况等相关条件的差异,观赏石价格评估人员可能需要执行不同的观赏石价格评估具体程序或工作步骤,但由于观赏石价格评估业务的共性,各种观赏石价格评估业务的基本程序是相同或相似的。

观赏石价格评估程序有广义和狭义之说。从狭义的角度来看,认为观赏石价格评估程序开始于当事人向观赏石价格评估机构和人员提出委托,终止于观赏石价格评估机构和人员向委托人或相关当事人提交观赏石价格评估报告。广义的观赏石价格评估程序开始于承接观赏石价格评估业务前的明确观赏石价格评估业务基本事项环节,终止于观赏石价格评估报告提交后的观赏石价格评估文件归档管理。我们这里所讲的观赏石价格评估程序是指狭义上的评估程序。

二、观赏石价格评估程序的重要性

观赏石价格评估程序应当以观赏石价格评估人员为主体,反映为执行观赏石价格评估业务、形成观赏石价格评估结论所应当履行的系统性工作步骤。其重要性表现在:

(一)观赏石价格评估程序是规范观赏石价格评估行为、提高观赏石价格评估业务质量和维护观赏石价格评估服务公信力的重要保证

观赏石价格评估机构和评估人员接受委托后,无论执行何种观赏石类型、何种评估目的的观赏石评估业务,都应当履行必要的观赏石价格评估程序,按照工作步骤有计划地进行观赏石价格评估。这样不仅有利于规范观赏石价格评估人员的执业行为,而且能够有效地避免由于机构和人员水平不同而造成的在执行具体观赏石价格评估业务中可能出现的程序上的疏漏,确保观赏石价格评估业务的质量。同时,严格的履行必要的评估程序对观赏石价格评估人员业务水平的提高也有着非常重要的意义。观赏石价格评估是一项专业性很强的中介服务工作,观赏石价格评估人员履行严格的观赏石价格评估程序也是赢得客户和社会公众信任、提高观赏石价格评估业社会公信力的重要保证。

(二)观赏石价格评估程序是相关当事方评价观赏石价格评估服务的重要依据

由于观赏石价格评估报告是相关当事方进行决策的重要参考依据之一,因此观赏石价格评估服务必然会引起当事方的高度关注,而当事方对观赏石价格评估服务的评价和判断很大程度上取决于观赏石价格评估程序。另外,观赏石价格评估程序不仅为观赏石价格评估人员执行观赏石价格评估业务提供了必要的指导和规范,也是委托人、司法和行政监管部门、观赏石价格评估行业协会等监督观赏石价格评估机构和评估人员、评价观赏石价格评估服务质量的主要依据。

(三)观赏石价格评估程序是观赏石价格评估机构和价格评估人员防范执业风险、保护自身合法权益、合理抗辩的重要手段之一

随着观赏石价格评估行业的发展,观赏石价格评估机构和评估人员与其他当事人之间不可避免的会产生一些关于观赏石价格评估服务引起的纠纷和矛盾。由于观赏石价格评估工作的专业性和特殊性,无论是当事人还是司法部门都倾向于追究观赏石价格评估机构和评估人员在履行必要的观赏石价格评估程序方面所出现的疏漏和责任,而避免从专业判断方面下结论。另外,观赏石价格评估业务的委托人和当事方、司法部门和行业监管部门对观赏石价格评估业务的评价已经从以前简单的"对错"判断逐步转变为观赏石价格评估人员在执行业务过程中,是否恰当履行了必要的观赏石价格评估程序。因此,正确严格的履行观赏石价格评估程序是观赏石价格评估机构和评估人员防范执业风险的主要手段,也是在产生纠纷或诉讼时保护自身合法权益、合理抗辩的重要手段。

第二节 观赏石价格评估程序和基本要求

一、观赏石价格评估的一般程序如下

(一)观赏石价格评估的委托

观赏石价格评估的委托是指各类市场主体或公民向观赏石价格评估机构提出办理观赏石价格评估业务请求的行为。按照规定,委托方提出观赏石价格评估要求应当以书面方式进行,观赏石价格评估机构要根据委托书的书面请求才能启动价格评估程序。

观赏石价格评估委托需要注意的有:

1. 委托人须提供价格评估委托书及相关资料;

2. 委托书应载明价格评估标的、目的和基准日;

3. 委托人应在委托书上签名或盖章。

(二)观赏石价格评估的受理

受理是观赏石价格评估机构接受法人、公民的观赏石价格评估请求,并同意给予办理的行为。对于不符合规定条件的委托,价格评估机构可不予受理。

观赏石价格评估的受理需要注意的有:

1. 评估人员应认真审核委托书的各项内容和要求,在 3 个工作日内作出受理或不予受理决定。

2. 填写送达受理通知单。受理通知单是观赏石价格评估机构填写并送达观赏石价格评估委托人,告知观赏石价格评估机构受理其委托的文书。受理通知单由所在机构领导审批。

3. 承办人员进行价格评估登记,并根据规定收费标准预收价格评估费。

(三)实物勘验和调查

观赏石价格评估机构在受理委托后,需要对待估观赏石及委托方提供的有关材料进行勘察、核实,并收集相关资料。

1. 待估观赏石的实物勘验。

(1)鉴定观赏石的真伪,确定是否有人为造假的痕迹;

(2)确定观赏石的石种、产地,测量观赏石的大小,有需要的还要称量观赏石的重量;

(3)核实观赏石的来源、购置时间和价格等基本信息和相关材料。

2. 待估观赏石的市场调查。

有针对性地进行市场调查,查找和待估观赏石相同石种、同等级、相似体型和大小、相同交易情况或交易目的的观赏石参照物,如选用市场法的间接法对观赏石进行价格评估的,还需要收集类似艺术品参照物的相关信息。

(四)观赏石的评定和价格估算

1. 观赏石鉴评。对委托价格评估的每一方观赏石按照国土资源部《观赏石鉴评标准》对其进行形、质、色、纹、韵等各方面的鉴评和打分,评定出特级、一级、二级、三级等不同的等级,说明观赏石的各种特性,出具鉴评报告。

2. 四种方法测算观赏石价格。

(1)市场法其程序如下。

①明确估价对象,确定估价观赏石鉴评等级;

②进行公开市场调查,收集相同或类似等级的观赏石的市场基本信息资料,选定参照物;

③根据选定的参照物,分析交易双方的动机并考虑具体的交易条件和当时的市场供求状况等,在此基础上确定参照物的现行市价;

④将估价客体与选定的参照物进行分析对比,找出各种差异,或计算出两者的差价与金额,或制定差异调整系数;

⑤鉴定、估算估价客体的价格。

(2)成本法其程序如下。

①确定被估观赏石鉴评等级;

②确定被估观赏石的参照物,根据被估价观赏石与参照物修正成本的情况,估算重置成本;

③根据不同等级观赏石占成本比例确定被估观赏评估价格。

(3)收益法其程序如下。

①确定所有被估观赏石鉴评等级;

②验证有关经营、财务状况的信息资料;

③计算和对比分析有关指标及其变化趋势;

④估算有关观赏石的获利能力的时限、预期收益额、贴现率、年金贴现率等参数；

⑤将预期收益贴现，确定被估价客体的价格。

（4）专家法其程序如下。

①确定被估观赏石鉴评等级；

②聘用的专家直接对被估观赏石出估价金额；

③运用简单算术平均法或加权平均法得出估价结果。

观赏石价格评估人员要根据待估观赏石的不同交易情况、评估目的、市场情况等来选择最合适的评估方法，测算出合理的观赏石价值。

（五）出具观赏石价格评估报告

观赏石价格评估报告是按照规定程序制作的价格证明文书，也是观赏石价格评估活动的结果及价格评估效力和作用的集中体现。观赏石价格评估报告有专门的形式和内容要求。

二、观赏石价格评估程序的基本要求

1. 观赏石价格评估机构应当在国家和观赏石评估行业规定的范围内，建立、健全观赏石价格评估程序制定。由于不同的观赏石价格评估人员的专业胜任能力、经验各自不同，各观赏石价格评估机构应当结合本机构实际情况，在观赏石价格评估基本程序的基础上进行细化等必要调整，形成本机构观赏石价格评估程序制定，并在评估执业过程中切实履行，不断完善。

2. 观赏石价格评估人员执行观赏石价格评估业务，应当根据具体观赏石价格评估项目的情况和观赏石价格评估程序制度，确定并履行适当的观赏石价格评估程序，不得随意简化或删除观赏石价格评估程序，在执行必要观赏石价格评估程序后，应形成和出具观赏石价格评估报告。

3. 观赏石价格评估机构应当建立相关工作制度，指导和监督观赏石价格评估项目经办人员及助理人员开展相关业务。

4. 如果由于观赏石价格评估项目的特殊性，观赏石价格评估人员无法或没有履行观赏石价格评估程序中的某个基本环节（如需要评估的被盗观赏石已被转手，无法进行必要的实物勘验），或受到限制无法实施完整的观赏石评估程序，观赏石价格评估人员应当考虑这种状况是否会影响到观赏石价格评估结论的合理性，并在评估报告中明确注明，必要时应当拒绝接受委托或终止评估工作。

第三节　观赏石价格评估的信息收集与分析方法

从观赏石价格评估的过程来看，观赏石价格评估实际上就是对被评估对象的信息进行收集、分析判断并作出估价的过程。对观赏石价格评估加以严格的程序要求，其目的也是要保证信息收集、分析的充分性和合理性。因此，观赏石价格评估人员应当了解信息的收集渠道、收集方法以及信息分析处理方法，并能熟练运用。

一、观赏石价格评估业务过程中需要收集的信息

价格信息包括的范围比较广泛,凡是反映价格特征及其变化状态的信息,都属于价格信息的范畴。

1. 待估观赏石权利的法律文件或其他证明资料;

2. 待估观赏石的石种、规格、鉴评等级信息;

3. 待估观赏石的使用范围和获利能力的信息;

4. 待估观赏石以往的价格评估及交易情况信息;

5. 类似的观赏石的市场价格信息;

6. 卖方承诺的保证、赔偿及其他附加条件;

7. 可能影响待估观赏石价值的宏观经济前景信息;

8. 可能影响待估观赏石价值的行业状况及前景信息;

9. 其他相关信息。

二、观赏石价格评估业务过程中信息的来源

(一)收集待估观赏石所有者或占有者内部的信息资料

观赏石持有者的内部信息资料通常是与待估观赏石直接相关的信息,主要有观赏石的物理信息、石种来源、成本构成、评估目的等。

(二)收集观赏石所有者或占有者外部的信息资料

1. 市场信息。市场信息具有公开性、直接性、广泛性等特点,因此公开市场是观赏石价格评估人员获取信息资料的最主要来源。同时直接获得的市场信息也可能存在未充分反映交易内容和条件的问题,因此对市场信息的收集应当尽可能的全面,并进行必要的分析调整。观赏石价格评估人员应当掌握必要的市场信息渠道,在日常工作中收集必要的市场信息,有利于今后工作的高效完成。

2. 媒体。媒体一般有新闻媒体和专业杂志等。新闻媒体的信息不仅包含了原始信息,并且通常都有一些分析,有助于观赏石价格评估人员加深对所需信息的理解,并能节约分析时间。权威的专业杂志也是重要的信息来源,具有重要的参考价值,这些杂志上发表的文章专业性更强,对观赏石信息的表述更全面更有深度。

3. 行业协会或管理机构及其出版物。行业协会及其出版物也是观赏石价格评估信息的重要来源,如中国观赏石协会和各省市的观赏石协会。因为行业协会中都是相关专家和藏石爱好者,他们掌握了大量的观赏石资源信息和市场交易信息,同时还能咨询到专家意见。行业协会的出版物都是针对观赏石的专业刊物,信息量大且全面,是观赏石价格评估信息的重要来源。

4. 观赏石交易机构。我国各地每年都有一些颇具规模的观赏石交易会,这些交易会上都有大量的观赏石成交案例,通过这些观赏石交易会,我们可以收集到不同石种、不同档次、不同地区的观赏石价格信息,且方便可靠。

三、观赏石价格评估过程中信息的初步处理

(一)观赏石信息资料的分析

观赏石信息资料的分析是指对观赏石信息资料的合理性和可靠性的识别。由于收集资料的途径和方法多种多样,收集上来的资料难免存在信息有误或无效的情况,对于这种信息我们要及时辨别和剔除。对于所收集的数据是否具有合理性、相关性也需要进行分析,以提高评估所依据的资产信息的可靠性。

判断观赏石信息资料合理性和可靠性的主要因素:

1. 该渠道过去提供的信息的质量。

2. 该渠道提供信息的动因。

3. 该渠道是否被通常认为是该种信息的合理提供者。

4. 该渠道的可信度。

(二)观赏石信息资料的筛选与调整

在观赏石信息资料鉴定的基础上,要对观赏石信息资料进行筛选、整理和分类。一般可将鉴定后的观赏石信息资料按两种标准进行分类:

1. 按可用性原则划分。

(1)可用信息。是指在某一具体评估项目中可以作为评估依据的观赏石信息资料。

(2)有参考价值信息。是指观赏石信息资料中与评估项目有联系的、但是不直接作为评估依据的信息。

(3)不可用信息。是指在某一具体观赏石评估项目中,与此项评估业务没有直接联系或者根本无用的信息。

2. 按信息来源划分。

(1)一级信息。一级信息是从信息源来的未经处理的事实。这些信息是没有经过变动、调整或根据有关人员的观点选择处理过的。是最原始的信息。

(2)二级信息。二级信息提供的是变动过的信息。二级信息比一级信息更容易找到。但经过某些信息源的加工,与一级信息比有变化。

四、评估过程中常用的逻辑分析方法

(一)比较

1. 定义。比较就是对照各个事物,以确定其间差异点和共同点的逻辑方法。一般方法叫比较分析法。

2. 用比较分析法,要注意以下几点。

(1)要注意可比性。所谓可比性,是指进行比较的各个对象必须具有共同的基础。包括时间可比性,空间可比性,内容可比性,等等。时间可比性是指比较的对象应当是同期的;空间可比性是指在比较时要注意国家、地区等的差异;内容可比性是指在比较时要注意所比较的对象内容范畴的一致性。

(2)要注意比较方式的选择。不同的比较方式会产生不同的比较结果,并可用于不同的目的。

(3)要注意比较内容的深度。在比较时要注意,不要被所比较对象的表面现象所迷惑,要了解决定其价值的本质特征。

(二)分析与综合

1. 分析。分析就是在实际评估中,根据事物之间以及构成事物整体的各要素之间的特定关系,通过由此及彼、由表及里的研究,正确认识事物的一种逻辑方法。在分析某一事物时,常常要将事物逻辑分解为各个要素。只有通过分解,才能找到这些要素,才能通过研究,找出这些要素中影响客观事物发展变化的主要要素和关键要素。分析的基本步骤有:

(1)明确分析的目的;

(2)将事物整体分解为若干个相对独立的要素;

(3)分别考察和研究各个事物以及构成事物整体的各个要素的特点;

(4)探明各个事物以及构成事物整体的各个要素之间的相互关系,并进而研究这些关系的性质、表现形式、在事物发展变化中的地位和作用等。

2. 综合。综合是同分析相对立的一种方法。它是指人们在思维过程中将与研究对象有关的众多片面分散的各个要素联系起来考虑,从错综复杂的现象中探索它们之间的相互关系,从整体的角度把握事物的本质和规律的一种逻辑方法。

综合把研究对象的各个要素之间的认识统一为整体的认识,从而把握事物的本质和规律,它是按照各个要素在研究对象内部的有机联系从总体上去把握事物。综合的基本步骤是:

(1)明确综合的目的;

(2)把握被分析出来的研究对象的各个要素;

(3)确定各个要素的有机联系形式;

(4)从事物整体的角度把握事物的本质和规律,从而获得新的认识结论。

(三)推理

1. 定义。推理是由一个或几个已知的判断推出一个新判断的思维形式。具体来讲就是在掌握一定的已知事实、数据或因素相关性的基础上,通过因果关系或其他相关关系顺次、逐步的推论,最终得出新结论的一种逻辑方法。

2. 推理的三要素。

(1)前提。即推理所依据的一个或几个判断。

(2)结论。即由已知判断推出的新判断。

(3)推理过程。即由前提到结论的逻辑关系形式。

3. 常用的推理方法。

(1)演绎推理。是借助于一个共同的概念把两个直言判断联系起来,从而推出一个新结论的推理,是由一般到个别的推理方法。

(2)归纳推理。是由个别到一般的推理,即由关于特殊对象的知识得出一般性的知识。

第十二章 观赏石价格评估报告编制、使用及档案管理

第一节 观赏石价格评估报告的基本内容和要求

一、价格评估报告的基本内容

(一)封面

封面的内容一般包括:①标题;②评估项目名称;③委托人;④评估机构名称;⑤评估作业日期;⑥评估报告编号。

(二)目录

目录通常按照前后次序列出评估报告各个组成部分的名称及其对应的页码,以便于委托人或评估报告使用者对评估报告的框架和内容有一个总体了解,并容易查找到其感兴趣的内容。

(三)正文

①观赏石价格评估标的;②观赏石价格评估目的;③观赏石价格评估基准日;④观赏石价格评估方法;⑤观赏石价格评估过程;⑥观赏石价格评估结论;⑦声明;⑧价格评估机构;⑨价格评估人员;⑩附件。

二、价格评估报告要说明以下几点

1. 评估观赏石名称、种类、规格、数量,评估目的,评估日期。

2. 评估观赏石现存地点、现实状况及勘估说明。

3. 价格评估因素分析、勘测数据、使用方法、结果。

4. 其他需要说明的问题。

三、观赏石价格评估报告的总体原则性要求

1. 全面性。价格评估报告应该完整的反映价格评估所涉及的事实、推理过程和结论,正文内容和附件资料应齐全、配套。

2. 公正性和客观性。价格评估报告应站在中立的立场上对影响评估对象价格或价值的因素进行客观的介绍、分析和评论,作出的结论应有充分的依据。

3. 准确性。价格评估报告用语应力求准确,避免使用模棱两可或容易产生误解的文字,对未经查实的事项不得轻率写入,对难以确定的事项应予以说明,并描述其对估价结果可能产生的影响。

4. 概况性。应用简洁的文字对价格评估中所涉及的内容进行高度概括,对获得的大量资料应在科学鉴别与分析的基础上进行筛选,选择典型、有代表性、能反映事情本质特征的资料来说明情况和表达观点。

第二节　观赏石价格评估报告的编制

一、观赏石价格评估报告编制的步骤

价格评估报告的编制是观赏石价格评估工作的最后一个环节,也是价格评估工作中的一个重要环节。观赏石价格评估报告的编制可分两步:

第一步,在完成观赏石价格评估初步数据的分析和讨论,对有关部分的数据进行调整后,由具体参加评估各组负责人员草拟出各自负责评估观赏石部分的评估说明,同时提交全面负责、熟悉本项目评估具体情况的人员草拟出观赏石价格评估报告。

第二步,将评估基本情况和评估报告初稿的初步结论与委托方交换意见,听取委托方的反馈意见后,在坚持独立、客观、公正的前提下,认真分析委托方提出的问题和建议,考虑是否应该修改评估报告书,对评估报告中存在的疏忽、遗漏和错误之处进行修正,待修改完毕即可撰写出资产评估正式报告书。

二、观赏石价格评估报告编制的技术要点

(一)文字表达方面的技能要求

观赏石价格评估报告既是一份对被评估观赏石价值有咨询性和鉴证性作用的文书,又是一份用来明确观赏石价格评估机构和评估人员工作责任的文字依据,所以它的文字表达技能要求既要清楚、准确,又要提供充分的依据说明,还要全面地叙述整个评估的具体过程。其文字的表达必须准确,不得使用模棱两可的措词。观赏石价格评估人员应当在评估报告中提供必要信息,使评估报告使用者能够合理理解评估结论。

(二)格式和内容方面的技能要求

对观赏石价格评估报告格式和内容方面的技能要求,目前应遵循财政部颁发的相关规定,并遵循相关评估准则进行编制。

(三)评估报告的复核及反馈方面的技能要求

观赏石价格评估报告的复核、评判与反馈是观赏石价格评估报告制作的具体技能要求。通过对工作底稿、评估说明、评估明细表和报告书正文的文字、格式及内容的复核和反馈,可以使有关错误、遗漏等问题在出具正式报告书之前得到修正。对评估人员来说,观赏石价格评估工作是一项必须由多个评估人员同时作业的中介业务,每个评估人员都有可能因能力、水平、经验、阅历及理论方法的限制而产生工作盲点和工作疏忽,所以,对评估报告初稿进行审核就成为必要。对评估观赏石的情况熟悉程度来说,大多数观赏石委托方和占有方对委托评估观赏石的具体情况总是会比评估机构和评估人员更熟悉。所以,在出具正式报告之前征求委托方意见,收集反馈意见也很有必要。

对观赏石价格评估报告必须建立起多级复核和交叉复核的制度，明确复核人的职责，防止流于形式的复核。收集反馈意见主要是通过委托方或占有方熟悉观赏石具体情况的人员。对委托方或占有方意见的反馈信息，应谨慎对待，应本着独立、客观、公正的态度去接受其反馈意见。

（四）撰写报告书应注意的事项

1. 实事求是，切忌出具虚假报告。

2. 坚持一致性，切忌出现表里不一。

3. 提交报告书要及时、齐全和保密。

4. 评估机构应当在评估报告中明确使用者、报告使用方式、提示评估报告使用者合理使用评估报告。

5. 评估人员应该关注对评估对象的法律权属，但是不得提供保证。

6. 评估人员应该明确披露受到的限制、无法履行的评估程序和采取的替代措施。

第三节 观赏石价格评估报告的使用

一、委托方对价格评估报告的使用

委托方在收到受托评估机构送交的正式评估报告及有关资料后，可以依据评估报告所述的评估目的和评估结论，合理使用观赏石价格评估报告结果。

（一）可根据评估目的，作为观赏石业务的作价基础

包括观赏石资产转让、置换、拍卖；以非货币资产对外投资；确定涉诉讼观赏石资产价值等。

（二）作为进行会计记录或调整账项的依据

（三）作为履行受托协议和支付评估费用的主要依据

（四）委托方在使用观赏石价格评估报告及有关资料时也必须注意以下几方面

1. 只能按评估报告揭示的评估目的使用报告，一份评估报告书只允许按一个用途使用；

2. 只能在有效期内使用报告；

3. 有效期内，观赏石评估数量发生较大变化时，应由原评估机构或者说观赏石占有单位按原评估方法作相应调整后才能使用；

4. 作为企业会计记录和调整企业账项使用的观赏石价格评估报告及其相关资料，必须根据国家相关法规执行。

二、观赏石价格评估管理机构对观赏石价格评估报告的使用

1. 观赏石价格评估报告是反映观赏石价格评估工作过程的工作报告，通过对观赏石价格评估报告资料的检查与分析，评估管理机构能大致判断该机构的业务能力和组织管理水平。

2. 观赏石价格评估报告是对观赏石价格评估结果质量进行评价的依据。

三、其他有关部门对观赏石价格评估报告的使用

除了观赏石价格评估管理机构可以运用观赏石价格评估报告外，还有些政府管理部门也需要使用观赏石价格评估报告,它们主要包括国有资产监督管理部门、证券监督管理部门、保险监督管理部门,以及工商行政管理、税务、金融和法院等有关部门。

第四节　观赏石价格评估文书的档案管理

一、加强观赏石价格评估文书档案的管理,对观赏石价格评估工作具有十分重要的意义,可以在以下几个方面发挥作用

1. 为观赏石价格评估结论提供支持性证据。观赏石价格评估是一项十分严肃的工作,非常注重证据的作用。任何价格评估结论都必须以事实为依据,以法规为准绳,而全部的事实依据和印发的法规文件依据都应保存在价格评估的文档中。当对价格评估结论出现不同意见时,从价格评估档案中可以找到必要的证据。

2. 为今后的观赏石价格评估工作提供参考资料。在进行经常性的观赏石价格评估时,随着观赏石价格评估业务的不断扩大,在开展新的观赏石价格评估工作时,以前观赏石价格评估的全部档案都是重要参考资料。

3. 为观赏石价格评估工作积累经验。通过对观赏石价格评估档案资料的研究,能够全面总结观赏石价格评估工作的经验,找出在价格评估工作组织和价格评估技术等方面存在的不足之处,为未来的观赏石价格评估工作积累经验。

4. 为促进观赏石价格评估工作成果的交流。观赏石价格评估档案中保存着丰富的价格评估资料,很多资料都是观赏石价格评估实践经验的结晶。将这些资料加工整理,编成案例,可以用于观赏石价格评估理论研究、成果交流、价格评估教学和宣传等方面。

二、观赏石价格评估档案的管理

1. 观赏石价格评估工作结束后应当及时将各种文档资料整理归档,年度立卷归档工作应当在次年三月末前完成。

2. 观赏石价格评估文书的归档范围包括价格评估委托书及其附件、价格评估结论书、价格评估调查资料、价格评估技术报告和价格评估活动过程中取得和形成的其他相关资料。

3. 观赏石价格评估文档材料由评估人员负责整理,在评估办结后十五日内移送档案室。档案管理人员应当移送的文档材料的系统性、完整性和准确性进行审查,对不符合要求的要退回给评估人员重新整理。

4. 应当按结案日期、业务性质、保存期限对文档资料进行整理和立卷归档。其步骤如下:

(1)分类。观赏石价格评估文档应当按结案年度分开立卷,不同年度的档案不能混淆;应当按规定的文档资料的保管期限分类立卷。

(2)组卷。在分类的基础上,应当按专业特点和联系程度将相关的文档资料组成一卷。不同类别、不同形式的文档资料不能混合组成保管单位。

(3)编页号。文档资料的正面页号编在右上角,有文字的文档资料的页号编在左上角,文档资料中有图文的页面为一页。

(4)填写卷内目录和备考表。卷内目录的主要项目有序号、题名、责任人、页次和备注等；备考表的主要项目有文档资料的有关情况说明,立卷人,立卷时间、检查人、检查时间,本卷历次变化情况、说明人、时间等。

(5)填写案卷封面。案卷封面按封面表格内容填写,主要包括文号、委托人、评估事项、评估人、结案时间、保管期限、案卷号等。

(6)案卷各部分排列。案卷各部分的排列顺序为:案卷封面—卷内目录—文件—备考表—封底。

(7)装订。案卷的装订采用 A4 开的卷皮和三孔一线的装订方法。

(8)填写卷盒封面。卷盒封面填写的项目主要包括卷宗名称、类别名称、件数、页数、起止时间、保管期限和档号等。

(9)卷宗排列。首先按卷宗的年度顺序排列;同一年度内的卷宗按保管期限排列;同一保管期限内的卷宗再按专业类别排列。每年编制一个卷宗流水号。

5. 观赏石价格评估档案的保存期限应当分为永久、长期(一般为 20 年)和短期(一般为 10 年)三种。价格评估结论书实行永久保存;价格评估委托书、价格评估调查资料和价格评估技术报告实行长期保存;价格评估活动过程中取得的形成的其他相关资料实行短期保存。

6. 价格评估档案应当专室专柜保管,做到安全、保密、整齐、清洁。

7. 价格评估档案的借阅应当履行严格的审批和登记手续,遵守保密制度,防止失密和泄密事件发生。

8. 对保管期限届满,经鉴定确定销毁的档案,应当把其中的结论书,调整书及其他结论性法律文书取出一份,按类别、年度等顺序号重新整理立卷,作永久保存。对确定销毁的部分,须编造销毁清册,提出销毁报告,经领导批准,报上级主管部门备案后,由档案管理人员和监销人(至少 2 人)共同销毁,并在销毁清册上签字。

9. 应当按各级档案行政管理部门的规定,对价格评估档案的收进、移出、借阅、利用、鉴定、销毁、保管和防护等情况进行及时、准确的统计,认真填报各种统计报表。

第十三章　观赏石价格评估的管理

第一节　观赏石价格评估机构管理

一、观赏石价格评估机构的形式

（一）价格评估机构的主体

价格评估机构主体一般是社会中介组织，由从业者自行申请，同一行政区域可设置多个，价格评估机构之间没有隶属关系，机构和人员一般均为非全民。价格评估可以面向社会，接受一切市场主体的资产评估的委托，是属于盈利性的组织机构。

（二）社会中介组织

社会中介组织也叫市场中介组织，一般是指那些介于政府与企业之间、商品生产者与经营者之间、个人与单位之间，为市场主体提供信息咨询、培训、经纪、法律等各种服务，并且在各类市场主体，包括企业之间、政府与企业、个人与单位、国内与国外企业之间从事协调、评价、评估、检验、仲裁等活动的机构或组织。

（三）社会中介价格评估机构

是指接受当事人委托，利用专业知识和专门技能对涉及国家利益和公众利益的各种商品与有偿服务的价格进行估计、判断、推测，发表具有证明效力或咨询效力的意见或出具价格评估报告，并承担相应法律责任的机构。在我国具体是指国家住房与城乡建设部管理的房地产估价机构、财政部管理的资产评估机构、国土资源部管理的土地估价机构、国家发改委管理的价格评估机构等。

二、从事价格评估工作的机构需具备的条件

1. 从事价格评估工作的机构，必须持有国务院或者省、自治区、直辖市人民政府价格管理部门颁发的价格评估机构资格证书。

2. 价格评估机构应当具备法人资格、价格评估专业人员、相应的组织章程和管理制度等基本条件。

3. 价格评估机构资格实行等级制，根据评估机构的资格条件可分为甲级、乙级、丙级。甲级价格评估机构可在全国范围内开展价格评估工作；乙级价格评估机构可在机构所在地的省级（指省、自治区、直辖市，下同）行政区域范围内开展价格评估工作；丙级价格评估机构可在机构所在地的市（地）、县范围内开展价格评估工作。

4. 价格评估机构资格实行注册登记制度,有效期三年。有效期满,价格评估机构应按规定重新申请执业资格。

第二节　观赏石价格评估专业人员管理

一、价格评估人员

价格评估人员是指接受当事人的委托,利用专业知识和专门技能对涉及国家利益和公众利益的各种有形财产和无形资产及有偿服务的价格进行测算、评估,在具有证明效力或咨询效力的意见或价格评估报告等文件上签字,并承担相应法律责任的人员。

二、价格评估专业人员需具备的素质

价格评估工作实际上是一项系统工作,它要求所有的价格评估专业人员都具备一套独特的本领和对于风险的应变能力,善于与局外人建立相互信任关系,以利于准确、及时地开展价格评估工作。

三、《价格评估管理办法》中对价格评估人员的要求

①价格评估人员,必须经过专业培训和考试,取得价格评估人员执业资格证书后执业;②价格评估人员执业资格实行注册登记制度。凡取得价格评估人员执业资格证书,并经注册登记的人员,才能独立从事价格评估业务;③价格评估人员与委托估价项目及委托估价项目的当事人有利害关系或其他关系可能影响公正估价的,应当回避。

四、评估人员执业资格认定的管理

对于涉及以下价格评估业务人员,需要对其执业资格进行认定管理:①在国家财产和集体财产处置事务中的价格评估;②在生产经营、合同签订、抵押质押、理赔索赔、物品拍卖、资产评估、财产分割、工程审价、清产核资、经济纠纷、法律诉讼、司法公证中涉及国家利益、公众利益的价格评估。

第三节　观赏石价格评估相关法律法规政策介绍

一、观赏石进入行政执法、司法、仲裁领域实行价格认定管理

(一)价格法律

1.《中华人民共和国价格法》第十四条　经营者不得有下列不正当价格行为。

(1)相互串通,操纵市场价格,损害其他经营者或者消费者的合法权益;

(2)在依法降价处理鲜活商品、季节性商品、积压商品等商品外,为了排挤竞争对手或者独占市场,以低于成本的价格倾销,扰乱正常的生产经营秩序,损害国家利益或者其他经营者的合法权益;

(3)捏造、散布涨价信息,哄抬价格,推动商品价格过高上涨的;

（4）利用虚假的或者使人误解的价格手段,诱骗消费者或者其他经营者与其进行交易;

（5）提供相同商品或者服务,对具有同等交易条件的其他经营者实行价格歧视;

（6）采取抬高等级或者压低等级等手段收购、销售商品或者提供服务,变相提高或者压低价格;

（7）违反法律、法规的规定牟取暴利;

（8）法律、行政法规禁止的其他不正当价格行为。

2.《中华人民共和国价格法》第四十条　经营者有本法第十四条所列行为之一的,责令改正,没收违法所得,可以并处违法所得五倍以下的罚款;没有违法所得的,予以警告,可以并处罚款;情节严重的,责令停业整顿,或者由工商行政管理机关吊销营业执照。有关法律对本法第十四条所列行为的处罚及处罚机关另有规定的,可以依照有关法律的规定执行。

有本法第十四条第 1 项、第 2 项所列行为,属于是全国性的,由国务院价格主管部门认定;属于是省及省以下区域性的,由省、自治区、直辖市人民政府价格主管部门认定。

（二）价格法规

1.《价格管理条例》第十三条　国家物价部门在价格管理方面履行下列职责:协调、处理国务院业务主管部门之间,省、自治区、直辖市之间,国务院业务主管部门与省、自治区、直辖市之间的价格争议。

2.《价格管理条例》第十五条　省、自治区、直辖市人民政府物价部门在价格管理方面履行下列职责:协调、处理本地区内的价格争议。

（三）最高人民法院、最高人民检察院、公安部、国家计委关于统一赃物估价工作的通知（法发〔1994〕9 号）主要规定

1. 人民法院、人民检察院、公安机关在办理刑事案件过程中,对于价格不明或者价格难以确定的赃物应当估价。案件移送时,应附《赃物估价鉴定结论书》。

2. 国家计委及地方各级政府物价管理部门是赃物估价的主管部门,其设立的价格事务所是指定的赃物估价机构。

3. 价格事务所对赃物估价后,应当出具统一制作的《赃物估价鉴定结论书》,由估价工作人员签名并加盖价格事务所印章。

4. 委托估价的机关应当对《赃物估价鉴定结论书》进行审查。如果对同级价格事务所出具的《赃物估价鉴定结论书》提出异议,可退回价格事务所重新鉴定或者委托上一级价格事务所复核。经审查,确认无误的赃物估价鉴定结论,才能作为定案的根据。国家计委指定的直属价格事务所是赃物估价的最终复核裁定机构。

5. 赃物估价是一项严肃的工作。各级政府价格主管部门及其价格事务所应积极配合人民法院、人民检察院、公安机关认真做好这项工作。一些尚未组建价格事务所的地区,赃物估价工作暂由物价管理部门承担。

（四）国家计划委员会、最高人民法院、最高人民检察院、公安部关于印发《扣押、追缴、没收物品估价管理办法》的通知（计价费〔1997〕808 号）主要规定

1. 第二条　人民法院、人民检察院、公安机关各自管辖的刑事案件,对于价格不明或者价格难以确定的扣押、追缴、没收物品需要估价的,应当委托指定的估价机构估价。案件移送时,应当附有《扣押、追缴、没收物品估价结论书》。

2. 第四条　对于扣押、追缴、没收的珍贵文物,珍贵、濒危动物及其制品,珍稀植物及其制品,毒品,淫秽物品,枪支、弹药等不以价格数额作为定罪量刑标准的,不需要估价。

3. 第五条　国务院及地方人民政府价格部门是扣押、追缴、没收物品估价工作的主管部门,其设立的价格事务所是各级人民法院、人民检察院、公安机关指定的扣押、追缴、没收物品估价机构,其他任何机构或者个人不得对扣押、追缴、没收物品估价。

4. 第六条　价格事务所出具的扣押、追缴、没收物品估价鉴定结论,经人民法院、人民检察院、公安机关确认,可以作为办理案件的依据。

5. 第七条　各级人民法院、人民检察院、公安机关遇有本办法第二条所列情形时,应当委托同级价格部门设立的价格事务所进行估价。

6. 第十五条　委托机关对价格事务所出具的《扣押、追缴、没收物品估价鉴定结论书》有异议的,可以向原估价机构要求补充鉴定或者重新鉴定,也可以直接委托上级价格部门设立的价格事务所复核或者重新估价。

7. 第二十条　价格事务所对委托估价的文物、邮票、字画、贵重金银、珠宝及其制品等特殊物品,应当送有关专业部门作出技术、质量鉴定后,根据其提供的有关依据,作出估价结论。

8. 第二十六条　价格事务所和鉴定人对出具的《扣押、追缴、没收物品估价鉴定结论书》的内容分别承担相应法律责任。

9. 第二十八条　其他涉案物品的估价,以及行政执法机关提请价格部门设立的价格事务所对收缴、罚没、扣押物品的估价,可以参照本办法执行。

(五)国家发展和改革委员会、最高人民法院、最高人民检察院、公安部、财政部于2008年6月4日联合印发《关于扣押追缴没收及收缴财物价格鉴定管理的补充通知》(发改厅〔2008〕1392号)主要规定

1. 各级政府价格部门设立的价格鉴证机构为国家机关指定的涉案财物价格鉴定的机构,名称统一为"价格认证中心"。原国家计委、最高人民法院、最高人民检察院、公安部制定的《扣押、追缴、没收物品估价管理办法》(计办〔1997〕808号)中涉及的"价事务所"相应更改为"价格认证中心"。

2. 各司法、行政执法机关在办理各自管辖刑事案件中,涉及价格不明或者价格有争议,需要对涉案财物或标的进行价格鉴定的,办案机关应委托同级政府价格部门设立的价格鉴定机构进行价格鉴定。

政府价格部门设立的价格鉴定机构可以接受办案机关的委托,对非刑事案件中涉案财物标的进行价格鉴定。

3. 各级政府价格主管部门设立的价格鉴证机构从事国家机关委托的刑事案件涉案财物价格鉴定不收费,该项鉴定费用由同级财政部门根据价格认证中心业务量大小,核定专项经费拨款或补贴。

(六)国务院清理整顿经济鉴证类社会中介机构领导小组《关于规范价格鉴证机构管理意见》(国清〔2000〕3号)文件的主要内容

由于涉案物品价格鉴证工作直接服务于司法和行政执法,直接影响到罪与非罪的判定和

"罪刑相适应原则"的实现,政策把握性很强,时限性要求高。……各级政府价格主管部门设立的价格鉴证机构仍作为事业单位保留,县级以上每个行政区划内只设一个价格鉴证机构,为国家司法机关指定的涉案物品价格鉴证机构。各级政府价格部门为价格鉴证机构的主管部门,负责本行政区域内价格鉴证机构的监督管理工作。进一步明确司法机关、行政执法机关和仲裁机构在办理各自管辖的案件中,凡涉及需要对案件标的物进行价格鉴证的,都应由司法机关指定的价格鉴证机构鉴证,非价格鉴证机构不得承办涉案物品价格鉴证业务。

(七)国家发改委、人事部关于印发《价格鉴证师执业资格制度暂行规定》和《价格监证师执业资格考试实施办法》的通知(人发〔1999〕66 号)相关规定

1. 第二条　国家对价格鉴证行业关键岗位的专业人员实行执业资格制度,纳入全国专业技术人员执业资格制度的统一管理。

2. 第三条　本规定所称价格鉴证师是指通过全国统一考试,取得《价格鉴证师执业资格证书》,经注册登记后,从事涉案标的价格鉴定、认证、评估工作关键岗位上的专业人员。

(八)国务院价格主管部门规范性文件

1. 国家计委关于印发《价格认证管理办法》的通知(计价格〔1999〕1074 号)相关规定。

第二条　本办法所称价格认证,是指依法设立的价格鉴证机构接受各类市场主体及公民的委托,对其提出的各类商品(财产)和有偿服务项目价格进行的公正性认定。

2. 国家计委《关于开展价格鉴证机构规范工作检查验收的通知》(计经调〔2001〕2217 号)相关规定:

强化涉案物品价格鉴证的管理工作。在国务院批准的国家计委"三定方案"中,明确规定国家计委具有"组织指导中介机构的价格评估、鉴证工作"的职能。

3. 国家计委办公厅关于价格鉴定有关问题的复函(计办经调〔2001〕1546 号)相关规定。

(1)涉案价格鉴证是指各级价格主管部门依法设立的价格鉴证机构接受委托,对司法机关、行政机关、仲裁机构在实施具体司法行为、行政行为、仲裁行为过程中所涉及的各种标的物价格进行鉴定和认证。涉案资产、房地产、建筑工程、知识产权及事故损失的价格鉴定,是涉案价格鉴证的重要组成部分,应按照国家涉案价格鉴证工作管理法规执行,由价格主管部门负责监督管理。

(2)各级政府价格主管部门要加强对社会中介评估组织的指导和管理。非价格鉴证机构不得从事涉案价格鉴证评估业务。从事社会中介评估业务的中介机构承担涉案财物价格鉴证工作,属违法行为。价格主管部门应按照我委《关于开展价格鉴证机构规范工作检查验收的通知》(计经调〔2001〕2217 号)依法查处。

(九)纪检监察机关查办案件涉案财物价格认定工作暂行办法(中纪发〔2010〕35 号)相关规定

第二条　纪检监察机关查办案件涉案财物价格认定工作,适用本办法。

本办法所称价格认定,是指纪检监察机关在查办案件中,对价格不明,价格有争议的涉案财物,向人民政府价格主管部门设立的价格认证机构(以下简称价格认证机构)提出价格认定,由价格认证机构依法对涉案财物的价格进行测算,并作出认定结论的行为。

本办法所称涉案财物,是指可以证明违纪违法行为的财物和违纪违法所得的财物,包括房地产、金银珠宝、文物、艺术品、家具、电器、交通工具、通信工具、有价证券等。

　　观赏石作为流通的商品进入司法领域在我国是 1999 年开始,当年广西柳州市举办了"首届柳州国际奇石节"之后,社会各界对观赏石有价值并且价值还挺大逐渐有所认识,接着在一些出产名石的地方陆续发生偷窃观赏石案件,公安部门破获案件后就找物价部门认定价格,以利于司法活动的正常进行。这样观赏石价格评估问题不得不解决,至此,涉及观赏石司法案件的价格部门的价格鉴证机构开始进入观赏石价格认定领域。10 多年来,随着经济社会的发展,观赏石发生刑事、民事、经济案件标的不断增加,据统计,2008—2009 年,全国价格认证系统共受理各类鉴定业务 316.7 万件,标的金额 4497 亿元。其中有部分数量的标的就是观赏石。广西作为出产顶级观赏石的大省,还有中华石都柳州,发生观赏石被盗、破坏等案件在不断增加,各级价格认证机构认定观赏石价格业务量也呈上升态势。

二、观赏石进入民事及经济活动的价格必须依照国家有关价格规定进行管理

(一)价格制度和定价形式

　　《中华人民共和国价格法》第三条　国家实行并逐步完善宏观经济调控下主要由市场形成价格的机制。价格的制定应当符合价值规律,大多数商品和服务价格实行市场调节价,极少数商品和服务价格实行政府指导价或者政府定价。

　　市场调节价,是指由经营者自主制定,通过市场竞争形成的价格。

　　本法所称经营者是指从事生产、经营商品或者提供有偿服务的法人、其他组织和个人。

　　这里明确了我国的基本价格制度,其包含了两个方面,即市场形成价格和政府宏观调控,二者相互联系,缺一不可。①经营者自主定价是实现市场形成价格的前提。在社会主义市场经济体制下,企业自主经营、自负盈亏,商品的价格高低直接关系到企业的利益,企业要在激烈的市场竞争中生产和发展,必须具有价格决策权。同时,商品的直接生产经营者对商品进行定价,能够直接、及时的反映生产成本、市场供求、消费水平等变化,使得价格具有合理性和灵活性。②市场形成价格是社会主义市场价格体制的核心。绝大多数商品的价格是通过市场供求关系和竞争来确定的,任何单个的经营者都不能独立、主观地决定一个商品的价格,只能接受由市场供求关系决定的价格,并参照这一价格来不断调整生产经营方向和规模,促进生产结构与消费结构相适应,合理配置资源以实现利益最大化。

(二)价格工作的基本原则

　　《中华人民共和国价格法》第四条　国家支持和促进公平、公开、合法的市场竞争,维护正常的价格秩序,对价格活动实行管理、监督和必要的调控。

　　市场经济要求价格在市场竞争中形成,建立公平、公开、合法的市场竞争秩序是价格工作的基本原则之一。市场价格的合理形成,必须要保证经营者正当竞争,实行等价交换、公平交易,在公开、透明的环境下进行正当的优胜劣汰,提高经济效益,严格制止价格欺诈、价格垄断和牟取暴利等不正当价格竞争行为。但是当前,我国的市场体制尚不完善,市场经营中还存在一些不规范的价格行为,因此,还需要政府采取相应的措施和手段,对经营者的市场价格行为进行管理、监督和调控。

（三）价格工作机构的规定

《中华人民共和国价格法》第五条　国务院价格主管部门统一负责全国的价格工作。国务院其他有关部门在各自的职责范围内，负责有关统一负责全国的价格工作的价格工作。

县级以上地方各级人民政府价格主管部门负责本行政区域内的价格工作。县级以上地方各级人民政府其他有关部门在各自的职责范围内，负责有关的价格工作。

（四）经营者定价的原则

《中华人民共和国价格法》第七条　经营者定价应当遵循公平、合法和诚实信用原则。

在社会主义市场经济体制中，经营者享有广泛的价格决策权，但是也必须遵守一定的行为准则，从而有利于发挥价格在市场经济中的积极作用，抑制和减少价格机制的消极作用。

公平原则是指在市场交易中，经营者的价格行为应当符合价值规律，遵循等价交换原则，合理制定价格。

合法原则即经营者的价格活动应当符合国家价格法律、法规和规章制度，违法的价格行为将受到查处，并承担相应的法律责任。

诚实信用原则是市场经济活动的一项基本道德准则，当事人在市场活动中应讲信用，恪守诺言，诚实不欺，在追求自己利益的同时不损害他人和社会利益。具体到行为上有如实介绍商品情况、不以次充好、不掺杂使假、不违反协议、履行承诺的义务等。

（五）经营者定价的依据

《中华人民共和国价格法》第八条　经营者定价的基本依据是生产经营成本和市场供求状况。

虽然经营者有自主定价的权利，但是市场形成价格是有其客观规律的。决定市场价格的诸多因素中，生产经营成本是基本因素，供求关系是最终决定因素。生产经营成本是指经营者在生产和销售过程中应该负担的全部成本，包括材料、人工和制造费用、管理费用、销售税金、及期间费用等。决定价值的是生产领域，实现价值的是流通领域，因此价格的形成必然受供求关系的制约。供求规律是供求关系变化的基本法则，供大于求则价格下降，供不应求则价格上升。

（六）经营者获利途径

《中华人民共和国价格法》第九条　经营者应当努力改进生产经营管理，降低生产经营成本，为消费者提供价格合理的商品和服务，并在市场竞争中获取合法利润。

在合理合法的价格竞争下，经营者获取最大利润的唯一途径就是努力改进生产经营管理，优化产业结构和资源配置，以降低生产经营成本，实现单一商品的利润最大化；为消费者提供价格合理的商品和服务，可以提高经营者和商品的口碑，有利于增加产品的销量，在单一商品利润最大化的前提下获取合法的最大总利润。

（七）经营者健全内部价格管理义务

《中华人民共和国价格法》第十条　经营者应当根据其经营条件建立、健全内部价格管理制度，准确记录与核定商品和服务的生产经营成本，不得弄虚作假。

经营者不仅依法享有自主定价的权利，还有健全内部价格管理制度的义务。建立、健全经营者内部价格管理制度，是经营者遵守国家价格法律、法规，贯彻国家价格方针政策，提高经营者价格管理水平的保证。经营者内部价格管理制度主要有：定调价管理制度、经营者内部价格报告和检查制度。

（八）经营者定价的权利

《中华人民共和国价格法》第十一条　经营者进行价格活动，享有下列权利：①自主制定属于市场调节的价格；②在政府指导价规定的幅度内制定价格；③制定属于政府指导价、政府定价产品范围内的新产品的试销价格，特定产品除外；④检举、控告侵犯其依法自主定价权利的行为。

经营者在市场价格活动中，有权依据生产经营成本和市场供求制定合理的价格，获取合理的利润。所谓合理，一定是在政府指导价规定的限度内，政府指导价保证了市场价格的稳定性和灵活性，有利于价格活动的正常运行。除了不允许在市场竞争中形成价格的特定产品，如武器等军工产品，经营者还有权制度新产品，即全国范围内没有生产过的产品，或是在原理、用途、性能、结构、材质等某方面具有新改进的产品的试销价格。合理制定新产品的试销价格，对调动企业生产新产品的积极性和新产品的推广使用，都具有十分重要的作用。试销价格经过一段时间后，可转为正式价格，按定价权限制度政府指导价或政府定价。

（九）经营者在价格活动中应当履行的基本义务

《中华人民共和国价格法》第十二条　经营者进行价格活动，应当遵守法律、法规，执行依法制定的政府指导价、政府定价和法定的价格干预措施、紧急措施。

价格法律、法规是为建立社会主义市场经济体制，规范价格行为，维护市场竞争秩序，稳定市场价格水平，促进经济发展和社会稳定而制定的。作为经营者，在进行价格活动时，必须遵守国家价格法律、法规，以保证价格行为的合理、合法。

政府指导价、政府定价是政府相关部门在进行了充分的调查、听取了有关方面的意见、权衡了各方利益后所制定的价格，具有法律效力，带有强制性，是经营者必须执行的义务。价格干预措施、紧急措施是政府应用行政手段对价格进行宏观调控的措施，是保持市场价格基本稳定的需要，也是保证国家社会安定的要求。

（十）对从事进出口业务的经营者的价格行为规定

《中华人民共和国价格法》第十六条　经营者销售进口商品、收购出口商品，应当遵照本章的有关规定，维护国内市场秩序。

进口商品国内价格是指进口商品进入我国国境以内的价格，即进口商品在国内的拨交、销售价格。出口商品国内价格是指外贸企业出口商品在我国国内收购、拨交的价格。进口商品在我国境内低价倾销，不仅会使我国已经建立的产业受损，还会影响到新兴产业的建立和发展，造成我国人员失业的危机和经济损失。本条规定的主要目的是限制不正当竞争，防止进口商品冲击国内市场，出口商品抬价抢购，扰乱国内市场秩序的行为。

（十一）行业组织价格行为规则规定

《中华人民共和国价格法》第十七条　行业组织应当遵守价格法律、法规，加强价格自律，接受政府价格主管部门的工作指导。

行业组织是指经国家民政部门批准成立的协会、研究会等社团组织，主要包括各种工业协会、行业协会和价格研究会，是协助政府有关部门进行行业管理的助手。价格法律、法规是所有价格行为主体必须遵循的规范，行业组织进行行业内部价格管理协调工作，更应带头遵守。行业组织作为政府的助手，要接受政府价格主管部门的指导，积极主动配合政府价格主管部门做好本行业的价格管理工作。

参考文献

[1]李元摄影机构.色彩之美[M].北京:电子工业出版社,2012.

[2]张蓓莉.系统宝石学[M].北京:地质出版社,2006.

[3]马凯.中华人民共和国价格法释义[M].北京:经济科学出版社,1998.

[4]陈峻.价格鉴证理论与实务[M].北京:中国市场出版社,2010.

[5]全国注册资产评估师考试用书编写组.资产评估[M].北京:中国财经出版社,2012.

[6]刘道荣.中国艺术品收藏鉴赏全集·奇石:典藏版[M].长春:吉林出版集团有限责任公司,2007.

[7]汪洋.价格理论与价格管理[M].北京:中国物价出版社,2000.

[8]陈孟.广西社会科学专家文集·陈孟集[M].线装书局,2012.

[9]王德章.价格学[M].北京:中国人民大学出版社,2006.

[10]张庆麟.奇石鉴赏与收藏[M].上海:上海科学技术出版社,2012.

[11]价格鉴证师执业资格考试教材编委会.价格鉴证理论与实务[M].2010版.北京:中国市场出版社,2010.

[12]郭颖.观赏石鉴赏[M].北京:地质出版社,2012.

[13]朱良志.真水无香[M].北京:北京大学出版社,2009.

[14]朱良志.中国美学十五讲[M].北京:北京大学出版社,2006.

附录一 图片集

图 7-5-1　龙腾虎跃

图 7-5-2　虎啸河山

图 7-5-3　大鹏展翅

图 7-5-4　海纳百川

图7-5-5　富贵鸟

图7-5-6　仿宋人笔古木幽禽立轴

图7-5-7　荷花翠鸟图

图7-5-8　好鸟栖高枝

图 8-3-1　硕果

图 8-3-2　红岩

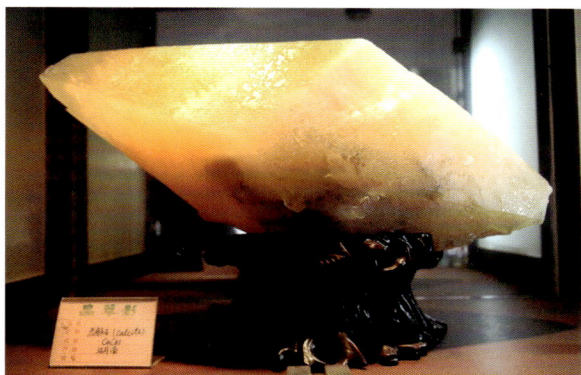
图 8-3-3　几何

图 8-3-4　栀子

图 8-3-5　金碧辉煌

图 8-3-6　茶壶

图 8-3-7　金屋

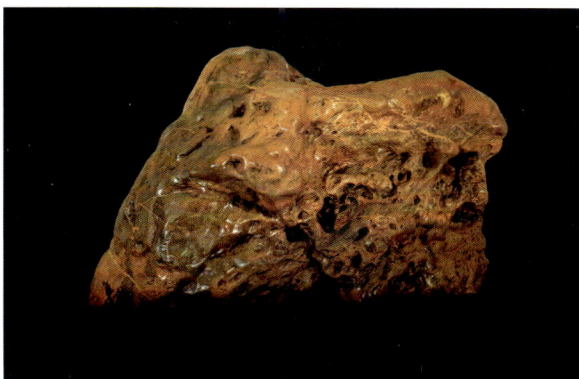
图 8-3-8　吉祥

1. 傲视天下（特级）
   石种：大化彩玉石
   规格：43×60×32（cm³）

2. 威仪（特级）
   石种：彩陶石
   规格：75×27×43（cm³）

3. 螭龙（特级）
   石种：绿彩陶
   规格：28×39×20（cm³）

4. 道（一级）
   石种：大化摩尔石
   规格：173×270×135（cm³）

5. 古陶遗风（特级）
   石种：绿彩陶
   规格：36×35×33（cm³）

6. 雀欢扬彩（特级）
   石种：大化彩玉石
   规格：84×58×64（cm³）

7. 龙凤呈祥（特级）
   石种：来宾金纹石
   规格：21×20×18（cm³）

8. 罗丹塑意（特级）
   石种：大化彩玉石
   规格：88×110×90（cm³）

9. 方外之境（特级）
   石种：彩陶石
   规格：50×18×30（cm³）

图 9-4-1

10. 风光独显（特级）
　　石种：都安石
　　规格：41×29×23（cm³）

11. 石野狐（特级）
　　石种：柳江棋盘石
　　规格：42×30×23(cm³)

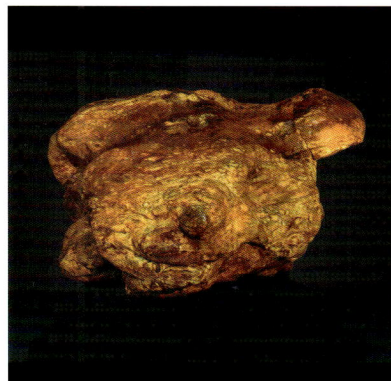

12. 金龟（特级）
　　石种：三江黄龙玉
　　规格：4.30×2.85×3.20（m³）

13. 静听松涛（二级）
　　石种：长江石
　　规格：25×23×5（cm³）

14. 一枝独秀（二级）
　　石种：贺州黄蜡石
　　规格：13×23×10（cm³）

15. 一掌定乾坤（一级）
　　石种：三江石
　　规格：22×11×13（cm³）

16. 坐看云起（一级）
　　石种：葡萄玛瑙
　　规格：45×60×30（cm³）

17. 马（一级）
　　石种：彩陶石
　　规格：21×29×14（cm³）

18. 妙然天成（一级）
　　石种：四川长江红
　　规格：50×45×28（cm³）

19. 秀丽山川（二级）
　　石种：天峨石
　　规格：53×78×28（cm³）

20. 海螺（一级）
　　石种：大化彩玉石
　　规格：5×20×12（cm³）

21. 猫（二级）
　　石种：石英岩石
　　规格：13×16×6（cm³）

22. 水锌花（一级）
　　石种：水锌矿
　　规格：43×32×16（cm³）

23. 草原（一级）
　　石种：磷氯铅矿
　　规格：35×18×20（cm³）

24. 点缀（一级）
　　石种：水晶黄铁矿共生
　　规格：40×30×20（cm³）

25. 汇聚（一级）
　　石种：菱镁矿
　　规格：75×45×30（cm^3）

26. 一点红（一级）
　　石种：雄黄
　　规格：18×13×12（cm^3）

27. 智者（一级）
　　石种：三江石
　　规格：13×15×6（cm^3）

28. 一树百获（二级）
　　石种：树化玉
　　规格：42×30×23(cm^3)

29. 嫦娥奔月（特级）
　　石种：都安石
　　规格：1.90×1.10×3.00（m^3）

30. 佛寿（一级）
　　石种：大化彩玉石
　　规格：2.10×1.20×2.15（m^3）

图 9-4-2　佛寿

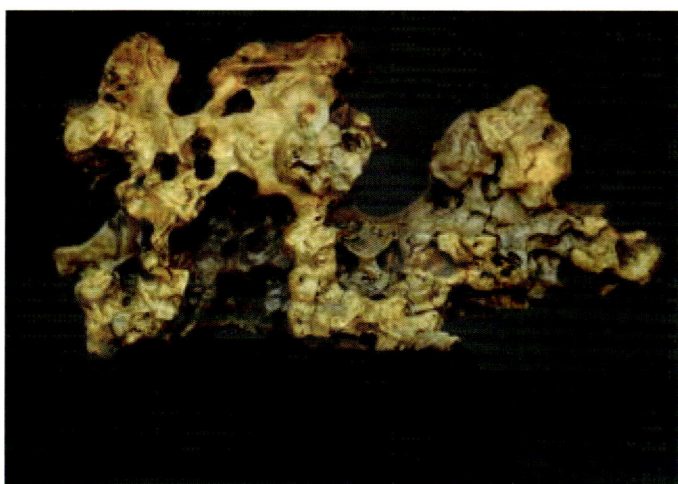

图 10-4-1　龙腾盛世

图 10-4-2　丹凤朝阳

附录二　中华人民共和国价格法

（1997 年 12 月 29 日第八届全国人民代表大会常务委员会第二十九次会议通过 1997 年 12 月 29 日中华人民共和国主席令第九十二号公布　自 1998 年 5 月 1 日起施行）

目　　录

第一章　总　　则

第一条　为了规范价格行为,发挥价格合理配置资源的作用,稳定市场价格总水平,保护消费者和经营者的合法权益,促进社会主义市场经济健康发展,制定本法。

第二条　在中华人民共和国境内发生的价格行为,适用本法。

本法所称价格包括商品价格和服务价格。

商品价格是指各类有形产品和无形资产的价格。

服务价格是指各类有偿服务的收费。

第三条　国家实行并逐步完善宏观经济调控下主要由市场形成价格的机制。价格的制定应当符合价值规律,大多数商品和服务价格实行市场调节价,极少数商品和服务价格实行政府指导价或者政府定价。

市场调节价,是指由经营者自主制定,通过市场竞争形成的价格。

本法所称经营者是指从事生产、经营商品或者提供有偿服务的法人、其他组织和个人。

政府指导价,是指依照本法规定,由政府价格主管部门或者其他有关部门,按照定价权限和范围规定基准价及其浮动幅度,指导经营者制定的价格。

政府定价,是指依照本法规定,由政府价格主管部门或者其他有关部门,按照定价权限和范围制定的价格。

第四条　国家支持和促进公平、公开、合法的市场竞争,维护正常的价格秩序,对价格活动实行管理、监督和必要的调控。

第五条　国务院价格主管部门统一负责全国的价格工作。国务院其他有关部门在各自的职责范围内,负责有关的价格工作。

县级以上地方各级人民政府价格主管部门负责本行政区域内的价格工作。县级以上地方各级人民政府其他有关部门在各自的职责范围内,负责有关的价格工作。

第二章　经营者的价格行为

第六条　商品价格和服务价格,除依照本法第十八条规定适用政府指导价或者政府定价外,实行市场调节价,由经营者依照本法自主制定。

第七条　经营者定价,应当遵循公平、合法和诚实信用的原则。

第八条　经营者定价的基本依据是生产经营成本和市场供求状况。

第九条　经营者应当努力改进生产经营管理,降低生产经营成本,为消费者提供价格合理的商品和服务,并在市场竞争中获取合法利润。

第十条　经营者应当根据其经营条件建立、健全内部价格管理制度,准确记录与核定商品和服务的生产经营成本,不得弄虚作假。

第十一条　经营者进行价格活动,享有下列权利:

(一)自主制定属于市场调节的价格;

(二)在政府指导价规定的幅度内制定价格;

(三)制定属于政府指导价、政府定价产品范围内的新产品的试销价格,特定产品除外;

(四)检举、控告侵犯其依法自主定价权利的行为。

第十二条　经营者进行价格活动,应当遵守法律、法规,执行依法制定的政府指导价、政府定价和法定的价格干预措施、紧急措施。

第十三条　经营者销售、收购商品和提供服务,应当按照政府价格主管部门的规定明码标价,注明商品的品名、产地、规格、等级、计价单位、价格或者服务的项目、收费标准等有关情况。

经营者不得在标价之外加价出售商品,不得收取任何未予标明的费用。

第十四条　经营者不得有下列不正当价格行为:

(一)相互串通,操纵市场价格,损害其他经营者或者消费者的合法权益;

(二)在依法降价处理鲜活商品、季节性商品、积压商品等商品外,为了排挤竞争对手或者独占市场,以低于成本的价格倾销,扰乱正常的生产经营秩序,损害国家利益或者其他经营者的合法权益；

（三）捏造、散布涨价信息，哄抬价格，推动商品价格过高上涨的；

（四）利用虚假的或者使人误解的价格手段，诱骗消费者或者其他经营者与其进行交易；

（五）提供相同商品或者服务，对具有同等交易条件的其他经营者实行价格歧视；

（六）采取抬高等级或者压低等级等手段收购、销售商品或者提供服务，变相提高或者压低价格；

（七）违反法律、法规的规定牟取暴利；

（八）法律、行政法规禁止的其他不正当价格行为。

第十五条　各类中介机构提供有偿服务收取费用，应当遵守本法的规定。法律另有规定的，按照有关规定执行。

第十六条　经营者销售进口商品、收购出口商品，应当遵守本章的有关规定，维护国内市场秩序。

第十七条　行业组织应当遵守价格法律、法规，加强价格自律，接受政府价格主管部门的工作指导。

第三章　政府的定价行为

第十八条　下列商品和服务价格，政府在必要时可以实行政府指导价或者政府定价：

（一）与国民经济发展和人民生活关系重大的极少数商品价格；

（二）资源稀缺的少数商品价格；

（三）自然垄断经营的商品价格；

（四）重要的公用事业价格；

（五）重要的公益性服务价格。

第十九条　政府指导价、政府定价的定价权限和具体适用范围，以中央的和地方的定价目录为依据。

中央定价目录由国务院价格主管部门制定、修订，报国务院批准后公布。

地方定价目录由省、自治区、直辖市人民政府价格主管部门按照中央定价目录规定的定价权限和具体适用范围制定，经本级人民政府审核同意，报国务院价格主管部门审定后公布。

省、自治区、直辖市人民政府以下各级地方人民政府不得制定定价目录。

第二十条　国务院价格主管部门和其他有关部门，按照中央定价目录规定的定价权限和具体适用范围制定政府指导价、政府定价；其中重要的商品和服务价格的政府指导价、政府定价，应当按照规定经国务院批准。

省、自治区、直辖市人民政府价格主管部门和其他有关部门，应当按照地方定价目录规定的定价权限和具体适用范围制定在本地区执行的政府指导价、政府定价。

市、县人民政府可以根据省、自治区、直辖市人民政府的授权，按照地方定价目录规定的定价权限和具体适用范围制定在本地区执行的政府指导价、政府定价。

第二十一条 制定政府指导价、政府定价,应当依据有关商品或者服务的社会平均成本和市场供求状况、国民经济与社会发展要求以及社会承受能力,实行合理的购销差价、批零差价、地区差价和季节差价。

第二十二条 政府价格主管部门和其他有关部门制定政府指导价、政府定价,应当开展价格、成本调查,听取消费者、经营者和有关方面的意见。

政府价格主管部门开展对政府指导价、政府定价的价格、成本调查时,有关单位应当如实反映情况,提供必需的账簿、文件以及其他资料。

第二十三条 制定关系群众切身利益的公用事业价格、公益性服务价格、自然垄断经营的商品价格等政府指导价、政府定价,应当建立听证会制度,由政府价格主管部门主持,征求消费者、经营者和有关方面的意见,论证其必要性、可行性。

第二十四条 政府指导价、政府定价制定后,由制定价格的部门向消费者、经营者公布。

第二十五条 政府指导价、政府定价的具体适用范围、价格水平,应当根据经济运行情况,按照规定的定价权限和程序适时调整。

消费者、经营者可以对政府指导价、政府定价提出调整建议。

第四章 价格总水平调控

第二十六条 稳定市场价格总水平是国家重要的宏观经济政策目标。国家根据国民经济发展的需要和社会承受能力,确定市场价格总水平调控目标,列入国民经济和社会发展计划,并综合运用货币、财政、投资、进出口等方面的政策和措施,予以实现。

第二十七条 政府可以建立重要商品储备制度,设立价格调节基金,调控价格,稳定市场。

第二十八条 为适应价格调控和管理的需要,政府价格主管部门应当建立价格监测制度,对重要商品、服务价格的变动进行监测。

第二十九条 政府在粮食等重要农产品的市场购买价格过低时,可以在收购中实行保护价格,并采取相应的经济措施保证其实现。

第三十条 当重要商品和服务价格显著上涨或者有可能显著上涨,国务院和省、自治区、直辖市人民政府可以对部分价格采取限定差价率或者利润率、规定限价、实行提价申报制度和调价备案制度等干预措施。

省、自治区、直辖市人民政府采取前款规定的干预措施,应当报国务院备案。

第三十一条 当市场价格总水平出现剧烈波动等异常状态时,国务院可以在全国范围内或者部分区域内采取临时集中定价权限、部分或者全面冻结价格的紧急措施。

第三十二条 依照本法第三十条、第三十一条的规定实行干预措施、紧急措施的情形消除后,应当及时解除干预措施、紧急措施。

第五章　价格监督检查

第三十三条　县级以上各级人民政府价格主管部门，依法对价格活动进行监督检查，并依照本法的规定对价格违法行为实施行政处罚。

第三十四条　政府价格主管部门进行价格监督检查时，可以行使下列职权：

（一）询问当事人或者有关人员，并要求其提供证明材料和与价格违法行为有关的其他资料；

（二）查询、复制与价格违法行为有关的账簿、单据、凭证、文件及其他资料，核对与价格违法行为有关的银行资料；

（三）检查与价格违法行为有关的财物，必要时可以责令当事人暂停相关营业；

（四）在证据可能灭失或者以后难以取得的情况下，可以依法先行登记保存，当事人或者有关人员不得转移、隐匿或者销毁。

第三十五条　经营者接受政府价格主管部门的监督检查时，应当如实提供价格监督检查所必需的账簿、单据、凭证、文件以及其他资料。

第三十六条　政府部门价格工作人员不得将依法取得的资料或者了解的情况用于依法进行价格管理以外的任何其他目的，不得泄露当事人的商业秘密。

第三十七条　消费者组织、职工价格监督组织、居民委员会、村民委员会等组织以及消费者，有权对价格行为进行社会监督。政府价格主管部门应当充分发挥群众的价格监督作用。

新闻单位有权进行价格舆论监督。

第三十八条　政府价格主管部门应当建立对价格违法行为的举报制度。

任何单位和个人均有权对价格违法行为进行举报。政府价格主管部门应当对举报者给予鼓励，并负责为举报者保密。

第六章　法律责任

第三十九条　经营者不执行政府指导价、政府定价以及法定的价格干预措施、紧急措施的，责令改正，没收违法所得，可以并处违法所得五倍以下的罚款；没有违法所得的，可以处以罚款；情节严重的，责令停业整顿。

第四十条　经营者有本法第十四条所列行为之一的，责令改正，没收违法所得，可以并处违法所得五倍以下的罚款；没有违法所得的，予以警告，可以并处罚款；情节严重的，责令停业整顿，或者由工商行政管理机关吊销营业执照。有关法律对本法第十四条所列行为的处罚及处罚机关另有规定的，可以依照有关法律的规定执行。

有本法第十四条第（一）项、第（二）项所列行为，属于是全国性的，由国务院价格主管部门认定；属于是省及省以下区域性的，由省、自治区、直辖市人民政府价格主管部门认定。

第四十一条　经营者因价格违法行为致使消费者或者其他经营者多付价款的,应当退还多付部分;造成损害的,应当依法承担赔偿责任。

第四十二条　经营者违反明码标价规定的,责令改正,没收违法所得,可以并处五千元以下的罚款。

第四十三条　经营者被责令暂停相关营业而不停止的,或者转移、隐匿、销毁依法登记保存的财物的,处相关营业所得或者转移、隐匿、销毁的财物价值一倍以上三倍以下的罚款。

第四十四条　拒绝按照规定提供监督检查所需资料或者提供虚假资料的,责令改正,予以警告;逾期不改正的,可以处以罚款。

第四十五条　地方各级人民政府或者各级人民政府有关部门违反本法规定,超越定价权限和范围擅自制定、调整价格或者不执行法定的价格干预措施、紧急措施的,责令改正,并可以通报批评;对直接负责的主管人员和其他直接责任人员,依法给予行政处分。

第四十六条　价格工作人员泄露国家秘密、商业秘密以及滥用职权、徇私舞弊、玩忽职守、索贿受贿,构成犯罪的,依法追究刑事责任;尚不构成犯罪的,依法给予处分。

第七章　附　则

第四十七条　国家行政机关的收费,应当依法进行,严格控制收费项目,限定收费范围、标准。收费的具体管理办法由国务院另行制定。

利率、汇率、保险费率、证券及期货价格,适用有关法律、行政法规的规定,不适用本法。

第四十八条　本法自 1998 年 5 月 1 日起施行。

附录三　中华人民共和国价格管理条例

第一章　总　　则

第一条　为了贯彻执行国家的价格方针、政策,加强价格管理,保持市场价格的基本稳定,安定人民生活,保险经济体制改革的顺利进行,促进社会主义有计划商品经济的发展,制定本条例。

第二条　价格管理应当在保障国家利益的前提下,保护生产者、经营者和消费者的合法经济利益,正确处理中央、地方、部门、企业相互之间的经济利益关系。

第三条　国家对价格管理采取直接管理和间接控制相结合的原则,实行国家定价、国家指导价和市场调节价三种价格形式。

第四条　国家对价格工作实行统一领导、分级管理。各级人民政府物价管理机关(以下简称物价部门),各级人民政府有关业务主管部门以及企业、事业单位价格管理机构和人员,应当严格遵守国家价格法规和政策,做好价格管理和监督工作。

第二章　价格的制定和管理

第五条　本条例所指的价格包括:

(一)各类商品的价格;

(二)各种经营性服务的收费标准(以下简称收费标准)。

第六条　商品价格构成包括生产商品的社会平均成本、税金、利润以及正常的流通费用。

第七条　制定、调整实行国家定价和国家指导价的商品价格,应当接近商品价值,反映供求状况,符合国家策要求,并且遵循下列原则:

(一)各类商品价格应当保持合理的比价关系;

(二)应当有明确的质量标准或者等级规格标准,实行按质定价;

(三)在减少流通环节、降低流通费用的前提下,实行合理的购销差价、批零差价、地区差价和季节差价。

第八条　国家定价是指由县级以上(含县级、以下同)各级人民政府物价部门、业务主管部门按照国家规定权限制定的商品价格和收费标准。国家指导价是指由县级以上各级人民政府物价部门、业务主管部门按照国家规定权限,通过规定基准价和浮动幅度、差率、利润率、最高限价和最低保护价等,指导企业制定的商品价格和收费标准。市场调节价是指由生产者、经营者制定的商品价格和收费标准。

第九条　实行国家定价、国家指导价的商品分工管理目录、收费项目分工管理目录,由国家物价部门和国家物价部门授权省、自治区、直辖市人民政府物价部门制定、调整。

第十条　制定、调整商品价格和收费标准,必须按照国家规定的权限和程序执行。任何地区、部门、单位和个人,都不得超限擅自制定、调整商品价格和收费标准。

第十一条　国务院有关业务主管部门、地方各级人民政府应当掌握市场商品价格信息,通过国营工商企业、物资供销企业、供销社组织货源,参与市场调节,平抑市场商品价格。在市场调节价出现暴涨暴落时,物价部门可以在一定时期内对部分商品价格规定最高限价、最低保护价和提价申报制度。

第十二条　物价部门应当对城乡集贸市场和个体工商户的价格加强管理和监督。

第三章　价格管理职责

第十三条　国家物价部门在价格管理方面履行下列职责:

(一)研究拟订国家的价格方针、政策、计划和改革方案,经国务院批准后组织实施;

(二)研究拟订价格法规草案;

(三)负责全国的价格管理和综合平衡工作;

(四)按照价格管理权限,规定商品和收费的作价原则、作价办法、制定、调整分管的商品价格和收费标准,重要的商品价格和收费标准的制定、调整,应当会商国务院有关业务主管部门后报国务院批准;

(五)指导、监督国务院业务主管部门和省、自治区、直辖市人民政府的价格工作,检查、处理违反价格法规和政策的行为(以下简称价格违法行为);

(六)协调、处理国务院业务主管部门之间,省、自治区、直辖市之间,国务院业务主管部门与省、自治区、直辖市之间的价格争议;

(七)建立全国价格信息网络,开展价格信息服务工作;

(八)国务院赋予的其他职责。

第十四条　国务院业务主管部门在价格管理方面履行下列职责:

(一)负责组织、监督本系统、本行业贯彻执行国家的价格方针、政策和法规;

(二)按照价格管理权限,规定商品和收费的作价原则、作价办法,制定、调整分管的商品价格和收费标准;

(三)组织、监督本系统、本行业执行规定的商品价格和收费标准;

(四)指导本系统、本行业价格工作,协调、处理本系统、本行业内的价格争议,协助物价检查机构查处价格违法行为；

（五）对国家物价部门管理的商品价格和收费标准提供有关资料，提出价格调整方案。

第十五条 省、自治区、直辖市人民政府物价部门在价格管理方面履行下列职责：

（一）贯彻执行国家的价格方针、政策和法规；

（二）组织、监督有关部门实施国家物价部门和国务院业务主管部门制定的商品价格和收费标准；

（三）负责本地区的价格管理和综合平衡工作，会同有关部门拟订本地区价格计划草案，经批准后组织实施；

（四）按照价格管理权限，规定商品和收费的作价原则、作价办法，制定、调整分管的商品价格和收费标准，重要的商品价格和收费标准应当报省、自治区、直辖市人民政府批准，并报国家物价部门和国务院有关业务主管部门备案；

（五）指导、监督同级业务主管部门、下级人民政府以及本地区内企业、事业单位的价格工作，检查、处理价格违法行为；

（六）协调、处理本地区内的价格争议；

（七）建立本地区价格信息网络，开展价格信息服务工作；

（八）省、自治区、直辖市人民政府赋予的其他职责。

第十六条 省、自治区、直辖市人民政府业务主管部门和市、县人民政府的物价部门、业务主管部门的价格管理职责，由省、自治区、直辖市人民政府参照本章的有关条款规定。

第四章 企业的价格权利和义务

第十七条 企业在价格方面享有下列权利：

（一）对实行国家指导价的商品和收费项目，按照有关规定制定商品价格和收费标准；

（二）制定实行市场调节价的商品价格和收费标准；

（三）对经有关部门鉴定确认、物价部门批准实行优质加价的产品，在规定的加价幅度内制定商品价格，按照规定权限确定残损废次商品的处理价格；

（四）在国家规定期限内制定新产品的试销价格；

（五）对实行国家定价、国家指导价的商品价格和收费标准的制定、调整提出建议。

第十八条 企业在价格方面应当履行下列义务：

（一）遵照执行国家的价格方针、政策和法规，执行国家定价、国家指导价；

（二）如实上报实行国家定价、国家指导价的商品和收费项目的有关定价资料；

（三）服从物价部门的价格管理，接受价格监督检查，如实提供价格检查所必需的成本、账簿等有关资料；

（四）执行物价部门规定的商品价格和收费标准的申报、备案制度；

（五）零售商业、饮食行业、服务行业等，必须按照规定明码标价。

第十九条　事业单位、个体工商户在价格方面的权利和义务,参照本条例第十七条、第十八条的规定执行。

第五章　价格监督检查

第二十条　各级物价部门的物价检查机构,依法行使价格监督检查和处理价格违法行为的职权。对同级人民政府业务主管部门、下级人民政府以及本地区内的企业、事业单位和个体工商户执行价格法规、政策进行监督检查。

第二十一条　物价检查机构受上级物价检查机构的业务指导。地方各级物价检查机构主要负责人的任免,应当事前征得上一级物价部门的同意。

第二十二条　物价检查机构应当依靠和发动群众监督检查价格,协同工会和街道办事处组织职工价格监督站和群众价格监督站,开展群众性的价格监督检查动。物价部门要发挥消费者协会监督价格的作用,依法查处消费者协会反映的价格违法行为。

第二十三条　群众价格监督组织监督检查的重点,应当是同人民生活关系密切的消费品价格和服务收费标准。群众价格监督人员进行价格监督检查活动时,应当佩戴标志,出示价格检查证。

第二十四条　地方各级人民政府应当加强对价格监督检查工作的领导,组织有关部门和社会有关方面人员定期或者不定期地对价格法规、政策的执行情况进行监督检查。

第二十五条　工商行政管理、审计、财政、税务、公安、标准、计量以及银行等部门,应当积极配合物价检查机构做好价格监督检查和处理价格违法行为的工作。

第二十六条　对价格违法行为,任何单位和个人都有权检举揭发。物价检查机构应当为检举者保密,并按规定对检举揭发或者协助查处价格违法行为有功人员给予奖励。对群众价格监督组织中工作有成绩者,应当按规定给予奖励。

第二十七条　对检举揭发或者查处价格违法行为者进行打击、报复的,依法追究责任。

第二十八条　物价检查人员必须依法办事。对滥用职权、贪污受贿、徇私舞弊、玩忽职守的,依照国家有关规定给予处分;情节严重,构成犯罪的,由司法机关依法追究刑事责任。

第六章　罚　则

第二十九条　下列行为属于价格违法行为:

(一)不执行国家定价收购、销售商品或者收取费用的;

(二)违反国家指导价的定价原则,制定、调整商品价格或者收费标准的;

(三)抬级抬价、压级压价的;

(四)违反规定将计划内生产资料转为计划外高价出售的;

（五）将定量内供应城镇居民的商品，按议价销售的；

（六）违反规定层层加价销售商品的；

（七）自立名目滥收费用的；

（八）采取以次充好、短尺少秤、降低质量等手段，变相提高商品价格或者收费标准的；

（九）企业之间或者行业组织商定垄断价格的；

（十）不执行提价申报制度的；

（十一）不按规定明码标价的；

（十二）泄露国家价格机密的；

（十三）其他违反价格法规、政策的行为。

第三十条　对有前条行为之一的，物价检查机构应当根据情节按照下列规定处罚：

（一）通报批评；

（二）责令将非法所得退还购买者或者用户；

（三）不能退还的非法所得由物价检查机构予以没收；

（四）罚款；

（五）提请工商行政管理机关吊销营业执照；

（六）对企业、事业单位的直接责任人员和主管人员处以罚款，并可以建议有关部门给予处分。以上处罚，可以并处。

第三十一条　对拒缴非法所得或者罚款的，物价检查机构可以按照有关规定通知其开户银行予以划拨。对没有银行账户或者银行账户内无资金的，物价检查机构有权将其商品变卖抵缴。被处罚的单位和个体工商户，其退还或者被收缴的非法所得，应当抵减其结案年度的销售收入或者营业收入。企业、事业单位的罚款应当自有资金、预算包干经费或者预算外资金中支出。

第三十二条　被处罚的单位和个人对处罚决定不服的，可以在收到处罚通知之日起十五日内，向上一级物价检查机构申请复议。上一级物价检查机构应当在收到复议申请之日起三十日内作出复议决定。复议期间，原处罚决定照常执行。申诉人对复议决定不服的，可以在收到复议通知之日起十五日内，向人民法院起诉。

第三十三条　国家物价部门对各级物价检查机构、上级物价检查机构对下级物价检查机构已经生效的处罚决定，如果发现确有错误，有权纠正或者责令重新处理。

第三十四条　拒绝、阻碍物价检查人员依法执行职务的，由公安机关依照《中华人民共和国治安管理处罚条例》的规定予以处罚；情节严重，构成犯罪的，由司法机关依法追究刑事责任。

第三十五条　各级人民政府物价部门、业务主管部门及其工作人员违反价格管理权限、程序，制定、调整商品价格或者收费标准的，由上级物价部门或者同级物价部门负责纠正，并按干部管理权限追究有关人员的责任。对泄露国家价格机密的，依法追究责任。

第七章　附　则

第三十六条　对行政性收费、事业性收费,物价部门应当根据国家的价格方针、政策进行管理和监督,并会同有关部门核定收费标准。

第三十七条　在我国境内设立的外商投资企业价格管理按照国家有关规定执行。

第三十八条　本条例由国家物价局负责解释;施行细则由国家物价局制定。

第三十九条　本条例自发布之日起施行,1982 年 7 月 7 日国务院发布的《物价管理暂行条例》同时废止。

附录四　最高人民法院关于刑事附带民事诉讼范围问题的规定

（2000 年 12 月 4 日最高人民法院审判委员会第 1148 次会议通过　法释〔2000〕47 号）

根据刑法第三十六条、第三十七条、第六十四条和刑事诉讼法第七十七条的有关规定，现对刑事附带民事诉讼的范围问题规定如下：

第一条　因人身权利受到犯罪侵犯而遭受物质损失或者财物被犯罪分子毁坏而遭受物质损失的，可以提起附带民事诉讼。对于被害人因犯罪行为遭受精神损失而提起附带民事诉讼的，人民法院不予受理。

第二条　被害人因犯罪行为遭受的物质损失，是指被害人因犯罪行为已经遭受的实际损失和必然遭受的损失。

第三条　人民法院审理附带民事诉讼案件，依法判决后，查明被告人确实没有财产可供执行的，应当裁定中止或者终结执行。

第四条　被告人已经赔偿被害人物质损失的，人民法院可以作为量刑情节予以考虑。

第五条　犯罪分子非法占有、处置被害人财产而使其遭受物质损失的，人民法院应当依法予以追缴或者责令退赔。被追缴、退赔的情况，人民法院可以作为量刑情节予以考虑。

经过追缴或者退赔仍不能弥补损失，被害人向人民法院民事审判庭另行提起民事诉讼的，人民法院可以受理。

附录五 最高人民法院关于审理行政许可案件若干问题的规定

(2009年11月9日最高人民法院审判委员会第1476次会议通过)

为规范行政许可案件的审理,根据《中华人民共和国行政许可法》(以下简称行政许可法)、《中华人民共和国行政诉讼法》及其他有关法律规定,结合行政审判实际,对有关问题作如下规定:

第一条 公民、法人或者其他组织认为行政机关作出的行政许可决定以及相应的不作为,或者行政机关就行政许可的变更、延续、撤回、注销、撤销等事项作出的有关具体行政行为及其相应的不作为侵犯其合法权益,提起行政诉讼的,人民法院应当依法受理。

第二条 公民、法人或者其他组织认为行政机关未公开行政许可决定或者未提供行政许可监督检查记录侵犯其合法权益,提起行政诉讼的,人民法院应当依法受理。

第三条 公民、法人或者其他组织仅就行政许可过程中的告知补正申请材料、听证等通知行为提起行政诉讼的,人民法院不予受理,但导致许可程序对上述主体事实上终止的除外。

第四条 当事人不服行政许可决定提起诉讼的, 以作出行政许可决定的机关为被告;行政许可依法须经上级行政机关批准, 当事人对批准或者不批准行为不服一并提起诉讼的,以上级行政机关为共同被告;行政许可依法须经下级行政机关或者管理公共事务的组织初步审查并上报,当事人对不予初步审查或者不予上报不服提起诉讼的,以下级行政机关或者管理公共事务的组织为被告。

第五条 行政机关依据行政许可法第二十六条第二款规定统一办理行政许可的,当事人对行政许可行为不服提起诉讼,以对当事人作出具有实质影响的不利行为的机关为被告。

第六条 行政机关受理行政许可申请后,在法定期限内不予答复,公民、法人或者其他组织向人民法院起诉的,人民法院应当依法受理。

"法定期限"自行政许可申请受理之日起计算;以数据电文方式受理的,自数据电文进入行政机关指定的特定系统之日起计算;数据电文需要确认收讫的,自申请人收到行政机关的收讫确认之日起计算。

第七条 作为被诉行政许可行为基础的其他行政决定或者文书存在以下情形之一的,人民法院不予认可:

（一）明显缺乏事实根据；

（二）明显缺乏法律依据；

（三）超越职权；

（四）其他重大明显违法情形。

第八条　被告不提供或者无正当理由逾期提供证据的,与被诉行政许可行为有利害关系的第三人可以向人民法院提供；第三人对无法提供的证据,可以申请人民法院调取；人民法院在当事人无争议,但涉及国家利益、公共利益或者他人合法权益的情况下,也可以依职权调取证据。

第三人提供或者人民法院调取的证据能够证明行政许可行为合法的,人民法院应当判决驳回原告的诉讼请求。

第九条　人民法院审理行政许可案件,应当以申请人提出行政许可申请后实施的新的法律规范为依据；行政机关在旧的法律规范实施期间,无正当理由拖延审查行政许可申请至新的法律规范实施,适用新的法律规范不利于申请人的,以旧的法律规范为依据。

第十条　被诉准予行政许可决定违反当时的法律规范但符合新的法律规范的,判决确认该决定违法；准予行政许可决定不损害公共利益和利害关系人合法权益的,判决驳回原告的诉讼请求。

第十一条　人民法院审理不予行政许可决定案件,认为原告请求准予许可的理由成立,且被告没有裁量余地的,可以在判决理由写明,并判决撤销不予许可决定,责令被告重新作出决定。

第十二条　被告无正当理由拒绝原告查阅行政许可决定及有关档案材料或者监督检查记录的,人民法院可以判决被告在法定或者合理期限内准予原告查阅。

第十三条　被告在实施行政许可过程中,与他人恶意串通共同违法侵犯原告合法权益的,应当承担连带赔偿责任；被告与他人违法侵犯原告合法权益的,应当根据其违法行为在损害发生过程和结果中所起作用等因素,确定被告的行政赔偿责任；被告已经依照法定程序履行审慎合理的审查职责,因他人行为导致行政许可决定违法的,不承担赔偿责任。

在行政许可案件中,当事人请求一并解决有关民事赔偿问题的,人民法院可以合并审理。

第十四条　行政机关依据行政许可法第八条第二款规定变更或者撤回已经生效的行政许可,公民、法人或者其他组织仅主张行政补偿的,应当先向行政机关提出申请；行政机关在法定期限或者合理期限内不予答复或者对行政机关作出的补偿决定不服的,可以依法提起行政诉讼。

第十五条　法律、法规、规章或者规范性文件对变更或者撤回行政许可的补偿标准未作规定的,一般在实际损失范围内确定补偿数额；行政许可属于行政许可法第十二条第（二）项规定情形的,一般按照实际投入的损失确定补偿数额。

第十六条　行政许可补偿案件的调解,参照最高人民法院《关于审理行政赔偿案件若干问题的规定》的有关规定办理。

第十七条　最高人民法院以前所作的司法解释凡与本规定不一致的,按本规定执行。

附录六　价格评估机构资质认定管理办法

第一条　为加强价格评估机构的资质管理,规范价格评估机构资质认定行为,保障和监督价格评估机构依法执业,促进价格评估机构逐步建立自律性的运行机制,根据《中华人民共和国价格法》、《中华人民共和国行政许可法》和《国务院对确需保留的行政审批项目设定行政许可的决定》,制定本办法。

第二条　从事各种有形财产和无形资产及有偿服务估价业务的价格评估机构的资质认定与管理适用本办法。价格评估机构在工商注册登记前,需通过价格评估机构资质认定。国家法律、法规另有规定的,从其规定。

第三条　价格评估机构资质实行等级制。根据价格评估机构具备的条件分为甲级、乙级、丙级。

甲级价格评估机构可在全国范围内开展价格评估工作;乙级价格评估机构可在机构所在地的省级(指省、自治区、直辖市,下同)行政区域范围内开展价格评估工作;丙级价格评估机构可在机构所在地的市(地)、县范围内开展价格评估工作。

第四条　甲级、乙级价格评估机构资质认定由各省、自治区、直辖市人民政府价格主管部门受理和初审,国家发展改革委审批。丙级价格评估机构资质认定由各省、自治区、直辖市人民政府价格主管部门审批,报国家发展改革委备案。

第五条　丙级价格评估机构应当具备下列条件:

(一)具有工商注册企业法人资格的基本条件;

(二)具有相应的组织章程和必要的管理制度;

(三)具有固定的工作场所;

(四)经国家发展改革委价格评估人员执业资格认定,取得《中华人民共和国价格评估人员执业资格证书》的价格评估专业人员不少于5名;

(五)具有经济、会计及相关工程技术等专业的中、高级职称的技术人员不低于企业实有总人数的30%;

(六)注册资金不低于20万元人民币。

第六条　乙级价格评估机构,除应当具备本办法第五条(一)、(二)、(三)项规定的条件外,还应当具备下列条件:

(一)经国家发展改革委价格评估人员执业资格认定,取得《中华人民共和国价格评估人员执业资格证书》的价格评估专业人员不少于7名;

(二)具有经济、会计及相关工程技术等专业的中、高级职称的技术人员不低于企业实有

总人数的 50%;

(三)注册资金不低于 50 万元人民币。

第七条 甲级价格评估机构除应当具备本办法第五条(一)、(二)、(三)项规定的条件外,还应当具备下列条件:

(一)经国家发展改革委价格评估人员执业资格认定,取得《中华人民共和国价格评估人员执业资格证书》的价格评估专业人员不少于 10 名;

(二)具有经济、会计及相关工程技术专业的中、高级职称的技术人员不低于企业实有总人数的 60%,其中具有高级职称的技术人员不低于企业实有总人数的 15%;

(三)注册资金不低于 100 万元人民币。

第八条 申请价格评估机构资质等级认定,应当提交以下材料:

(一)填写的《中华人民共和国国家发展和改革委员会行政许可事项申请表(价格评估机构资质认定申请)》;

(二)证明具备工商注册企业法人条件的材料;

(三)价格评估机构专业人员执业资格及技术职称证明材料;

(四)价格评估机构组织章程和有关制度;

(五)价格评估机构资质认定申请书。

第九条 申请乙级或者甲级价格评估机构资质认定的除提交第八条规定的材料外,还要提供 5 个以上价格评估典型实例材料和丙级或者乙级价格评估机构资质证书。

第十条 价格评估机构资质认定申请人提供的申请材料齐全,符合本办法规定要求的,初审机关自收到申请材料之日起即为受理。申请材料不齐全或者不符合规定要求的,初审机关应在当场或在 5 个工作日内一次告知申请人需要补正的全部内容,逾期不告知的,自收到申请材料之日起即为受理。

初审机关受理或不予受理资质认定申请人的申请,应当出具加盖本行政机关专用印章和注明日期的书面凭证。

第十一条 甲级和乙级价格评估机构资质认定的初审机关应当自其受理价格评估机构资质认定申请人申请之日起 20 个工作日内完成初审。

第十二条 甲级和乙级价格评估机构资质认定审批机关应当自收到初审机关初审意见之日起 20 个工作日内作出准予或不予资质认定的决定。20 个工作日内不能作出决定的,经价格评估机构资质认定审批机关领导批准,可以延长 10 个工作日并应当将延长期限的理由告知申请人。

第十三条 价格评估机构资质认定审批机关作出准予资质认定决定的,应当自作出决定 10 个工作日内向申请人颁发、送达相应等级的《中华人民共和国价格评估机构资质证书》;依法作出不予资质认定书面决定的,应当说明理由,并告知申请人享有依法申请行政复议或提起行政诉讼的权利。

第十四条 《中华人民共和国价格评估机构资质证书》由国家发展改革委统一印制。

第十五条 价格评估机构资质证书的有效期限为 3 年,有效期满前 30 天,价格评估机构应按规定到资质认定机关重新申请办理认定手续。重新认定时,价格评估机构资质认定申请人要提供近 3 年的工作报告、人员现状和 5 个以上价格评估典型实例材料。

第十六条　价格评估机构登记内容变更,须及时到资质认定机关办理变更手续。

第十七条　国家发展改革委和各省、自治区、直辖市人民政府价格主管部门应当在办公场所公示价格评估机构资质认定的依据、条件、程序、期限以及需要提交的全部材料目录和申请书示范文本。准予价格评估机构资质认定的决定应在国家发展改革委和各省、自治区、直辖市人民政府价格主管部门网站等媒体公布。

第十八条　政府价格主管部门应当加强对价格评估机构执业的监督检查,及时纠正价格评估机构执业中的违法违规行为。

第十九条　政府价格主管部门依法对价格评估机构进行监督检查时,应当将监督检查的情况和处理结果予以记录。公众有权查阅有关记录。

第二十条　政府价格主管部门依法对价格评估机构进行监督检查时,可以查阅或者要求价格评估机构如实提供有关情况和材料。

第二十一条　政府价格主管部门依法实施监督检查时,不得妨碍价格评估机构正常经营活动,不得索取或者收受价格评估机构的财物,不得谋取其他利益。

第二十二条　个人和组织发现价格评估机构有违法活动的,有权向政府价格主管部门举报,政府价格主管部门应根据管理权限及时核实、处理。

第二十三条　有下列情形之一的,国家发展改革委和各省、自治区、直辖市人民政府价格主管部门依据权限,可以撤销准予价格评估机构资质认定的决定,收回《中华人民共和国价格评估机构资质证书》,并在国家发展改革委和省、自治区、直辖市人民政府价格主管部门网站等媒体公布:

(一)对不符合法定条件的申请人作出准予价格评估机构资质认定决定或者超越法定职权作出价格评估机构资质认定决定的;

(二)价格评估机构以欺骗、贿赂等不正当手段,取得准予价格评估机构资质认定决定的;

(三)依法可以撤销准予价格评估机构资质认定决定的其他情形。

第二十四条　有下列情形之一的,价格评估机构资质认定审批机关应当依法办理有关价格评估机构资质的注销手续:

(一)价格评估机构资质证书的有效期限届满未按规定重新认定的;

(二)价格评估机构法人资格依法终止的;

(三)准予价格评估机构资质认定的决定被依法撤销的;

(四)法律、法规规定的其他情形。

第二十五条　价格评估机构资质认定机关及其工作人员违反本办法的规定,有下列情形之一的,由其上级行政机关或监察机关责令改正;情节严重的,对直接负责的主管人员和其他直接责任人员依法给予行政处分;构成犯罪的依法追究刑事责任:

(一)对符合法定条件的价格评估机构资质认定申请不予受理的;

(二)对符合法定条件的申请人不在法定期限内作出准予价格评估机构资质认定决定的;

（三）对不符合法定条件的申请人作出准予价格评估机构资质认定决定或者超越法定职权作出价格评估机构资质认定决定的；

（四）不在办公场所公示依法应当公示的材料的；

（五）在受理、审查、决定价格评估机构资质认定的过程中，未向申请人、利害关系人履行法定告知义务的；

（六）申请人提出的申请材料不齐全、不符合法定形式，不一次告知申请人必须补正的全部内容的；

（七）未依法说明不受理价格评估机构资质认定申请或者不予价格评估机构资质认定理由的。

第二十六条 价格评估机构资质认定机关工作人员在办理价格评估机构资质认定、实施监督检查时，索取或者收受他人财物或者谋取其他利益，构成犯罪的，依法追究刑事责任；尚不构成犯罪的，依法给予行政处分。

第二十七条 价格评估机构资质认定机关实施价格评估机构资质认定，擅自收费的，由其上级行政机关或者监察机关责令退还非法收取的费用；对直接负责的主管人员和其他直接责任人员依法给予行政处分。

第二十八条 价格评估机构资质认定申请人隐瞒有关情况或者提供虚假材料申请价格评估机构资质认定的，价格评估机构资质认定机关不予受理或者不予价格评估机构资质认定，并给予价格评估机构资质认定申请人警告。

第二十九条 价格评估机构有下列行为之一的，价格评估机构资质认定审批机关应当依法给予行政处罚：

（一）价格评估机构资质认定申请人以欺骗、贿赂等不正当手段取得准予价格评估机构资质认定决定的；

（二）涂改、倒卖、出租、出借、非法转让《中华人民共和国价格评估机构资质证书》的；

（三）超越认定的执业范围执业的；

（四）向负责监督检查的行政机关隐瞒有关情况、提供虚假材料或者拒绝提供反映其活动情况真实材料的；

（五）法律、法规、规章规定的其他违法行为。

第三十条 对未经行政许可擅自从事必须进行行政许可的估价业务收取估价费用的机构，政府价格主管部门应当依法采取措施予以制止，并依法给予行政处罚；构成犯罪的，依法追究刑事责任。

第三十一条 价格评估机构资质认定与管理所需经费，按规定向同级财政部门申请。

第三十二条 丙级价格评估机构资质认定管理工作由省、自治区、直辖市人民政府价格主管部门参照本办法进行。各省、自治区、直辖市人民政府价格主管部门可根据本办法制定实施细则。

第三十三条 本办法由国家发展改革委负责解释。

第三十四条 本办法自 2005 年 7 月 1 日起施行。原国家计委有关规定与本办法不一致的，一律以本办法为准。

附录七　资产评估收费管理办法

发改价格〔2009〕2914号

第一条　为规范资产评估收费行为,维护社会公共利益和当事人的合法权益,促进资产评估行业健康发展,根据《中华人民共和国价格法》、《国有资产评估管理办法》等有关法律法规规定,制定本办法。

第二条　凡经省级以上财政主管部门批准设立的资产评估机构,依据相关法律法规和国家有关规定,提供资产评估服务,应当按照本办法收取评估费用。

第三条　资产评估收费应当遵循公开、公平、公正、自愿有偿、诚实信用和委托人付费的原则。

第四条　资产评估收费实行政府指导价和市场调节价。

资产评估机构提供法律法规和国家有关规定要求实施的资产评估服务(以下简称"法定资产评估服务"),实行政府指导价;提供自愿委托的资产评估及相关服务(以下简称"非法定资产评估服务")实行市场调节价。

第五条　法定资产评估服务可实行计件收费、计时收费或计件与计时收费相结合的方式。

第六条　实行计件收费的法定资产评估服务,可以被评估资产账面原值为计费依据,采取差额定率累进计算办法收取评估费用。即按被评估资产的账面原值的大小划分收费档次,分档计算收费额、各档相加为评估收费总额。

第七条　实行计时收费的法定资产评估服务,可按照完成资产评估业务所需工作人日数和每个工作人日收费标准收取评估费用。工作人日数根据评估项目的性质、风险大小、繁简程度等确定;每个工作人日收费标准根据评估人员专业技能水平、评估工作的服务质量等确定。

第八条　政府指导价的基准价及其上下浮动幅度,由各省、自治区、直辖市财政部门提出意见,同级价格主管部门制定。

第九条　制定法定资产评估服务收费标准,应当以资产评估服务的社会平均成本、法定税金、合理利润为基础,并考虑当地经济发展水平、社会承受能力、对资本市场、社会公众的影响等因素确定。

第十条　实行市场调节价的非法定资产评估服务,应由资产评估机构提出收费标准范围,具体标准由资产评估机构与委托人协商确定。确定收费标准时应考虑以下主要因素：

　　（一）耗费的工作时间和执业成本；

　　（二）评估业务的难易程度；

　　（三）委托人的承受能力；

　　（四）注册资产评估师可能承担的风险和责任；

　　（五）注册资产评估师的社会信誉和工作水平等。

　　第十一条　资产评估机构异地设立的分支机构，应当执行分支机构所在地的资产评估服务收费规定。

　　资产评估机构异地提供资产评估服务，可以执行资产评估机构所在地或者提供资产评估服务所在地的收费规定，具体由资产评估机构与委托人协商确定。

　　第十二条　资产评估机构接受委托，应当与委托人签订资产评估服务业务收费合同（协议）或者在业务约定书中载明收费条款。

　　收费合同（协议）或收费条款应包括：收费项目、收费标准、收费方式、收费金额、付款和结算方式、争议解决方式等内容。

　　第十三条　资产评估机构与委托人签订合同（协议）后，因一方过错或无正当理由委托关系终止的，有关费用的退补和赔偿依照《合同法》等有关规定办理。

　　第十四条　采取招（投）标方式取得法定资产评估服务业务时，资产评估机构应当在规定的基准价和浮动幅度内合理确定投标报价。

　　第十五条　资产评估机构为委托人提供资产评估服务，应当严格按照相关法律、法规和资产评估准则，恪守独立、客观、公正的原则，履行必要的评估程序。

　　第十六条　资产评估机构向委托人收取评估费用，应当出具合法票据。

　　第十七条　资产评估机构应当在营业场所显著位置公示评估项目、收费标准等信息，接受社会监督。

　　第十八条　资产评估机构应当严格执行政府价格主管部门制定的资产评估收费办法和收费标准，建立健全内部收费管理制度，保证评估质量，自觉接受价格主管部门的监督检查。

　　第十九条　资产评估机构评估服务收费中有下列情形之一的，由政府价格主管部门依照《价格法》和《价格违法行为行政处罚规定》实施行政处罚：

　　（一）未按规定公示服务项目、收费标准的；

　　（二）超出政府指导价浮动幅度制定价格的；

　　（三）擅自制定属于政府指导价范围内的评估服务收费的；

　　（四）采取分解收费项目、重复收费，扩大收费范围等方式乱收费的；

　　（五）不按照规定提供资产评估服务而收取费用的；

　　（六）其他价格违法行为。

　　第二十条　公民、法人和其他组织对资产评估机构或注册资产评估师不执行政府指导价或存在其他价格违法行为的，可以向资产评估机构所在地价格主管部门举报、投诉。

第二十一条　资产评估机构与委托人之间发生收费纠纷,资产评估机构应当与委托人协商解决,也可以申请仲裁或者向人民法院提起诉讼。

第二十二条　资产评估机构受委托人要求,赴境外或港澳台地区开展资产评估服务的费用,通过与委托人签订合同的方式协商确定。

第二十三条　本办法由国家发展改革委会同财政部负责解释。

第二十四条　本办法自 2010 年 1 月 1 日起执行,原国家物价局、国家国有资产管理局发布的《资产评估收费管理暂行办法》(价费字〔1992〕625 号)同时废止。

附录八　国家发展改革委价格认证中心关于印发《价格评估专业人员资格认证暂行办法》的通知

发改价证审〔2012〕55号

为适应价格评估行业发展需要,提高价格评估专业人员业务水平和行为能力,我们制定了《价格评估专业人员资格认证暂行办法》,现印发给你们,请遵照执行。对在本办法执行中的问题,请及时与国家发展改革委价格认证中心联系。

附:价格评估专业人员资格认证暂行办法

国家发展改革委价格认证中心

二〇一二年四月五日

附：

价格评估专业人员资格认证暂行办法

第一条 为适应价格评估行业发展需要，提高价格评估专业人员业务水平和行为能力，根据《中华人民共和国价格法》和国家发展改革委等有关规定，制定本办法。

第二条 全国各级政府价格主管部门设立的价格认证机构开展价格评估专业人员资格认证工作，适用本办法。国家法律、法规另有规定的，从其规定。

第三条 本办法所称价格评估专业人员是指从事价格评估相关专业工作，具有一定工作经验，具备一定专业技能和学识的专业价格评估人员。

第四条 本办法所称价格评估专业人员资格认证是指依申请人申请，由国家或省级价格主管部门设立的价格认证机构，对申请人价格评估行为能力和专业水平进行考核确认，颁发《价格评估专业人员资格认证证书》的工作。

第五条 价格评估专业人员经省级以上政府价格主管部门设立的价格认证机构认证，取得《价格评估专业人员资格认证证书》，可从事相应价格评估专业工作。

第六条 价格评估专业人员按照专业技术水平和能力，设为高级价格评估专业人员和一般价格评估专业人员。

第七条 价格评估专业人员符合国家发展改革委《价格评估人员执业资格认定管理办法》的，可向国家或省级价格主管部门申请办理价格评估人员行政许可认定。

第八条 国家发展改革委价格认证机构统一协调全国价格认证机构开展价格评估专业人员资格认证工作。省级价格认证机构负责本地区价格评估专业人员资格认证工作。

第九条 高级价格评估专业人员的资格认证由国家发展改革委价格认证机构负责，具体事务性工作可委托有关单位承办。一般价格评估专业人员的资格认证由省级价格认证机构负责，并根据本办法制定具体规定。

第十条 价格评估专业人员资格认证实行统一认证标准、统一培训大纲、统一教材，分级实施。

第十一条 《价格评估专业人员资格认证证书》由国家发展改革委价格认证机构统一样式。国家和省级价格认证机构分别印制。

第十二条 凡中华人民共和国公民，遵纪守法，具有良好思想品德和职业道德，可以申请价格评估专业人员资格认证。

第十三条 具备以下条件之一的，可申请一般价格评估专业人员资格认证：

（一）取得价格评估相关专业中专学历，具有七年以上相关专业工作经历，其中从事价格评估相关工作满五年；

（二）取得价格评估相关专业大专学历，具有五年以上相关专业工作经历，其中从事价格评估相关工作满三年；

（三）取得价格评估相关专业本科及以上学历,具有三年以上相关专业工作经历,其中从事价格评估相关工作满一年;

（四）不具备上述学历,但按照省级以上人事主管部门有关规定,取得国家承认的初级专业技术职称,从事价格评估相关工作满四年。

第十四条　具备以下条件之一的,可申请高级价格评估专业人员资格认证:

（一）取得价格评估相关专业中专学历,具有八年以上相关专业工作经历,其中从事价格评估相关工作满七年;

（二）取得价格评估相关专业大专学历,具有六年以上相关专业工作经历,其中从事价格评估相关工作满五年;

（三）取得价格评估相关专业本科学历,具有四年以上相关专业工作经历,其中从事价格评估相关工作满三年;

（四）取得价格评估相关专业研究生学历,具有三年以上相关专业工作经历,其中从事价格评估相关工作满两年;

（五）取得价格评估相关专业博士学位,具有两年以上相关专业工作经历,其中从事价格评估相关工作满一年;

（六）不具备上述学历,但按照省级以上人事主管部门有关规定,取得国家承认的中级专业技术职称,从事价格评估相关工作满六年。

（七）已取得省级价格主管部门颁发的《价格评估专业人员资格认证证书》,连续从事价格评估相关工作满三年。

第十五条　价格评估专业人员资格认证程序包括申请、受理、初审、审核和证书送达。

第十六条　申请人符合本办法规定条件,申请资格认证时,应由本人向受理单位提出申请,并对提交材料的真实性负责。材料内容包括:

（一）价格评估专业人员资格认证申请表;

（二）学历和工作经历证明;

（三）所在单位同意证明;

（四）有效居民身份证(复印件);

（五）价格评估专业人员资格认证考核合格证明;

（六）近期正面一寸免冠彩色照片两张。

第十七条　受理单位对申请材料齐全的,接收材料。申请材料不齐全的,受理单位应一次性告知申请人需要补正的全部内容。

第十八条　初审单位初审时,应审查申请人是否符合价格评估专业人员资格认证条件。

凡不符合本办法第十二条、十三条、十四条规定或有下列情形之一的,不予初审通过:

（一）受刑事处罚,自刑事处罚执行完毕之日起至申请价格评估专业人员资格认证之日止不满五年的;

（二）在价格评估及相关业务中犯有错误,受行政处罚以上处分或注销认证证书,自处罚决定或认证证书注销之日起至申请价格评估人员专业资格认证之日止不满两年的;

（三）提供虚假申请材料；

（四）有关法律、行政法规规定的其他情形。

第十九条　初审单位根据初审情况，在《价格评估专业人员资格认证申请表》中填写初审意见。

第二十条　初审完成后，初审单位应及时将有关材料整理汇总，并将高级价格评估专业人员的材料送国家发展改革委价格认证机构。材料内容包括：

（一）价格评估专业人员资格认证初审合格人员名册（文字版及电子版）；

（二）价格评估专业人员资格认证申请表；

（三）申请人申请材料（文字版及电子版）。

第二十一条　审核工作主要包括：

（一）审核初审单位初审程序的合法性；

（二）审核申请人申请材料的完备性；

（三）审核申请人申请材料是否符合规定条件。

第二十二条　审核单位应根据审核结果，在《价格评估专业人员资格认证申请表》中填写审核意见。

第二十三条　通过高级价格评估专业人员资格认证的，颁发加盖国家发展改革委价格鉴证证件专用章的《价格评估专业人员资格认证证书》，并送达申请人。

第二十四条　《价格评估专业人员资格认证证书》实行审验制度，具体办法另行规定。

第二十五条　《价格评估专业人员资格认证证书》内容变更的，须及时到价格评估专业人员资格认证机构办理变更手续。

第二十六条　价格评估专业人员应严格遵守有关法律法规、执业守则及技术规程，服从价格主管部门的监督和管理，保证价格评估结果的客观公正。有下列情形之一的，注销其价格评估专业人员资格：

（一）价格评估专业人员以欺骗、贿赂等不正当手段，通过价格评估专业人员资格认证的；

（二）价格评估专业人员未按时办理审验手续或审验不合格的；

（三）依法应注销的其他情形。

第二十七条　本办法由国家发展改革委价格认证机构负责解释。

第二十八条　相关专业价格评估专业人员资格认证具体实施办法另行颁布。

第二十九条　本办法自发布之日起施行。

附录九 价格评估管理办法

（1996 年 11 月 18 日国家计委计价费〔1996〕2654 号发布）

第一章 总 则

第一条 为加强价格评估管理,规范价格评估行为,维护国家利益,保护评估当事人的合法权益,促进价格评估工作健康开展,依据《中华人民共和国价格管理条例》有关规定,制定本办法。

第二条 价格评估及价格评估管理,应当遵守本办法。

本办法所称价格评估,是指价格评估机构接受评估当事人委托,对商品与服务价格的鉴定、评估。

国有资产评估,按照国务院有关规定执行;涉案物品,即行政执法机关、司法机关办理行政、刑事、民事、经济案件涉及的扣押、没收、追缴物品及纠纷财物等物品的价格评估,按照最高人民法院、最高人民检察院、公安部和国家计委有关规定执行。

第三条 价格评估应当遵循客观、公正的原则,按照规定的标准、程序和方法进行评估。

价格评估机构和价格评估人员,应当遵守国家的法律、法规,执行国家有关价格评估规定,严格执业,诚实服务、恪守信用。

第四条 国务院价格管理部门负责全国价格评估管理和监督工作。

县级以上地方人民政府价格管理部门,按照规定的管理权限,负责本行政区域内价格评估管理和监督工作。

第二章 价格评估机构

第五条 从事价格评估工作的机构,必须持有国务院价格管理部门或者省、自治区、直辖市人民政府价格管理部门颁发的价格评估机构资格证书。

第六条 价格评估机构应当具备法人资格、价格评估专业人员、相应的组织章程和管理制度等基本条件。

第七条 价格评估机构资格实行等级制。根据评估机构的资格条件分为甲级、乙级、丙级。

第八条 价格评估机构资格实行注册登记制度,有效期三年。有效期满,价格评估机构应按规定重新申请执业资格。

第九条　评估当事人委托价格评估机构进行价格评估时，应当如实提供有关情况和资料。价格评估机构应当对当事人提供的有关情况和资料保守秘密。

第十条　价格评估实行有偿服务。服务收费应当合理、公开、质价相符。

第三章　价格评估人员

第十一条　价格评估人员,必须经过专业培训和考试,取得价格评估人员执业资格证书后执业。

第十二条　价格评估人员执业资格实行注册登记制度。凡取得价格评估人员执业资格证书,并经注册登记的人员,才能独立从事价格评估业务。

第十三条　承办估价作业,每个估价项目不得少于两名价格评估人员。对数额较大、情况复杂的估价项目,应当组成三人以上的估价小组进行评估。

第十四条　价格评估人员与委托估价项目及委托估价项目当事人有利害关系或其他关系可能影响公正估价的,应当回避。

第四章　价格评估程序

第十五条　价格评估应当按照下列程序进行:

(一)委托价格评估;

(二)受理价格评估;

(三)现场勘估;

(四)鉴定、估算;

(五)出具估价报告书;

第十六条　评估当事人委托价格评估,应当向评估机构递交估价委托书。估价委托书应当载明下列内容:

(一)委托人的名称、地址及法人代表姓名、职务;

(二)委托评估标的物的名称、种类、规格、数量、来源与购置(获取)时间、地点等;

(三)委托评估的理由和要求;

(四)委托人认为其他需要说明的内容。

估价委托书应当附有评估标的物产权、技术标准等有关资料。

第十七条　价格评估机构收到委托书后,应当对估价委托书载明的事项及当事人提供的有关资料进行审查。对符合价格评估受理条件的,评估双方应当按照国家有关合同规定的要求签订评估业务合同,约定估价有关事项。

第十八条　价格评估人员承办估价业务应当制定估价作业方案;估价机构应当建立估价

结果内部审复核制度。

价格评估人员实施估价,应当对评估标的物进行现场勘估,调查评估标的物的现实状况,核实有关数据和资料。属不动产项目的,还应进行实地勘丈测估和周围环境调查。现场勘估应当做好详细记录。

经现场勘估后,价格评估人员应当对关系评估标的物价格的各种因素进行综合分析评价,并按照选定的评估方法进行估算,作出估价结果。

第十九条　估价结果应以书面报告形式交付委托人。估价结果报告书应当包括以下内容:

(一)评估标的物名称、种类、规格、数量,评估目的,评估日期;

(二)评估标的物现存地点、现实状况及勘估说明;

(三)估价因素分析,估价勘测数据,估价使用方法,估价结果;

(四)其他需要说明的问题。

估价结果报告书由具有注册执业资格的价格评估承办人员签字,加盖本单位公章后生效。

第二十条　评估当事人对估价结果有异议的,可在收到估价结果报告书之日起15日内,向原估价机构申请复核。对复核结果仍有异议的,除另有规定者外,可自行委托其他估价机构重新评估。

第五章　法律责任

第二十一条　价格评估机构、价格评估人员违反本办法规定,弄虚作假、玩忽职守,致使评估结果失实的,价格评估机构资格管理部门可依照国家有关规定,根据情节轻重,给下列处罚:

(一)警告;

(二)罚款;

对以上的被处罚单位的主管人员和直接责任人员,认定机构资格的管理部门可以提请有关部门给予行政处分。

第二十二条　被处罚单位和个人对处罚决定不服的,可以依照《行政复议条例》或《中华人民共和国行政诉讼法》的有关规定申请复议或提起诉讼。

第二十三条　价格评估人员及评估管理人员在工作中玩忽职守或利用职权谋取私利构成犯罪的,由司法机关依法追究刑事责任。

第六章　附　　则

第二十四条　各省、自治区、直辖市人民政府价格管理部门可根据本办法制定实施细则,并报国家计委备案。

第二十五条　本办法由国家计委负责解释。

第二十六条　本办法自1997年1月1日起施行。

附录十　观赏石鉴评标准

中华人民共和国国土资源部（2007 年 9 月 20 日实施）

引　言

为引导观赏石文化事业和观赏石市场健康有序发展，促进观赏石鉴评工作实现标准化和规范化，科学地指导观赏石鉴评工作，做到"公正、公平、公开"，特制定本标准。

一、范围

本标准规定了观赏石的分类、观赏石的鉴评要素、观赏石鉴评标准、观赏石等级分类及观赏石鉴评原则等。

本标准适用于各级组织的观赏石鉴评活动。

二、术语和定义

下列术语和定义适用于本标准。

观赏石有广义、狭义之分。本标准指狭义的观赏石，即在自然界形成且可以采集的，具有观赏价值、收藏价值、科学价值和经济价值的石质艺术品它蕴含了自然奥秘和人文积淀，并以天然的美观性、奇特性和稀有性为其特点。

三、观赏石鉴评原则

观赏石的鉴评工作必须坚持"公正、公平、公开"的基本原则，不得弄虚作假，鉴评专家必须严守职业道德，增强责任感，对鉴评工作负责。

四、观赏石分类

我国地域辽阔，地质条件复杂，地貌类型多样，观赏石资源十分丰富，种类繁多。根据观赏石产出的地质背景、形态特征，以及观赏者的人文意识和审美取向，将观赏石分为以下五种基本类型：

（一）造型石类。

造型石以各种奇特造型为其主要特征，具有立体形态美，大多是在各种外力地质作用下形成的。由于产出地质背景的不同，造型石往往表现出鲜明的地域特色。

（二）图纹石类。

图纹石以具有清晰、美丽的各种纹理、层理、斑块等为其主要特征。常在石面上构成艺术图案。它的形成主要与岩石本身的特性有关。

（三）矿物类。

矿物是由地质作用所形成的天然单质或化合物，具有相对确定的化学组成和内部结构，是组成岩石的基本羊元。矿物类观赏石主要为矿物晶体,也包括一些非晶质矿物。它以自发长成的几何多面体外形、丰富的色彩和各异的光泽为其特征。

（四）化石类。

化石是指在地质历史时期形成并保存于地层中的生物遗体、遗迹、遗物等。按其保存类型有实体、模铸、印痕等化石。化石以其特有的珍稀性和观赏性为人们收藏和观赏。

（五）特种石类。

特种石是指与人文或历史有关的石休;具有特殊纪念意义的石休,以及地质成因极为特殊的石体,以及前四类涵盖不了的其他具有收藏和观赏价值的石体。

五、观赏石鉴评要素

1. 鉴评要素应能体现观赏石的完整性、美观性、生动性、神韵性为总的原则。具体分为基本要素和辅助要素。

2. 基本要素:形态、质地、色泽、纹理、意韵。

3. 辅助要素:命题、配座。

六、观赏石鉴评标准

（一）造型石。

1. 形态（50分）:造型奇特优美,婀娜多姿,观赏视角好,能以形传神;

2. 意韵（10分）:文化内涵丰厚,意境深远,含蓄回味;

3. 质地（10分）:韧性大,石肤好或差异风化强;

4. 色泽（10分）:总体柔顺协调,或构型不同部位的颜色对比度好;

5. 纹理（10分）:自然流畅,曲折变化与整体造型相匹配;

6. 命题（5分）:立意新颖,贴切生动,富有文化内涵,具有较强的科学性和文化内涵;

7. 配座（5分）:材质优良,工艺精美,烘托主题,造型雅致。

（二）图纹石。

1. 图像（40分）:图像清晰,画面完整,有整体感;

2. 纹理（10分）:清晰自然,曲折有序,花纹别致;

3. 意韵（20分）:文化内涵丰厚,意境深远,形神兼备,情景交融:

4. 质地（10分）:韧性大,石肤好,光洁细润;

5. 色泽（10分）:色泽艳美,协调性好;

6. 命题（5分）:立意新颖,贴切生动,富有文化内涵;

7. 配座（5分）:材质优良,工艺精美,烘托主题,雅致协调。（注:个别石种允许切割、打磨、抛光。）

（三）矿物晶体。

1. 形态（40分）:晶形发育良好,晶体完整,晶簇等集合体优美奇特;

2. 色泽（20分）:色泽瑰丽,色调丰富,光泽感强;

221

3. 质地(20分):晶体纯净,透明度高,非晶质矿物致密温润;

4. 稀缺(10分):稀缺矿物分值高,包裹体、双晶及连生体仪态万千;

5. 组合(10分):共生矿物组合品种多,层次分明,色彩、造型、围岩相互衬托。

(四)化石。

1. 形态(40分):体态丰满,保存完整,主次兼顾,造型优美,动感性强;

2. 意韵(20分):生态背景和生存活动迹象鲜明,生物组合多样:

3. 质地(20分):石化实体致密坚硬,异化后的矿物质特殊,印痕等保留有原生物质者佳;

4. 色泽(10分):存有原生物体颜色,或异化后石质颜色美,化石与围岩色彩反差强;

5. 命题(10分):立意新颖,贴切生动,具有较强科学性和艺术性。注:古生物化石的采掘、收藏、流通等应按照国家法律法规及有关规定执行。

(五)特种石特种石中同一种类数量较多时,亦可参照卜述四类标准进行鉴评。

七、观赏石等级分类

观赏石的等级分为:

特级:总计评分 91~100 分。

一级:总计评分 81~90 分。

二级:总计评分 71~80 分。

三级:总计评分 61~70 分。

八、观赏石鉴评证书的规定

1. 统一编号;

2. 防伪标识;

3. 观赏石协会、主办单位或组委会印章;

4. 注明时间、名称、石种、产地、尺寸、鉴评等级。

附录十一 关于印发《广西壮族自治区丙级价格评估机构资质认定实施细则(试行)》和《广西壮族自治区价格评估人员执业资格认定实施细则》的通知

(桂价认〔2011〕59号)

广西壮族自治区丙级价格评估机构资质认定实施细则

第一章 总 则

第一条 为了加强我区丙级价格评估机构的资质管理,规范价格评估机构资质认定行为,保障和监督价格评估机构依法执业,根据《国务院对确需保留的行政审批项目设定行政许可的决定》(国务院第412号令)《价格评估机构资质认定管理办法》(国家发展改革委第32号令)以及国家发展改革委办公厅《价格评估机构资质认定实施办法》(发改价〔2005〕259号)及相关规定,结合我区实际情况,制定本细则。

第二条 本行政区域内丙级价格评估机构的资质认定,适用本实施细则。

第三条 各类丙级价格评估机构资质认定由各地级市物价局预受理和预初审,自治区物价局受理、初审和审批,报国家发展和改革委员会备案。

此项机构资质认定预受理和预初审由地级市物价局委托市价格认证机构负责具体办理;受理和初审由自治区物价局委托自治区价格认证中心具体办理。

第四条 丙级价格评估机构应当具备以下条件:

(一)具有工商注册企业法人资格的基本条件;

(二)具有相应的组织章程和必要的管理制度;

(三)具有固定的工作场所;

(四)取得《中华人民共和国价格评估人员执业资格证书》的价格评估专业人员不少于五

名,其中,丙级专业类价格评估机构,需要具有与其业务范围相应并取得《中华人民共和国价格评估人员执业资格证书》的专业性的价格评估人员不少于三名;丙级综合类价格评估机构,需要具有与其业务范围相应并取得《中华人民共和国价格评估人员执业资格证书》的各类专业价格评估人员分别均不少于二名;丙级涉诉讼类价格评估机构,除需具备丙级专业类或综合类价格评估机构人员要求外,还必须具有不少于二名注册价格鉴证师;

（五）具有经济、会计及相关工程技术等专业的中、高级职称的技术人员不低于企业实有总人数的 30%;

（六）注册资金不低于二十万元人民币。

第五条　申请资质认定的价格评估机构中专业人员 60% 以上为注册价格鉴证师的,该机构资质认定可按"综合涉诉讼"价格评估机构资质认定。

第六条　丙级价格评估机构可在评估标的所在地的市、县行政区域范围内接受委托从事价格评估工作,不能跨地区接受委托。

第七条　价格评估机构是指接受当事人的委托,利用专业知识和专门技能对涉及国家利益和公众利益的各种有形财产和无形资产及有偿服务的价格进行测算、评估,发表具有证明效力或咨询效力的意见或出具价格评估报告,并承担相应法律责任的机构。

对于涉及以下价格评估业务的机构,必须通过省级政府价格主管部门对其资质进行认定:1. 在国家财产和集体财产处置事务中的价格评估;2. 在生产经营、合同签订、抵押质押、理赔索赔、物品拍卖、资产评估、财产分割、工程审价、清产核资、经济纠纷、法律诉讼、司法公证中涉及国家利益、公众利益的价格评估。

第二章　价格评估机构资质认定程序

第八条　各地级市和自治区物价局在本级政府政务服务中心设立价格评估机构资质认定服务窗口,统一印制政务服务中心统一格式的政务服务事项办事指南,并免费提供给申请人。并依照相关程序指定专职人员开展工作。

第九条　各地级市及自治区物价局向申请人免费提供申请书格式文本及其范本（样式）,并将政务服务办事指南在网站上公布,供公众免费下载,政务服务办事指南和申请书格式文本发生变化时应当及时更新。

第十条　各地级市及自治区物价局设立的服务窗口首问责任人,向申请人提供相关咨询服务,内容包括:

（一）提供有关申请价格评估机构资质认定宣传、告知材料和电子版示样;

（二）指导申请人填写《中华人民共和国国家发展和改革委员会行政许可事项申请表（价格评估机构资质认定申请）》;

（三）对申请人提出的问题进行解答和咨询,咨询人员当场不能解答的,应当填写《价格评估机构行政许可咨询登记单》,并在 3 个工作日内答复申请人;

（四）对需要进行资质认定的申请人，告知在受理阶段应当提交的材料内容。

第十一条　丙级价格评估机构资质认定按公示时间受理。

第十二条　丙级价格评估机构资质认定工作程序为：申请—预受理及预初审—受理—初审—审批—送达—公告七个阶段。

第一节　申请阶段

第十三条　申请是指申请人向初审机构提出认定申请的过程。申请人应在审批机关公示的申请时间内提交以下申请材料：

1. 填写完整的《中华人民共和国国家发展和改革委员会行政许可事项申请表（价格评估机构资质认定申请）》；

2. 证明具备工商注册企业法人条件的材料。企业法人营业执照原件及复印件（要求经过本年度年检的最新证书）；

3. 价格评估机构专业人员执业资格证书、中高级专业技术职称证明材料原件及复印件，以及以上人员的劳动合同证明材料。

具有经济、会计及相关工程技术等专业的中、高级职称的技术人员是指按照省级以上人民政府及其相关主管部门的有关规定，取得国家承认的有关专业技术职称的人员。

企业实有总人数是指与申请机构签订劳动合同，有劳动关系的总人数。

4. 办公用房自有产权、租赁合同或无偿使用证明等证明材料原件及复印件；

5. 价格评估机构组织章程和有关制度（财务管理制度、评估业务管理制度等）；

6. 价格评估机构资质认定申请书。申请书内容应包括：

（1）基本情况（单位成立背景、历史沿革、专业技术人员的构成、机构设置情况、主要业务介绍等）；

（2）申请的资质等级、专业及服务范围；

（3）单位行政和业务技术主要负责人简表；

（4）法定代表人简介；

（5）技术负责人简介；

（6）在册专业技术人员名单；

（7）聘请专家名单等。

第二节　预受理及预初审阶段

第十四条　在预受理阶段，价格评估机构资质认定窗口首问责任人应做的工作包括：

（一）负责在各地级市政务服务中心办公软件上登记申请人的申请材料。

（二）审查申请人的申请材料是否齐全、合规。申请材料包括：

1. 填写《中华人民共和国国家发展和改革委员会行政许可事项申请表（价格评估机构资质认定申请）》；

2. 证明具备工商注册企业法人条件的材料；

3. 房屋自有产权或租赁、无偿使用证明复印件;

4. 价格评估专业人员执业资格及技术职称证明材料,已取得《价格评估人员执业资格证书》的,直接附该人员证书,不用再提交其他执(职)业资格证书;

5. 价格评估机构资质认定申请书;

6. 组织章程;

7. 有关管理制度(包括企业财务制度、项目审核制度、员工培训制度、专家聘任制度、档案管理制度等);

8. 电子版。

申请人材料不齐全、不合规的,退回申请人材料,并一次性告知申请人需要补正的全部内容,出具《申请材料补正通知书》。未告知的,自收到申请材料之日起即为预受理。

(三)审查申报机构是否相应地符合第四条丙级价格评估机构所要求具备的条件。申请材料符合条件的,填写并发放《预受理通知书》。申请材料不符合条件的,填写并发放《不予预受理通知书》。

(四)提出预受理意见。

第十五条　各地级市价格主管部门应当自其受理申请人申请之日起 9 个工作日内,完成价格评估人员执业资格认定的预受理工作。

第十六条　各地级市价格主管部门在价格评估人员执业资格认定预受理工作完成后,应当及时将预受理材料上报自治区价格主管部门,内容包括:

(一)《广西壮族自治区价格评估人员行政许可预受理名册》(文字版和电子版);

(二)《中华人民共和国国家发展和改革委员会行政许可事项申请表(价格评估人员执业资格认定申请)》;

(三)申请人的申请材料(文字版和电子版);

(四)《广西壮族自治区价格评估人员行政许可预受理不合格情况说明书》;

(五)预受理意见。

第十七条　相关问题释疑及用语解释:

(一)对具有工商注册企业法人资格基本条件的新办机构,可先在工商行政管理部门取得《企业名称预先核准通知书》,凭通知书前来办理价格评估机构资质认定有关手续。

(二)企业实有总人数是指与申请机构签订劳动合同,有劳动关系的总人数。

(三)具有经济、会计及相关专业的中、高级职称的技术人员是按照省级以上人民政府人事主管部门的有关规定,取得国家承认的有关专业技术职称的人员。

(四)相应资质问题:已取得其他部门资质的机构,在申请价格评估机构资质认定时,应对照国家发展改革委第 32 号令的规定,按照国家发展改革委第 32 号令的规定和本细则对其进行重新认定;对于其他部门没有规定等级的机构,申请机构符合哪种等级资质条件,按照国家发展改革委第 32 号令的规定和本细则对其进行重新认定。

第三节　受理和初审阶段

第十八条　丙级价格评估机构资质认定预受理材料送自治区物价局指定服务窗口办理初审登记，自治区物价局在 11 个工作日内完成初审和审批认定。

第十九条　对于审查材料内容需要到现场审查的，应到现场审查有关申请材料的真实性。

第二十条　初审工作由自治区物价局委托自治区价格认证中心在 7 个工作日内完成初审事项，根据初审情况，提出初审意见，填写《中华人民共和国国家发展和改革委员会行政许可事项申请表（价格评估机构资质认定申请）》。

第二十一条　初审完成后，统一由初审单位将有关材料上报自治区物价局审批，内容包括：

（一）《价格评估机构行政许可初审名册》（文字版和电子版）；

（二）申请材料文字版；

（三）申请材料电子版。

第四节　审批阶段

第二十二条　审批阶段，各类丙级价格评估机构资质由自治区物价局在承诺办结时限 4 个工作日内审批完毕，作出准予或不予资质认定的决定。审批工作主要包括：

（一）审查初审机关初审程序是否合法；

（二）审查申请人申请材料是否齐全，内容是否符合资质认定的条件；

（三）审查申请人材料是否真实，符合规定。

第二十三条　依法需要实地考察作出决定的，实地考察所需时间不计算在法定审查与决定期限内，并出具《价格评估机构行政许可延期通知书》，同时将延长期限的理由以及所需时间书面告知申请人。

第二十四条　在 4 个工作日内不能做出审批决定的，有以下情况的，经自治区物价局领导批准，可申请延长 10 个工作日，并出具《价格评估机构行政许可延期通知书》，书面告知申请人延长期限的理由：因申请人的原因需要延长审查价格评估机构资质认定的期限才能判定有关事实的；涉及重大或者复杂的事项的；因不可抗力或者其他原因导致审批机关无法正常办公的。

第二十五条　自治区物价局审查完毕后，在《中华人民共和国国家发展和改革委行政许可事项申请表》审批意见栏填写审批意见，将审批材料返回初审机关。

对申请人符合法定条件的，由初审机关限 4 个工作日内制作《中华人民共和国价格评估机构资质证书》，对证书进行编号，并按要求向申请人送达。

对申请人不符合法定条件的，自治区物价局领导签发《不准予价格评估机构行政许可决定书》，由初审机关按要求在 4 个工作日内制作决定文件。应当说明不予资质认定理由，并告知申请人享有依法申请行政复议或提起行政诉讼的权利。

第五节　送达、公告

第二十六条　《中华人民共和国价格评估机构资质证书》《不准予价格评估机构行政许可

决定书》由地级市、自治区政务服务窗口 1 个工作日内送达,送达方式包括:

(一)通知申请单位出具领取函派人前来签收领取;

(二)通过邮局挂号信邮寄给申请人。邮寄方式送出的,应保留送达凭证存档备查;

(三)公告送达;

(四)邮寄给地级市价格认证机构。

第二十七条　丙级价格评估机构资质认定审批后,应当在自治区发展和改革委员会网站上予以公示,并将有关材料报国家发展和改革委员会备案。

第三章　价格评估机构资质证书

第二十八条　价格评估机构资质证书有效期为三年,有效期满前三十天,价格评估机构应按规定到资质认定服务窗口重新申请办理认定手续。重新认定程序按照本细则认定程序进行。在服务窗口办理重新认定时,需提交以下材料:

(一)填写完整的《中华人民共和国国家发展和改革委员会行政许可事项申请表(价格评估机构资质认定申请)》;

(二)原有《资质证书》(正、副本)及复印件;

(三)企业法人营业执照原件及复印件(要求经过本年度年检的最新证书);

(四)价格评估机构从业人员具有的《价格评估人员职业资格证书》,中高级专业技术职称证明材料原件及复印件,劳动合同证明材料及复印件;

(五)近三年的业务工作报告;

(六)五个以上价格评估典型实例材料。价格评估典型实例材料内容:

1. 委托书;

2. 合同或协议;

3. 价格评估结论书(须有价格评估人员签字及评估机构印章);

4. 技术报告。

价格评估典型实例材料要求:

1. 价格评估报告的财务会计资料及其他资料真实、准确、完整;

2. 价格评估报告中估价标的权属证明文件合法有效;

3. 对涉及估价标的的各类财产、负债的清查、核实必须全面、准确;

4. 与估价标的有关的重大事项已充分揭示;

5. 价格评估报告中估价标的的范围与经济行为所涉及的财产一致;

6. 价格评估报告中采用的估价方法恰当,选用的参数数据、资料可靠;

7. 价格评估报告书以价格评估机构的名义出具,价格评估机构对价格评估报告书所陈述的所有内容承担相应的法律责任。

第二十九条　价格评估机构资质证书登记内容变更、遗失补办,须及时到价格评估机构资质认定机关服务窗口办理相关手续。

机构资质认定内容变更，是机构名称、法定代表人、机构地址和执业范围的变更。申请人应及时持变更内容的有关证明和《资质证书》，到地级市、自治区政务服务中心物价局服务窗口填写《价格评估机构行政许可变更事项申请表》，由初审机关核实情况后，将申请表报自治区物价局。

对于持证人遗失或非正常原因损毁，需要到地级市、自治区政务服务中心物价局服务窗口填写《价格评估机构证书遗失补办申请表》，说明原因并加盖单位印章，提供公开媒体公告声明原件作废的证明材料。由初审机关核实情况，提出意见，将申报表报自治区物价局。

第三十条　申请重新认定时，原有资质认定登记事项发生变更的，申请机构和申请人除需提交重新认定申请材料外，还应提交《价格评估机构变更事项申请表》。

第四章　监督检查

第三十一条　丙级价格评估机构资质的行政许可工作的监督检查工作由自治区发展和改革委员会纪检监察室实施。

第三十二条　有下列情形之一的，价格评估机构资质认定审批机构依据权限可以撤销准予价格评估机构资质认定的决定，收回《中华人民共和国价格评估机构资质证书》；

（一）对不符合法定条件的申请人作出准予价格评估机构资质认定决定或者超越法定职权作出价格评估机构资质认定决定的；

（二）价格评估机构以欺骗、贿赂等不正当手段，取得准予价格评估机构资质认定的；

（三）依法可以撤销准予价格评估机构资质认定决定的其他情形。

第三十三条　有下列情形之一的，价格评估机构资质认定审批机关应当依法办理价格评估机构资质的注销手续：

（一）价格评估机构资质证书的有效期满未按规定重新认定的；

（二）价格评估机构法人资格依法终止的；

（三）准予价格评估机构资质认定的决定被依法撤销的；

（四）法律、法规规定的其他情形。

第五章　法律责任

第三十四条　价格评估机构资质认定申请人隐瞒有关情况，或者提供虚假材料申请价格评估机构资质认定的，价格评估机构资质认定机关不予受理或者不予价格评估机构资质认定，并给予价格评估机构资质认定申请人警告。

第三十五条　取得《中华人民共和国价格机构资质证书》的价格评估机构，有下列行为之

一的,价格评估机构资质认定机关应当依法给予行政处罚;构成犯罪的,依法追究刑事责任:

(一)价格评估机构资质认定申请人以欺骗、贿赂等不正当手段取得准予价格评估机构资质认定决定的;

(二)涂改、倒卖、出租、非法转让《中华人民共和国价格评估机构资质证书》的;

(二)超越认定的执业范围执业的;

(三)向负责监督检查的行政机关隐瞒有关情况、提供虚假材料或者拒绝提供反映其活动情况真实材料的;

(四)法律、法规、规章规定的其他违法、违纪行为。

第三十六条　未经行政许可擅自从事必须进行行政许可的估价业务收取估价费用的机构,政府价格主管部门应当依法采取措施予以制止,并依法给予行政处罚;构成犯罪的,依法追究刑事责任。

第六章　附　则

第三十七条　本细则规定的初审和审批的期限以工作日计算,不含法定节假日。

第三十八条　本细则由自治区物价局负责解释。

第三十九条　本细则自二〇一一年七月一日起施行。原《广西壮族自治区丙级价格评估机构资质认定实施细则》(试行)(桂价认〔2007〕421号)同时废止。

附录十二 毕馨予藏石集

白玉锦缎靴

白玉双景传锦缎，
高攀玉辰出白然。
埔络吉花翻色深，
宝玉返步走河山。

题名：白玉锦缎靴
石种：大化石
规格：46×28×24（cm³）

大贤隐踪

柳侯锦诗今犹传，
独钓寒江是大贤。
谢远世间名利心，
身披风雪归自然。

题名：大贤隐踪
石种：芦管化石、新疆绿碧玉
规格：23×14×12（cm³）

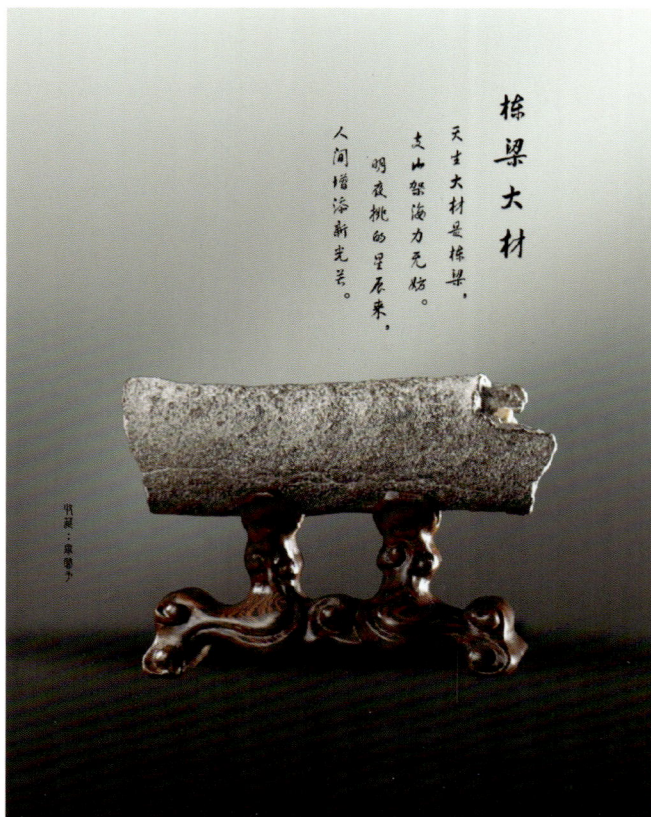

题名：栋梁大材
石种：新疆戈壁石
规格：12×9×4.5（cm³）

题名：浑天仪枢
石种：云南黄龙玉
规格：10×8×8（cm³）

题名：金钱龟来
石种：广西大化石
规格：50×29×33（cm³）

题名：龙鳞灵甲
石种：龟纹石
规格：20×15×15（cm³）

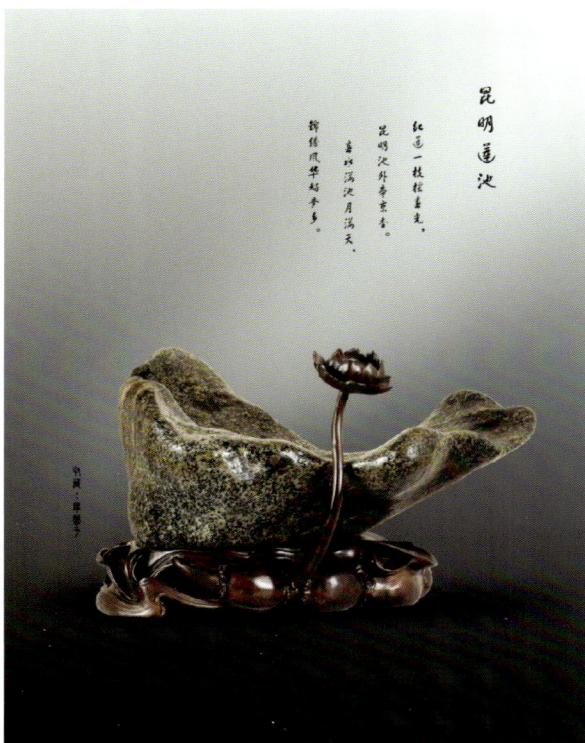

题名：昆明莲池
石种：广西梨皮石
规格：56×48×33（cm³）

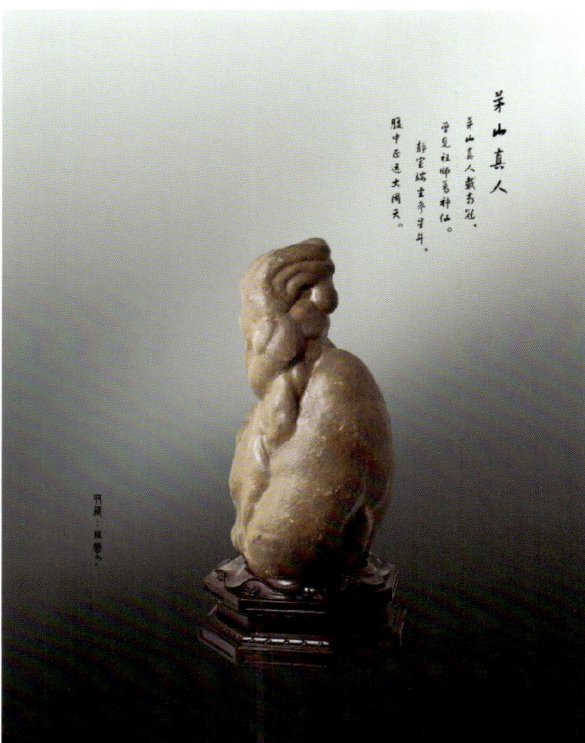

题名：茅山真人
石种：新疆雅丹石
规格：75×39×28（cm³）

233

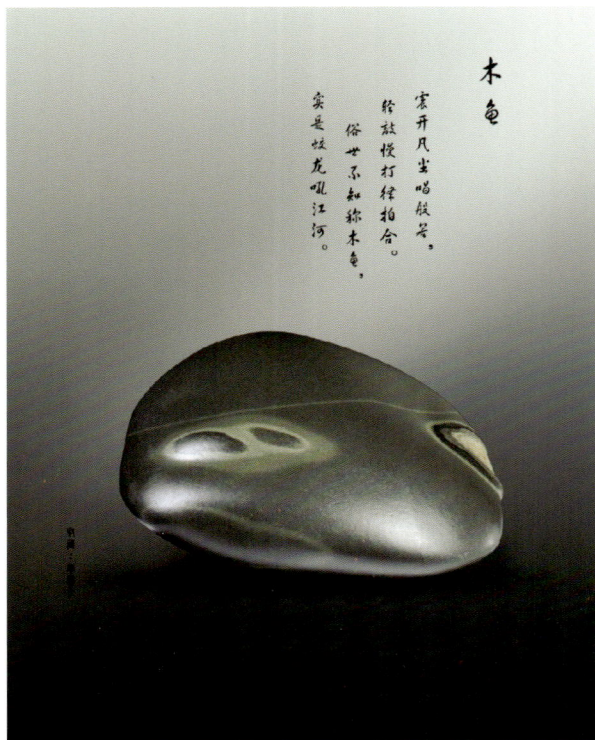

题名：木鱼
石种：贵州乌江石
规格：41×26×35（cm³）

题名：天台烟云
石种：大化石
规格：92×66×56（cm³）

题名：上古茅屋
石种：河南双阳石
规格：62×58×30（cm³）

王屋山

照公今何在，
古今望敷敷。
今日我攀登，
黄河流玉烟。

题名：王屋山
石种：广西大湾石
规格：16×15×4（cm³）

赤华艳秀

天孙沉纱银河边，
朝霞赤华绣丽天。
当到人间不曾收，
今看还是红艳艳。

题名：赤华艳秀
石种：新疆戈壁石组合
规格：6.5×3×9、2.5×2×5（cm³）

题名：乌金钵
石种：贵州石胆
规格：$23 \times 23 \times 8$（cm^3）

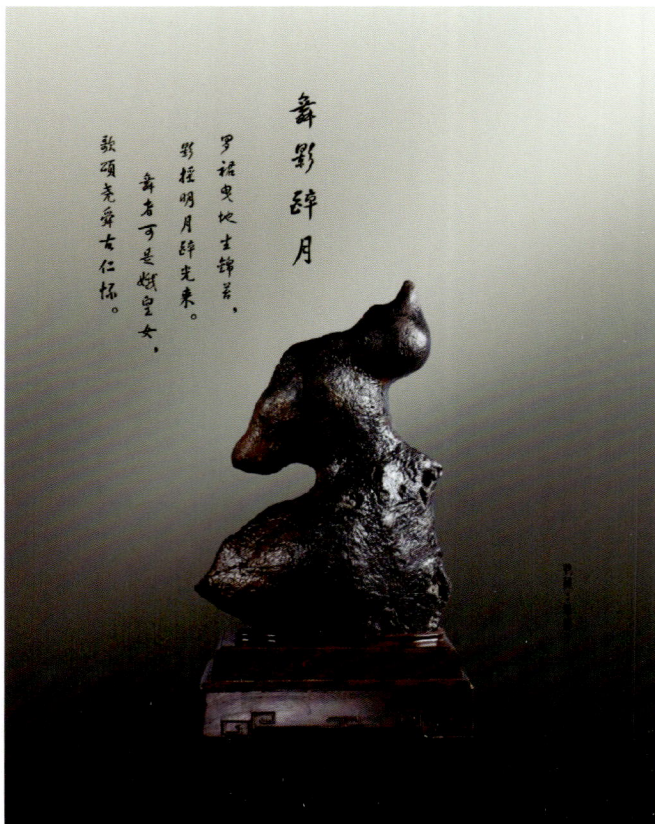

题名：舞影醉月
石种：来宾石胆
规格：$88 \times 50 \times 28$（cm^3）

附录十三 广西冠迈价格评估公司机构资质证书和部分价格评估人员证书

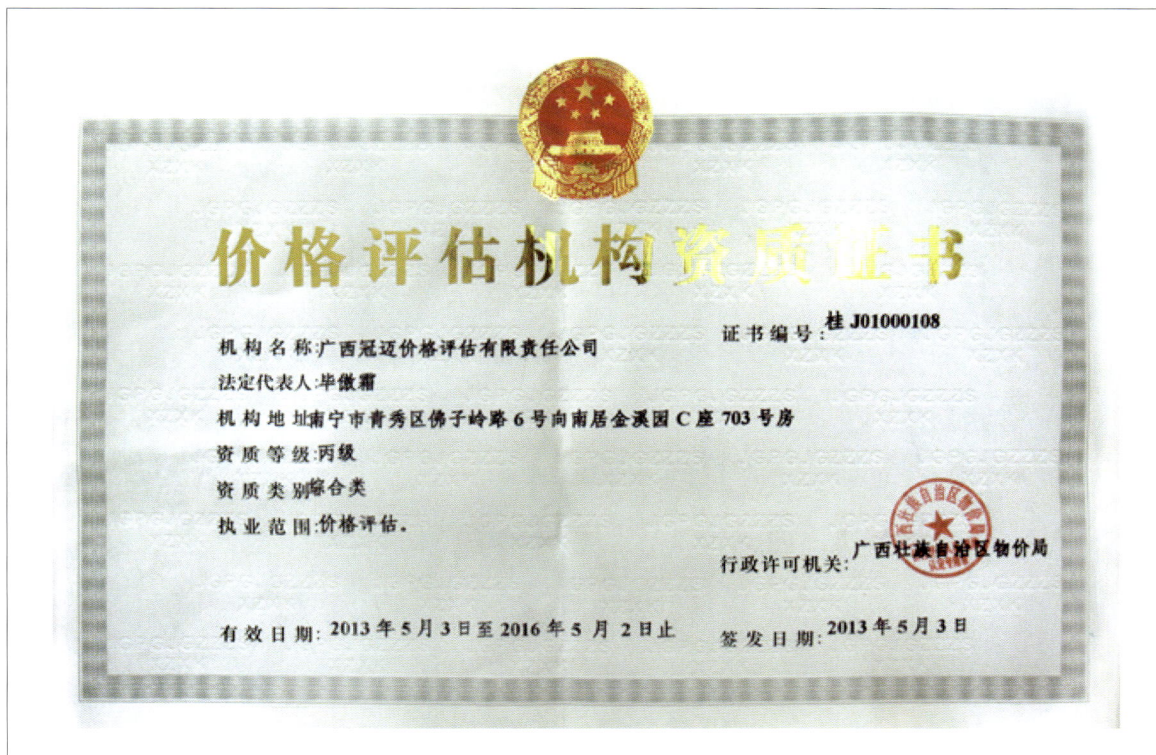

观赏石价格评估人员证书：

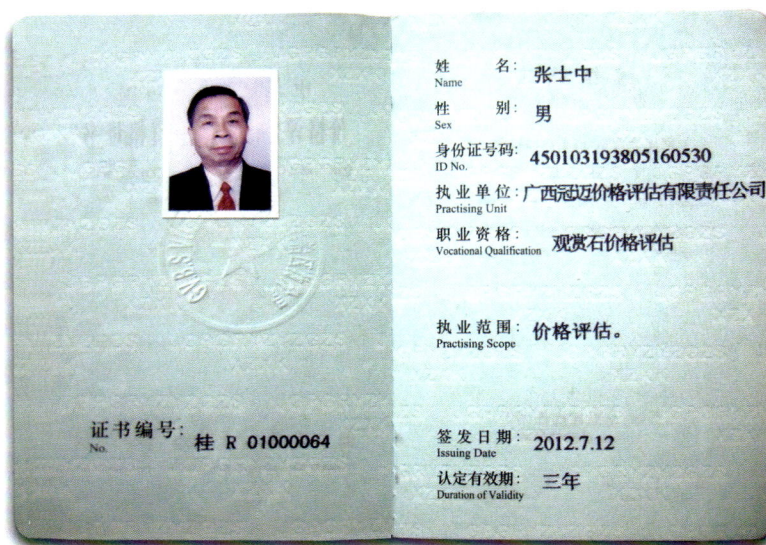

姓　　名：毕傲霜
Name

性　　别：女
Sex

身份证号码：45020519661109002X
ID No.

执业单位：广西冠迈价格评估有限责任公司
Practising Unit

职业资格：珠宝价格评估
Vocational Qualification

执业范围：价格评估。
Practising Scope

证书编号：桂 R 02000117
No.

签发日期：2012.10.19
Issuing Date

认定有效期：三年
Duration of Validity

姓　　名：朱立新
Name

性　　别：男
Sex

身份证号码：450205194612311315
ID No.

执业单位：广西玉奇观赏石价格评估所
Practising Unit　　有限责任公司

职业资格：珠宝价格评估
Vocational Qualification

执业范围：价格评估。
Practising Scope

证书编号：桂 R 01000138
No.

签发日期：2012.12.26
Issuing Date

认定有效期：三年
Duration of Validity

姓　　名：张 虹
Name

性　　别：女
Sex

身份证号码：450103195808262523
ID No.

执业单位：广西冠迈价格评估有限责任公司
Practising Unit

职业资格：观赏石价格评估
Vocational Qualification

执业范围：价格评估。
Practising Scope

证书编号：桂 R 01000136
No.

签发日期：2012.12.26
Issuing Date

认定有效期：三年
Duration of Validity